该书为国家社科基金规划课题（社会风险视阈下创新社会治理机制研究【14BSH004】）的结项成果

｜光明社科文库｜

社会风险视阈下
创新社会治理机制研究

沈一兵◎著

光明日报出版社

图书在版编目（CIP）数据

社会风险视阈下创新社会治理机制研究 ／ 沈一兵著
. -- 北京：光明日报出版社，2023.3

ISBN 978 - 7 - 5194 - 7118 - 7

Ⅰ. ①社… Ⅱ. ①沈… Ⅲ. ①社会管理—研究—中国
Ⅳ. ①D63

中国国家版本馆 CIP 数据核字（2023）第 048673 号

社会风险视阈下创新社会治理机制研究

SHEHUI FENGXIAN SHIYU XIA CHUANGXIN SHEHUI ZHILI JIZHI YANJIU

著　者：沈一兵			
责任编辑：杜春荣		责任校对：房　蓉　乔宇佳	
封面设计：中联华文		责任印制：曹　诤	

出版发行：光明日报出版社

地　　址：北京市西城区永安路 106 号，100050

电　　话：010 - 63169890（咨询），010 - 63131930（邮购）

传　　真：010 - 63131930

网　　址：http：// book. gmw. cn

E - mail：gmrbcbs@ gmw. cn

法律顾问：北京市兰台律师事务所龚柳方律师

印　　刷：三河市华东印刷有限公司

装　　订：三河市华东印刷有限公司

本书如有破损、缺页、装订错误，请与本社联系调换，电话：010-63131930

开　　本：170mm×240mm

字　　数：329 千字　　　　　印　　张：18

版　　次：2024 年 1 月第 1 版　　印　　次：2024 年 1 月第 1 次印刷

书　　号：ISBN 978 - 7 - 5194 - 7118 - 7

定　　价：98.00 元

目 录
CONTENTS

第一章　导　论 ……………………………………………… 1

　　第一节　研究缘由 ……………………………………… 1

　　第二节　研究述评 ……………………………………… 6

　　第三节　研究思路、研究内容与研究方法 …………… 14

第二章　风险社会背景下的新时代 ……………………… 19

　　第一节　新时代与风险社会的来临 …………………… 19

　　第二节　新时代风险社会的特质——多重风险共生 … 25

　　第三节　新时代社会风险的演变——"风险—矛盾"双轴视角 ……… 30

第三章　风险感知与社会安全 …………………………… 38

　　第一节　风险感知与生成机制 ………………………… 38

　　第二节　风险感知中的安全诉求 ……………………… 43

　　第三节　社会安全与社会心理层的调适 ……………… 47

第四章　社会预警机制的创新 …………………………… 50

　　第一节　构建综合性社会预警机制 …………………… 50

　　第二节　建构新时代文化风险预警机制 ……………… 63

　　第三节　建立健全科学的风险问责制度 ……………… 72

　　社会聚焦：公众对食品安全风险的感知

　　　　　　——基于南京市民的调查 ………………… 78

第五章　风险积聚与社会公平 ················· **89**

第一节　风险积聚与叠加机制 ················· 89

第二节　风险积聚中的公平诉求 ················· 96

第三节　社会不公平感与社会制度层的重构 ················· 102

第六章　社会矛盾化解机制的创新 ················· **109**

第一节　改革新时代的信访工作 ················· 109

第二节　建立健全社会保障制度 ················· 120

社会聚焦：非法集资——一种新型的社会矛盾

　　　　——以 T 市打击和处置非法集资为例 ················· 127

第七章　风险扩散与社会认同 ················· **136**

第一节　社会风险的扩散与演化机理 ················· 136

第二节　社会风险扩散中的外部环境 ················· 151

第三节　社会风险扩散中的社会认同 ················· 160

第四节　社会风险的扩散形态与治理方式 ················· 165

第八章　危机多元治理机制的创新 ················· **177**

第一节　危机多元治理模式的特征 ················· 177

第二节　危机多元治理系统的结构与功能 ················· 181

第三节　危机多元协同治理体系的运作机制 ················· 192

第九章　风险网络侵入与社会表达 ················· **199**

第一节　风险网络侵入中的渗透效应 ················· 199

第二节　风险网络侵入中的社会表达 ················· 205

第三节　社会表达与社会交往层的沟通 ················· 209

第十章　网络治理机制的创新 ················· **215**

第一节　规范网络监管体系 ················· 215

第二节　建构网络舆情预警机制 ················· 220

第三节　网络伦理空间的建构 ················· 229

社会聚焦：网络公益组织、集体行动与社会稳定

　　　　——基于南京市 X 社区青年志愿者论坛的调查 ················· 236

第十一章　风险全球化与人类命运共同体 ·············· 253

第一节　风险全球化与"一带一路"倡议 ············ 254

第二节　新时代面临的国际风险——以"一带一路"为主线 ············ 257

第三节　建构"人类命运共同体"——全球风险治理的路径选择 ········ 265

参考文献 ················· 270

第一章 导 论

第一节 研究缘由

一、研究背景

从国际背景来看，风险全球化的速度越来越快。当今的世界是一个风险密集、危机四伏的时代，全球化在加速各国经济发展的同时，也让地球成了一个"世界风险社会"。世界早已不再"太平"，被各种"潜在"与"显在"的风险缠绕着，风险无处不在，风险无时不有。从自然界的海啸、地震、土地荒漠化、全球变暖、厄尔尼诺到工业领域的食品安全、环境危机；从科技领域的核风险与核安全到社会领域的集群行为与暴力冲突；从经济领域的金融风险到文化领域的种族冲突；从现实中的传染性疾病到虚拟社会中的网络群体性事件，风险与危机充斥着世界的每个角落。伴随着信息技术的飞速发展与网络社会的来临，人类在享受经济全球化和现代科技带来的红利的同时，风险已经悄然渗透到世界的每一个角落。在风险席卷全球21世纪，任何国家和地区都面临不确定的风险与危机，国际冲突的激增、国际恐怖主义的威胁使得当今的世界已经进入了风险治理时代。全球化的风险不仅是技术性的，更是社会性和制度性的，一直以来，我国韬光养晦积蓄力量，迅速成为世界第二大经济体。在世界风险背景下，国际关系的格局也发生着改变，同时全球风险与我国的传统风险、现代性风险交互反应，风险不断"嵌入"全球化的进程，形成世界性的公共危机。当前传统的风险治理方式已经不能有效应对世界风险和全球化的社会危机。它不是一个国家、一个组织的单一力量就能化解的，它需要各个国家通过相互协作来共同治理，只有创新治理机制才能防范全球化的风险与危机。

从国内来看，新时代面临着新风险与新矛盾。党的十九大报告对当前我国社会主要矛盾做出新界定:"中国特色社会主义进入新时代,我国社会主要矛盾已经转化为人民日益增长的美好生活需要和不平衡不充分的发展之间的矛盾。"社会主要矛盾的变化说明我们已经摆脱了生产力低下的社会状态,不再受经济贫困和物质匮乏的约束和束缚,但这并不代表我们没有社会风险、矛盾或者可以忽视风险、矛盾的存在。1986 年乌尔里希·贝克出版《风险社会》,并使用"风险社会"(risk society)的概念,从社会学视角反思现代性所引发的高风险现象,从而说明西方经济发达的社会仍然有着自身难以治理的社会风险。正如贝克所说:"人类正生活在文明的火山上,现代化正在成为它自身的主题和问题,风险社会是生产力发展到一定阶段的特定产物,它与技术变革密切相关。"① 根据风险社会理论,当人均 GDP 达到 1000~3000 美元的时候,一个国家、地区将进入经济高速发展的阶段,但同时也进入突发事件高度频发的时期,也称"风险社会"。据相关统计,我国 2005 年人均 GDP 近 2000 美元,开始步入风险社会。近年来随着我国现代化程度的提高,社会风险和矛盾逐渐增多,风险社会理论在社会各界的影响力不断增强。从国内现实来看,传统的风险有增无减,现代性的风险层出不穷,全球风险与国内风险相互交织,形成共振。改革开放四十年多年,我们迎来了新时代,同时也将面临新的风险、机遇和挑战。社会主义新时代也是社会转型的重要时期,随着社会结构张力的不断增强,贫富差距、城乡差距、地区差距继续拉大,风险的放大效应也日益明显。现阶段的社会风险一旦点燃,便会引发"连锁反应",社会风险与社会矛盾相互交织、重叠,转化为公共危机的可能性越来越大。由于我国政治体制改革略滞后于经济体制改革,在资源重新积聚、重新分配的逻辑下,社会问题不可避免地涌现,社会矛盾尖锐,具体表现为:腐败、政府危机、贫富差距、公共资源分配不均、犯罪率升高以及行业垄断等。民众一度没有了安全感和公平感,由于众多的冲突和矛盾难以及时化解,民众的愤懑与不满有的便演化成了群体性事件。从"瓮安事件""孟连事件",到"石首事件""通钢事件",再到"潮州事件""增城事件",社会危机事件的爆发严重破坏了社会秩序,影响了社会稳定。新时代中国社会形态正经历哪些新的变迁?现阶段我国的主要矛盾和社会风险又呈现出怎样的发展变化?如何深刻理解和把握党的十九大对我国主要的矛盾的新论断以及新时代社会风险的新特征,对我们防范社会风险、化解社会矛盾、提升国家治理体系和治理能力的现代化有着重要的现实意义。

从社会治理视角来看,新时代的社会治理面临新的挑战。我国对风险、矛

---

① [德]乌尔里希·贝克. 风险社会 [M]. 何博闻,译. 南京:译林出版社,2004.

盾、突发事件、社会危机的防范与应对，经历了一个理念逐渐转变和体制渐进式创新的过程。从"统治、控制"到"管理"，从"管理"到"治理"，人类社会的发展历程中不可避免地充斥着风险和矛盾、冲突与危机，如何防范社会风险、维护社会的稳定成为人类社会可持续发展的永恒主题。"控制—管理—治理"伴随着公共危机、社会矛盾、社会冲突、群体性事件以及社会运动等的发生而不断进步。2014年党的十八届三中全会的《决定》要求创新社会治理体制建设，并希望通过深化改革，实现从社会管理向社会治理的转变。2017年党的十九大的召开开辟了我国社会主义建设的新时代，防范社会风险，推进国家治理体系与治理能力现代化被提到了重要的议事日程。目前，学术界从不同学科视角来探讨和研究社会治理的相关话题，如何有效地防范社会风险、化解社会矛盾、扼制公共危机必然成为社会治理话语体系的重要课题。新时代也是一个常态化的风险时代，社会风险呈现出开放性、系统化与不确定性、扩散性等新特征，伴随经济增长的同时是日益高风险社会的来临，任何国家和地区都无法置身于风险丛林之外。

目前我国正处于社会转型和体制转轨的重要时期，社会风险不断聚集，随之而来的便是社会矛盾和冲突的激增以及突发公共事件的频繁爆发。当前社会矛盾增多与我国转型期社会结构的变化有着密切的关系。在社会转型期，社会流动加速、各种资源分配重组、社会结构和阶层重新分化、社会利益诉求也越来越多元化。20世纪90年代，法国的社会学者图海纳对法国的社会结构曾进行了形象的比喻。他认为法国当时的社会结构已经从金字塔式转变成马拉松式的赛跑。以前法国的社会结构式是等级分明的金字塔式，而且现在却是马拉松式。在金字塔中人有高低等级之分，但大家还存在于现有体制之中。而在马拉松式赛程中，每一个阶段和进程都会有人被甩出比赛，他们将被长久地甩出，很难再回到比赛中。而法国整个社会的结构与状态就如同马拉松式的长跑，每一个发展阶段都会有人被抛出体制，他们没有工作、失业，由于种种原因，无法再回到原来的体制中去，沦为社会的底层。相较于法国，我国现时期的社会矛盾和风险也呈现多样化和复杂性的特点，常常一触即发。如何优化新时代社会结构和社会分层、规避社会风险、消解社会矛盾，让每个人都享受到经济发展的益处是社会治理的当务之急。在我国大力推进社会治理体系建设和治理能力现代化的大背景下，我们要不忘初心、居安思危，要从人民群众的实际需求出发、从社会风险出发、从社会现实出发，认真研究当前新的社会矛盾和社会风险，考察当前民众对美好生活的多样性诉求，打造新时代社会治理的新格局。

二、研究意义

党的十八大首次提出"社会治理"，社会治理与政治、经济、文化领域的协同发展同等重要。党的十九大提出"国家治理体系和治理能力现代化"，将社会治理作为实现全面现代化的重要路径。党的十九届四中全会又将社会治理提升到社会制度的层面，认为社会治理能力是社会制度执行力的重要体现。当前国家治理已经成为各个学科共同关注的焦点，许多学者站在国家现代化治理的理论高度展开研究，打破了社会学、公共管理学、政治学等学科视野的局限，呈现出学科交叉、融合、渗透的新局面。

本专著作为国家社科基金（社会风险视阈下创新社会治理机制研究【14BSH004】）的最终结项，也正是多学科、跨学科相互借鉴、相互融合的研究成果。社会风险如果任其发展，便会引发公共危机，其社会危害不可小觑。防范风险、遏制危机已经成为亟待解决的现实问题。鉴于此，探究社会风险的演化机理与社会治理的机制创新有着重要的理论与现实意义。

（一）现实意义

第一，有利于化解社会矛盾，防范社会风险，维护社会稳定，进而促进社会可持续性发展。我国处于社会转型期，社会矛盾冲突不断，社会风险长期积聚。建构和谐社会，需要消除社会矛盾和社会风险。群体性事件是在社会矛盾、风险长期不能有效化解的境况下发生的。笔者对社会风险的演变过程和演化机理进行剖析、挖掘，对于提高公共部门的社会治理能力提供了一定的参考价值，有助于从本质上消除社会矛盾，维护社会的和谐稳定。

第二，有利于提高公共部门公信力、遏制群体性事件的发生。群体性事件严重影响了社会的稳定，同时对政府社会治理的能力提出了巨大挑战。深入剖析社会风险发生机理和演化路径，能够从源头上有效遏制群体性事件的萌芽，强化地方政府的社会责任，从而督促地方政府改变不合理的治理方式，提升政府的公信力和社会形象。

第三，有利于完善社会矛盾的化解机制，建构多中心协同共治的社会治理模式。社会矛盾的激化是社会风险长期积聚的结果，研究社会风险的演化方式可以将社会矛盾的化解提至前端，可以促进公共部门及时排查各种社会风险源，完善社会风险预警机制，从而为"减生"社会矛盾提供便利条件。对社会风险与公共危机的治理是一项长期的系统工程，不可能一蹴而就。突发公共事件的发生是社会风险演变成社会危机的现实结果，是社会风险积聚到一定程度而形成的，如果不能深入探寻出社会风险的演变路径，就难以达到社会治理的预期效果，常常会陷入"治理难""治理反弹""治理无效"的现实窘境。因此，社会治理仅仅依靠公共部门单方力量是远远不够的，它需要政府、企业、非政府组织、媒体以及民众的相互协作，从而形成一种合作共治的新型治理模式。本书紧紧围绕"社会危机是如何从社会风险演化而来的，其发生机理和演化路径是什么"这一核心主题展开社会治理研究，对于建立多元主体的协同治理模式有着重要的现实意义。

（二）理论意义

本书从社会风险演变视角出发，落点于社会治理机制，融合了社会学、政治学、公共管理学、心理学等多门学科的研究范式，打破了社会学、政治学和公共管理学等多学科之间的壁垒，为新时代中国特色的风险治理尝试理论创新。

第一，可以丰富和提升社会风险的理论研究。本书深入系统剖析了社会风险演变形态和动态演化过程，试图求解新时代社会主要矛盾的转变对社会风险演变的影响，以及社会危机发生的深层次诱因，社会风险是如何一步步转化成突发公共事件和公共危机的，其中的演化机理是什么，从而丰富和充实社会风险的理论研究成果。

第二，可以为公共部门有效应对社会危机事件提供理论指导。目前针对群体性事件，各级地方政府都积累了一些经验，也有一套相关的应急预案。但在实际处置事件的过程中，由于事发突然、时间紧、人数多，加之缺乏系统的理论指导，往往现有的应对方案难以奏效。因此，本书在深入剖析社会风险演化机理的基础上，尝试建构起一套系统的、科学的应对机制和危机协同治理模式，从而为公共部门应对危机事件提供理论依据。

第三，在当前我国大力推进社会治理体系和治理能力现代化建设的大背景下，可以进一步丰富和充实社会治理理论。当前学界都从不同学科视角来探讨和研究社会治理的相关话题，而社会风险与社会危机治理作为社会治理的一个重要子集，必然成为社会治理话语体系的重要课题。打造共建共治共享的社会治理格局，是新时代社会治理创新的主要目标。新时代的社会治理面临更多的复杂变数，以社会风险和社会危机为切入点，是社会治理目标得以实现的前提，也是新时代民众不断增强获得感、幸福感和安全感的重要保障。因此，加强社会风险与公共危机的治理研究在一定程度上必然丰富和充实我国的社会治理理论。

第二节 研究述评

本书的研究述评聚焦于社会风险与社会治理两个层面的范畴，但又不局限于这两个层面，它还包括社会分层、社会转型、社会运动、危机管理与应急管理等领域。对于社会风险的研究不能只停留在风险预警的层面，社会风险—突发公共事件（灾害）—公共危机的演变过程是一脉相承的连续体，它融合了社会学、政治学、公共管理学、心理学等众多的学科领域。因此，来自社会学、政治学、公共管理学等领域研究者的成果为本课题的持续深入研究奠定了重要基础。

一、国外相关研究述评

国外关于社会风险、公共危机及其治理的研究分为理论和实践两个层面。

（一）理论层面的相关研究要追溯到社会风险本身的关注与现代性的反思

对社会风险本身进行关注的学者有雷切尔·卡逊（R. Carson）、乌尔里希·贝克（U. Beck）、安东尼·吉登斯（A. Giddens）和斯科特·拉什（S. Lash）等。20世纪60—70年代很多科学家开始了对地球生存风险的反思，这一过程中有两个经典的里程碑式的思考：一个是罗马俱乐部的《增长的极限》，另一个是雷切尔·卡逊（R. Carson）的《寂静的春天》。1972年，罗马俱乐部发表《增长的极限》（梅多斯等撰写），认为地球资源会因为人类无节制开发而消耗殆尽，到2100年全球将增长停止，世界系统面临崩溃。罗马俱乐部的预言和警示，引发了世界各国对人类生存模式风险的反思，成为全球生态风险警示的经典之作。雷切尔·卡逊（R. Carson，美国生物学家，1962年）出版了《寂静的春天》一书，它警示人们，如果无节制使用有机农药，人类生存状况将受到严重威胁，引发人类对环境风险的反思，该书也成为人类社会可持续发展的标志性文献。

自1986乌尔里希·贝克提出风险社会理论以来，美国"9·11"事件的爆发印证了贝克的风险社会理论假设，高度的现代性必然导致高风险性。作为风险社会理论的代表人物，贝克（U. Beck）、吉登斯（A. Giddens）和拉什（S. Lash）分别从生态、制度和文化的角度对社会风险进行了研究。贝克看到了核裂变的放射性污染、空气和水的毒化、森林的消失等工业化的"副作用"（the side effects）带给人类不可预料的可怕性后果。他说："在现代化的进程中，生产力的指数式增长，使危险和潜在威胁的释放达到了一个前所未知的程度。"① 贝克进而认为风险社会是全球性的，以污染的普遍性和超国家的观点来看，"巴伐利亚森林一片草叶的生命，最终将依赖于国际协议的制定和遵守，风险社会在这个意义上是世界性的风险社会"②。吉登斯认为风险导致了"现代性的断裂"（the discontinuities of modernity）③。拉什认为，当我们判断所面临的风险时，不能只从自然风险的视角，还应当从社会结构的层面来分析风险，尤其是文化风险的视角。玛丽·道格拉斯将意识到的现代性风险归结为三类：政治风险、经济风险和自然风险，这三种风险代表了三种文化，即等级制度文化、市场主义文化以及社会群落边缘文化。④

另有一大批西方学者从社会转型、社会矛盾和冲突这一广义的社会风险视角来进行现代性的反思，从而进一步考察现代社会矛盾产生的根源。其代表人物有科塞、西摩·李普塞特、亨廷顿等。

科塞（1956）在《社会冲突的功能》中提出了社会"安全阀"理论。认为社会冲突和集体行动可以起到"社会安全阀"的作用，在一定程度上它可以缓解社会压力和释放不满情绪，起到维护社会稳定的功能。李普塞特（Lipset）认为，社会矛盾是一切社会体制内部所固有的潜在威胁，同时稳定的民主氛围也需要社会力量之间的适度紧张。重大的社会变革和成功的社会运动通常是作为一系列发展或事件的积累的结果而出现的。⑤ 亨廷顿（S. Huntington）不光在现代性反思中提到了社会抗争，他还通过经济公式的方法来分析社会运动与社会稳定的关系。亨廷顿从社会动员、政治参与、制度化维度来分析社会稳定。亨廷顿提出了三个著名的公式："政治动乱＝政治参与度/政治制度化""社会不满＝社会动员/经济发展""政治参与＝社会不满/流动机会"，因此，只有适度社会动员，推动经济发展，增加流动机会，控制政治参与，加快政治制度化进程，才能保持社会的稳定与和谐。⑥

专注于现代性反思的西方学者更多的是对现代性后果的批判，他们认为世

① ［德］乌尔里希·贝克. 风险社会［M］. 何博闻，译. 南京：译林出版社，2004：15.
② ［德］乌尔里希·贝克. 风险社会［M］. 何博闻，译. 南京：译林出版社，2004：44.
③ ［英］安东尼·吉登斯. 现代性的后果［M］. 田禾，译. 南京：译林出版社，2011：4-8.
④ DOUGLAS M, WILDAVSKY A. Risk and Culture：An Essay in the Selection and Interpretation of Technological and Environmental Dangers［M］. Berkeley：University of California Press，1982.
⑤ ［美］李普塞特. 共识与冲突［M］. 上海：上海人民出版社，2011：21.
⑥ ［美］塞缪尔·亨廷顿. 变化社会中的政治秩序［M］. 王冠华，等译. 北京三联书店，1989：41-42.

界风险、公共危机是人类在迈向现代化进程中的必然结果，信任危机、认同危机、合法性危机、系统性危机等不可避免。佩鲁恂在对发展中国家的社会矛盾进行研究时，提出了著名的"六大危机"说，即认同性危机、合法性危机、贯彻危机、分配危机、参与危机、整合危机，这六种危机是互为因果和密切相连的。发展中国家在现代化的进程中会面临多重风险与危机，它是从传统向现代的社会转型所必经的过程和阵痛，社会现代化的过程本身就是一个社会多维度（政治、经济、文化）变迁的过程，风险和危机不可避免。如何预防世界风险、化解公共危机成为各国亟须解决的现实课题。

（二）实践层面的相关研究侧重于对社会预警指标体系的建构

西方对社会预警的研究起源于 20 世纪 60 年代美国学者罗蒙德·鲍尔（Romand Bauer）的《社会指标》出版，之后一大批学者开始了预警研究的热潮，并将预警指标体系运用于经济政策的调控与监测。美国的"哈佛景气动向指数"用于监测经济发展动向。法国在 1965 年从国际收支、物价、失业率、投资等维度提出了"预警对策信号"。1986 年西方七国制定"经济监测指标"，根据综合指数，进行经济社会预警。

1961 年埃·蒂里阿基安跳出经济领域，从城市现代性的视角来分析社会动荡。他认为社会控制能力的丧失、性混乱与张扬以及现代性的程度是影响社会稳定的三个重要指标，也是造成社会动荡的主要因素。1968 年，叶海卡·德罗尔提出"系统群研究方法"，确立了 12 项指标，体现了社会预警与政策的融合。美国纽约国际报告集团制定了"国家风险国际指南"指标体系，确立 13 个政治指标、6 个经济指标和 5 个金融指标。英国的齐舒姆（Roderic Chisholm）出版了《区域预警》，从人口、资源、环境、城市、经济等方面建构指标系统。爱茨（Estes）从精英专权、大众需求、社会资源、家庭结构、政治动荡、传统文化六个维度设立了社会不稳定指标体系。① 美国外资政策研究所提出了"政治体系稳定指数"（PSSI），是美国社会状况综合预警的参照，分别由社会冲突指数、政治过程指数和经济特征指数构成，评分时各占 1/3。1989 年兹·布热津斯基成功创立了"国家危机程度指数"，该指数由 10 个指标构成，侧重于预测东欧国家的社会稳定程度，分别是：国家信念的吸引力、民族主义与意识形态矛盾、人民生活水平、社会心理情绪、宗教活动、执政党士气、经济私有化、政治多

---

① 鲍宗豪，李振. 社会预警与社会稳定关系的深化：对国内外社会预警理论的讨论 [J]. 浙江社会学，2001 (4)：110-114.

元化、政治反对派活动、人权问题。

二、国内相关研究述评

国内对社会风险及其治理的相关研究要追溯到社会转型、社会分层和社会结构的相关著述。表现为四个方面：第一，社会转型研究；第二，社会风险研究；第三，应急管理研究；第四，公共危机研究。

（一）社会转型研究

李培林（1996）提出了"社会转型"的概念，初步提出社会转型理论。陆学艺、郑杭生等学者发展和完善了社会转型理论，使社会转型开始成为当时分析我国现代性的主导范式，而社会风险则是该范式主导下的话语焦点。进入21世纪后，可持续性发展的理念在国内普遍升温，单纯依靠经济增长和单一的GDP的数值来获得社会发展的模式遭到批判，政治学家、社会学家开始用社会转型的理论来分析中国的社会风险问题，并迅速占领媒体、学术的主流话语权，经济学的增长模式一度受到很大的质疑。陆学艺等（2002）通过上千个样本（福清、深圳、合肥、镇宁、汉川等地）的收集，根据不同群体和阶层对经济资源、文化资源和组织资源的拥有状况，对我国整体的社会结构进行系统的分层和详细的描述。2004年，郑杭生、洪大用从理论层面对我国转型期的现实与理论问题进行了研究，提出转型期我国的社会动员力与社会控制力都有所下降，社会结构层的断裂严重影响了社会各群体和阶层之间的相互认同感，从而易引发社会矛盾和群体事件，不利于社会风险的防范与控制。李强（2005）经过长期研究，对我国的社会分层和贫富差现象进行了比喻，认为国内的社会上层通过社会资本的互换，已经形成了实体庞大的精英阶层，而民众则是一盘散沙，两极分化日益严重，基尼系数越来越高，这种"倒丁字型"社会结构加大了社会张力，使社会系统的脆弱性增强，社会风险增加。[①] 李路路（2004）认为现代化进程加速滋生了社会风险，社会结构的开放性、流动性、多元性、市场性和非集中性削弱了社会体系的总体控制，因此，只有重建社会控制系统才能防控社会风险，并提出了具体的措施：建构弹性社会结构、建立共享的价值观体系。康晓光（2005）对中国大陆未来3~5年的政治稳定性进行了研究，运用"问题""群体""手段"三维分析法，提出社会稳定的关键在于民众，在"分类控制"的国家体系下，社会与国家难以保持良性互动，精英阶层不会挑战现

---

① 李强．"丁字型"社会结构与"结构紧张"［J］．社会学研究，2005（2）：55-73.

有体系，民众的自组化程度越高，越有利于社会的基本稳定。

（二）社会预警研究

国内的社会预警研究起源于对社会风险的关注，一直以来都是社会学的主要议题。对社会风险的实践探索始于 20 世纪 90 年代，表现为对风险的社会预警，社会预警是预防群体性事件的首要工作，也是将群体性事件控制、解决于萌芽之中的最有效的办法。宋林飞（1989、1995、1999）对社会预警指标体系进行了多年的研究，最终建立了由 7 大类 40 个指标构成的关于警情、警兆、警源的"社会风险监测与报警指标体系"[1]。洪大用（1990）通过建立预警指标来分析和预警社会经济发展的周期。朱庆芳（1992）在社会预警指标中加入了更多的社会要素（民意、民情、社会问题等），尝试建立综合的社会指标预警体系。张春曙（1995）通过对上海市经济发展状况的调研，从社会经济、市政建设、社会风气、公共安全以及环境污染等方面（8 大类 18 个警情指标），提出建构大城市的社会预警指标体系。[2] 牛文元（2000）根据系统动力学，提出了"社会燃烧理论"[3]，将社会系的秩序状况与燃烧现象进行类比，燃烧的过程就是社会系统从井然有序到杂乱无序的过程，最终会引发群体事件和重大公共危机。燃烧理论实质告诉我们，社会危机的发生机理是一个从量变到质变的过程。王二平（2003）从心理学的视角出发，尝试建立社会心态的预警指标体系。阎耀军（2004）提出了社会稳定的理论模型，从心理、经济、保障、分配、控制、环境 6 维度设立指数系统，建立 55 个指标 12 个特征模块的综合预警指标体系。[4]

（三）应急管理研究

应急管理研究属于较强应用性研究。2003 年"非典"的爆发直接推动了我国的应急管理研究。2004 年，郭济（中国行政管理学会）联合中央部委和北京高校主编了《政府应急管理实务》，对中央和大城市应急管理体制、机制展开研究。2006 年，赵成根主编《国外大城市危机管理模式研究》，详细介绍了国外

---

① 宋林飞. 中国社会风险预警系统的设计与运行 [J]. 东南大学学报（社会科学版），1999（1）：69-76.
② 张春曙. 大城市社会发展预警研究及应用初探 [J]. 预测，1995（1）：47-50.
③ 牛文元. 社会物理学与中国社会稳定预警系统 [J]. 中国科学院院刊，2001（1）：15-20.
④ 阎耀军. 社会稳定的计量及预警预控管理系统的构建 [J]. 社会学研究，2004（3）：1-10.

应急管理的运行机制与应对模式。高小平等（2005）认为，我国目前的应急管理体系存在如下不足：职责划分不清晰、组织协调不足；部门条块分割、系统沟通和共享欠缺；综合性风险评估不足、社会应急参与程度不高等，需要政府建立起一套完备的应急组织结构和应急行动程序来应对当前的突发危机事件。因此，研究建议要着重建立健全综合防灾系统，包括：建立以应对能力为主要依据的分级响应机制；建立健全统一领导和总体协调的结构体系；建立健全分时分段的应急联动机制；建立以国家财政为保障的补偿赔偿机制等。① 莫纪宏（2003）比较了国外和我国应急法律体系的构成，提出了健全我国应急法律体系的构想，包括紧急状态入宪、紧急状态立法的构想等。② 莫于川（2004）提出了在紧急状态下加强行政指导的重要性。彭宗超等指出我国的政府应急决策还需进一步改进，并提出了具体构想。汪玉凯等对我国的应急信息系统的建设提出了基本设想。2005 年 8 月，国务院发布了《国家突发公共事件总体应急预案》，应急总体预案、部门预案、专项预案被纳入应急管理的体系和机制中。此后许多新的研究机构逐渐成立，而且成果颇丰。近些年来，一些重量级的研究成果也越来越多。南京大学童星教授组建的社会风险与公共危机管理研究中心，其成果专著《中国应急管理：理论、实践、政策》（2011 年，童星、张海波合著）获得教育部人文社科成果一等奖。清华大学薛澜、彭宗超组建的中国应急管理研究基地，其研究成果《危机管理——转型期中国面临的挑战》（薛澜、钟开斌合著），获第四届（2006 年）中国高校人文社会科学研究成果二等奖；高小平牵头的应急管理课题组（中国行政管理学会）在政府应急管理体制、机制方面成果突出；朱正威教授组建的西安交通大学的研究中心在动力系统仿真模拟群体性事件演化机理方向取得了突破。张秀兰组建的应急研究中心（北京师范大学）在重大灾害的脆弱性研究方面成果显著。此外，张成福组建的危机管理研究中心（中国人民大学）、佘廉领导的预警研究中心（华中科技大学）以及马怀德组建的危机管理研究课题组（中国政法大学）等在自然灾害的定量研究方面成果较多，它们对社会群体事件的发生、演化机理的揭示起到了很好的借鉴作用，对群体性事件治理对策的制定有着重要的理论价值。

（四）危机管理研究

国内的危机管理也是从 2003 年"非典"之后兴起的，主要侧重于应用领

---

① 高小平，刘一弘. 我国应急管理研究述评（上）[J]. 中国行政管理，2009（8）：29-33.

② 莫纪宏. 中国紧急状态法的立法状况及特征 [J]. 法学论坛，2003（4）：5-12.

域。而国外丰富的危机管理研究，一般侧重于理论研究，比如危机周期理论（芬克 Fink）、危机模型理论（希斯 R. Heath 的 4R 模型）和危机传播理论（库姆斯 W. Coombs 的危机传播因素）等。国内的危机管理研究更注重于对突发事件、突发公共事件、群体性事件的理论和实践探讨，更加务实地研究群体性事件的处置方式。群体性事件被认为是公共危机的一种表现形式，我国学者对公共危机的研究大致从三个方面展开，分别是：危机表征研究、危机问题研究和危机综合研究。

第一，危机表征研究侧重于群体性事件的内涵、特征与行动内容的考察。国内对群体性事件的直接考察是从事件的内涵、特征与属性开始展开分析和归纳的。一般认为，解释群体性事件可以从政治、经济、社会、法律和集体动员五个维度来阐述。赵鼎新认为群体性事件与社会变迁和转型密切相关，社会变迁规模大和转型速度快，则社会矛盾就会增多，如不能及时化解社会矛盾和风险，极易引发社会运动和群体性事件。吕世明（中国台湾）认为群体性事件根据内容和特性可以分为政治群体性事件、社会群体性事件、国际群体性事件、预谋群体性事件和偶发群体性事件五种类型。政治群体性事件是政府的合法性危机受到挑战，行为主体对政府施政严重不满、采取反政府的行动，其行为的社会危害性很大、易失控，影响政局的稳定；社会性群体事件是社会风险和社会矛盾所引发，利益分配不公、劳资矛盾纠纷、社会结构性失业、征地、拆迁行为等而导致的群体性的静坐、情愿、示威、游行、罢工等行动，该行动为达目的，会采取暴力非法的抗争方式。

第二，危机问题研究侧重于社会矛盾与社会问题的分析。危机问题研究将社会危机看作社会问题的延续，从社会矛盾与冲突的视角来剖析群体性事件产生的原因、发生的机理以及演化路径等。它从社会问题角度对危机事件进行剖析，是从矛盾源头入手，分析事件的产生原因、规律和特点，对于建立危机事件的安全阀系统、建立公平公正的政治体制、解决官员腐败等问题有很大的促进作用。赵守东认为"社会危机事件是由社会矛盾引发的，有一定的规模和社会影响力，不受既定社会规范约束，造成社会正常秩序紊乱的事件"。在突发群体性事件的成因机理研究方面，陈晋涛认为，群体性事件的直接根源是人民群众内部矛盾的激化，集群行动的群体数量达到一定规模以后，便采用组织化的方式，通过聚众闹事、围堵、泄愤等过激的集体行为表达自身诉求，严重影响了社会稳定。孙立平（2004）从社会心理的视角来分析社会结构的断裂与矛盾。汪玉凯（2005）从经济利益群体的视角方面分析群体性事件的发生原因。杨连专（2008）从利益诉求的视角来探讨群体性事件的发生诉求。沈一兵（2011）

从系统论的视角来分析突发公共事件的发生和演化机理。吴志敏认为，要建立减压宣泄机制、缓冲机制、保障机制、矛盾调节机制、追究机制等来防控群体性事件。金太军认为，各种群体性事件都是一种反应性社会行为，是众多要素共同催化作用的结果，它是由社会系统中的社会环境、经济环境、自然环境、文化技术环境、国际环境失衡所引发的。当前，异化的"维稳"已经陷入"越维越不稳"的尴尬，化解社会矛盾是遏制群体性事件的最有效的方式。于建嵘（2003、2004、2009）在这一主题上进行了系统的探究，通过分析信访制度的缺陷和政治后果，对中国底层社会进行深入的调查和描述，呼吁进行信访制度改革，化解社会矛盾，将社会关系的调整回归到法治轨道。朱志刚认为，应当回归到人民群众的利益出发点，一切从群众利益出发，建议从社会保障的视角来满足民众的社会诉求。只有不断完善社会保障机制、关注弱势群体、监督政府职责，才能凝聚人心，从而在源头上防止群体性事件的发生。

第三，危机综合研究更多地表现为理论的反思和研究范式的整合。薛澜（2003、2004、2005）在危机管理理论整合方面进行了研究，并从时间、行为、决策三个维度较为系统地分析了中国危机管理的现状与发展路径。他认为中国的危机管理要处理好三方面的关系，即纵向的集权与分权、横向的分工与协作、风险的预警与危机的应急。在此基础上，建议我国要建立分期、分类、分级的应急管理体制、机制和法制，完善一体化的应急管理体系，对公共危机进行分期、分段控制，按照危机萌芽期、危机爆发期、危机高潮期与危机消退期进行实时应急管理。龚维斌（2004）分析了心理援助对公共危机管理的重要性，并阐述了危机救助的途径。张成福（2003）认为中国危机管理全面整合是资源的系统重塑、整合过程，要与国际接轨，要借鉴国际经验，将危机管理的整合纳入国家的发展战略中来。① 吴江（2004，国家行政学院）从突发公共事件入手，考察了政府危机管理的综合治理能力。叶国文（2004，复旦大学）深入分析了美国"9·11"事件影响及事件后美国危机管理能力提升的经验启示，希望通过借鉴国际经验来整合我国本土的危机管理能力。李程伟（2005，中国政法大学）分析了国内的主要大城市的危机管理现状，并总结出了大城市的不同的危机管理模式（北京、上海、广州、南宁），对我国危机管理的地方经验的研究起到了很好的整合作用。南京大学社会风险与公共危机研究中心（童星、张海波）在进行应急管理研究的同时，将危机管理的框架从风险、灾害、危机三个维度加

---

① 张成福. 公共危机管理：全面整合的模式与中国的战略选择 [J]. 中国行政管理，2003 (7)：6–11.

以整合，并与大数据分析相结合，尝试进行我国公共危机管理理论范式的整合。

第三节 研究思路、研究内容与研究方法

一、研究思路

防范社会风险和创新社会治理是应对和化解当前社会矛盾和公共危机的当务之急。有学者认为，当前社会治理创新遍地开花，但缺乏实质性、可持续性和系统化。[①] 表现为：务虚脱实，文字创新；不求实效，形式创新；难获推广、孤独创新；难以持续、短命创新等。风险防范和社会治理创新是一项系统工程，是一个连续体，如果缺乏战略规划和"顶层设计"，仍由各部门、各地区自行其是，社会风险防范和社会治理创新就有可能相互制约、彼此消耗[②]。治理创新也不能流于形式和口号，使治理创新成为"样板秀"。我们必须将社会风险、突发公共事件、社会危机与社会治理作为一项系统工程和连续体来进行统一的规划和部署。

本著作的创新之处在于：本研究从社会风险视阈出发，在新时代风险社会的背景下展开；以"社会风险—突发公共事件—公共危机"的演变过程为治理轴；以社会风险演变历程中的四个维度（风险感知—风险积聚—风险扩散—风险侵入）为治理路径；以社会系统分层（社会心理层—社会制度层—社会冲突层—社会交往层）为治理边界；以四种社会诉求（社会安全—社会公平—社会认同—社会表达）为治理目标，同时这四种诉求也是新时代美好生活的四种治理需求（安全感、公平感、认同感、表达感）；以相应的治理机制（社会预警机制—矛盾化解机制—危机多元治理机制—网络监管机制）为治理内容；最后在风险全球化的背景下，从人类命运共同体的高度建构新时代的社会治理体系，从而更能符合本土化的治理需求，为新时代风险社会的国家治理尝试中国特色的理论创新。

在风险感知阶段最大的治理诉求是社会安全，为满足民众美好生活的安全感需求，需要社会心理层的调适和社会预警机制的创新；风险积聚中的治理诉

[①] 林冠平. 地方政府创新的现存障碍与推动机制 [J]. 中国行政管理, 2014 (2)：79-81.

[②] 童星. 社会管理的重点和本质 [J]. 电子科技大学学报（社会科学版），2012，14 (4)：22-25.

求是社会公平，为满足民众美好生活的公平感需求，需要社会制度层的改革和矛盾化解机制的创新；在风险扩散阶段最大的治理诉求是社会认同，为满足民众美好生活的认同感需求，需要社会冲突层的疏导和危机治理机制的创新；风险网络侵入阶段的治理诉求是社会表达，为满足民众美好生活的表达感需求，需要社会交往层的协调和网络监管机制的创新。随着社会风险的全球化，中国的风险与世界的风险紧密相连。中国的社会治理是全球治理的一部分，社会融合与世界和平是其终极诉求，需要建构人类命运共同体机制，维护世界的和平与稳定。由此，风险视角下中国社会治理机制创新的路径框架如图1-1：

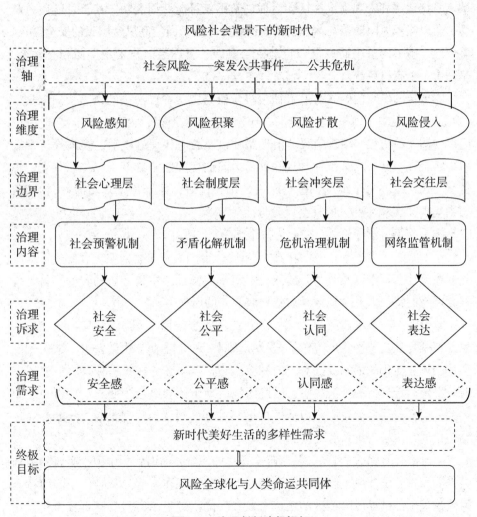

图 1-1　治理创新路径框架

二、研究内容

从微观经验层面上看，防范社会风险和创新社会治理是应对和化解当前社会矛盾的当务之急。由于地方政府的短视行为，常常重处置轻预防、重应急轻防范，使得治理水平与治理需求存在巨大差距。我们不能"头痛医头、脚痛医脚"，以"临时抱佛脚"式的修补和"蜻蜓点水"式的创新来取代社会体制系统、深刻的变革。风险防范和社会治理创新是一项系统工程，是一个连续体，由于治理创新涉及公共权力的重新分配、社会组织的培育，如果在这些问题上缺乏系统建构和宏观预设，社会治理创新不仅可能劳而无功，甚至可能误入歧途。所以以实现风险防范与治理创新的连续性有助于回应高风险国家的安全需求。鉴于此，本书的整个研究框架将理论与实践、微观层面与宏观层面相互融合，呈现出一个有机系统。

本著作的研究内容尽力追求社会科学研究中两种方法论的诱惑：一个是求"全"，一个是求"真"。求"全"在于本书的逻辑严密，内容力求丰富和完整，将风险演变的历程与治理边界、治理路径以及新时代美好生活的多样性诉求有机地结合在一起。求"真"体现在剖析风险演变的四个维度（感知、积聚、扩散、侵入）时，每个维度都进行深入的社会调研，并聚焦于真实的社会个案，力图呈现"客观实在"的社会风险与社会治理。

本书除第一章导论外，共分为三个部分：

第Ⅰ部分（第二章），从新时代与风险社会的大背景切入主题，阐述了新时代的风险社会背景以及改革开放四十多年来我国社会主要矛盾的转变、新时代社会风险的特征以及"风险矛盾双轴演变"的历程。

第Ⅱ部分（第三章至第十章），分别从四个维度（风险感知与社会安全、风险积聚与社会公平、风险扩散与社会认同、风险侵入与社会表达）来深入剖析社会风险演化的形态及其对应的社会治理机制。在分析每一种风险演变形态时，都聚焦于具体的社会调研，尽可能地展现出社会风险演变与治理机制之间的共变逻辑与共生关系，希望从中挖掘出主导性的社会治理机制，并最终通过结构化的方式呈现出新时代社会治理的完整图景。

第Ⅲ部分（第十一章），从风险全球化的视野将新时代的中国社会风险治理与世界风险、全球风险以及全人类的命运紧密关联在一起。新时代中国的社会风险治理也是世界风险治理的一部分。我国的治理机制必然要与世界接轨，在规避和防范国内风险的同时，也要很好防范国际风险。本书通过对"一带一路"倡议的风险分析，认为建构全人类的命运共同体是化解世界风险的根本治理路径。本书的研究内容如图 1-2 所示：

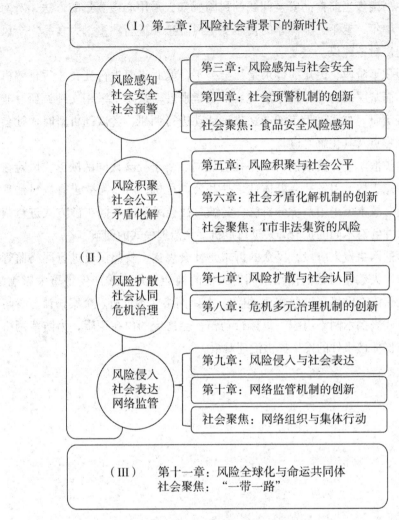

（I）第二章：风险社会背景下的新时代

风险感知
社会安全
社会预警
  第三章：风险感知与社会安全
  第四章：社会预警机制的创新
  社会聚焦：食品安全风险感知

风险积聚
社会公平
矛盾化解
  第五章：风险积聚与社会公平
  第六章：社会矛盾化解机制的创新
  社会聚焦：T市非法集资的风险

（II）

风险扩散
社会认同
危机治理
  第七章：风险扩散与社会认同
  第八章：危机多元治理机制的创新

风险侵入
社会表达
网络监管
  第九章：风险侵入与社会表达
  第十章：网络监管机制的创新
  社会聚焦：网络组织与集体行动

（III） 第十一章：风险全球化与命运共同体
社会聚焦："一带一路"

图 1-2　本书研究内容框架

三、研究方法

公共危机究竟是如何发生的，社会风险又是如何演变成社会危机的，政府传统的治理路径存在什么弊端，现有的治理模式、治理体制、机制如何创新，如何有效遏制和阻断从社会风险向公共危机的演变过程已经成为一个重大而紧迫的研究课题。基于此，本书在研究方法上除了通用的文献研究法、比较研究法和个案研究法之外，还在社会风险演变的每一阶段都分别采用了针对性的研究方法来剖析不同的风险事件。

在风险感知阶段，民众的诉求是社会安全，就此需要进行社会预警机制的创新。故本书聚焦当前食品安全问题的风险感知，采用心理测量的方法，对南京市青年、中年、老年三类群体的食品安全风险感知进行测量，为食品安全风险的防范提供对策建议。

在风险积聚阶段，民众的诉求是社会公平，就此需要进行社会矛盾化解机制的创新，而基层信访工作是矛盾化解的关键所在。故本书采用实地调研、非结构式访谈等研究方法对 T 市的非法集资活动进行调研，尝试剖析新时代社会矛盾的新聚焦点及其化解之道。

在风险扩散阶段，民众的诉求是社会认同。由于社会认同的缺乏，风险在社会系统肆意扩散，引发社会群体性事件和公共危机，所以需要进行危机治理机制的创新。故本书采用系统分析法，尝试对社会风险的不同扩散方式进行归纳和总结，并针对不同的扩散方式进行危机多元治理模式的创新。

在风险的网络侵入阶段，民众的诉求是社会表达，就此需要进行网络监管机制的创新。大数据时代的网络空间对人们的社会交往方式产生了重大影响，本书通过聚焦南京×社区的网络公益组织，采用网络文本分析、个案访谈、参与式观察等方式来揭示网络组织、集体行动与社会稳定的内在逻辑，为防范网络风险和网络群体性事件的发生提供治理对策。

新时代与社会风险

中国特色社会主义进入了新时代，这是一个继往开来、承前启后、不断进取、全面建成小康社会、实现中华民族伟大复兴中国梦的时代，同时这也是一个高风险的时代，新时代面临着新的矛盾、新的风险和新的挑战。

第二章　风险社会背景下的新时代

第一节　新时代与风险社会的来临

党的十九大报告明确指出，中国特色社会主义进入新时代。改革开放40多年以来，我国社会领域发生了巨大改变，人民的基本物质生活需要得到了满足，但人民对美好生活的需求日益多元化和个性化，我国的社会治理面临新的问题与挑战。伴随着新时代的到来，我国的经济发展取得举世的成绩，但同时我国也进入突发事件频发的高风险时期。2000年党中央就意识到："我国进入发展的黄金机遇期，同时也是社会风险高发期。"2015年10月，中共中央十八届五中全会指出："我国发展处于可以大有作为的重要战略机遇时期，也面临诸多矛盾叠加、风险隐患增多的严峻挑战。"①

---

① 中国共产党第十八届中央委员会第五次全体会议．中共中央关于制定国民经济和社会发展第十三个五年规划的建议［N］．人民日报，2015-11-04.

一、我国全面步入风险社会

1986 年，乌尔里希·贝克提出"风险社会理论"①，从社会学视角反思现代性所引发的高风险现象，从而说明西方经济发达的社会有着自身难以治理的社会风险。风险社会是生产力发展到一定阶段的特定产物，根据风险社会理论，当人均 GDP 达到 1000~3000 美元的时候，一个国家、地区将进入经济高速发展的阶段，但同时也进入突发事件高度频发的时期，也称"风险社会"。据相关统计，我国 2005 年人民均 GDP 近 2000 美元，开始步入风险社会。当前，全球气候变暖、生态恶化、核危机、环境污染、经济下滑、恐怖主义……越来越印证了乌尔里希·贝克的风险社会理论。在当今时代，正如卢曼所说："我们生活在一个除了冒险别无选择的社会。"② 风险已经成为日常生活的一部分，风险无处不在，无时不有，它可能是横扫孟加拉国的暴风雪、袭击中美洲的飓风，也可能是撕裂亚洲部分地区的地震，或是卷土重来的印度洋海啸、洪水、核事故、恐怖袭击……

拉什认为文化风险是社会风险的主要来源，当前风险文化时代已经来临。近年来随着我国现代化程度的提高，社会风险也在逐渐增多，风险社会理论在社会各界的影响力不断增强。风险在社会各个领域蔓延和渗透，随之而来的便是风险文化的产生。新时代也是面临社会转型、利益多元、风险多变的重要时期，这对国家治理体系和治理能力提出了严峻挑战。

我国的公共突发事件层出不穷。一方面自然灾害和传统的风险事件发生，另一方面新的危机也在滋生暗涨。如自然灾害（地震、洪涝干旱、龙卷风、泥石流）、公共卫生（鼠疫、食物中毒、禽流感）、环境事件（水污染、噪声污染）、经济安全事件（商品抢购、资产流失、金融挤兑）、生产安全事件（工程事故、矿难）、社会安全事件（征地纠纷、劳资矛盾、非法集资），还有，水资源紧缺、垃圾污染、核辐射、网络病毒、智能犯罪等新增事故不断涌现，严重影响到人民生命财产的安全和社会发展的稳定。中国目前正进入转型加速期，各种利益激烈交锋，加之制度的结构张力、技术的不当开发和利用等因素的影响，在严峻的形势下，社会风险一经点燃，便会引发"群体极化"效应，使社

---

① 贝克的《风险社会（Risk Society）》被公认为风险社会理论的开山之作。之后，他又出版了一系列重要著作，如《风险时代的生态政治》（Ecological Politics in an Age of Risk）《世界风险社会》（World Risk Society）《再谈风险社会：理论、政治与研究计划》（Risk Society Revisited: Theory, Politics and Research Programmes）等。

② LUHMANN N. Risk: A sociological theory [M]. Berlin: de Gruyter, 1993: 217-218.

会秩序陷入混乱，甚至威胁政治体制，后果不堪设想。

全球化的不断推进和社会依存度的增加，在某种程度上加速了突发事件与公共危机在世界范围的蔓延和扩张，如英国的口蹄疫危机、疯牛病事件，孟加拉国的砷中毒事件，美国的新奥尔良飓风，前苏联的切尔诺贝利核泄漏以及印度洋海啸……表明整个人类社会已经进入了公共突发事件的频发期。一次次的灾难、一次次的危机敲响了人类最敏感的神经，残酷的现实告诉我们，20世纪70年代罗马俱乐部的警示并非空谈，卡逊在《寂静的春天》中的描述也不是无中生有，面对严峻的形势，我们必须重新审视经济的增长方式；面对危机，我们要重新反思现有的治理模式，共同应对新时代的社会风险。

二、高风险社会的表现

"风险"① 一词最早用于航海贸易和保险学中，表示为客观的危险，后来被逐渐用于经济和社会科学领域表示潜在遭受破坏的可能性或概率性事件。关于风险的定义众说纷纭，它究竟是客观的还是主观的？是现实的社会存在，还是主观的感知？它的表现形式有哪些？以至于由风险定义而衍生的风险补偿、风险分配、风险利益冲突等都成为风险理论学者争论的焦点②。

随着市场化、工业化和技术革命的推动，技术化的社会风险被无限放大到一个"前所未知"的程度，风险渗透于社会的每个角落。贝克从生态科技的视角给人们描述了一个全球生态劣变、环境恶化的风险社会图景。③ 风险社会的最大的特征就在于社会风险成为社会的常态，并且风险越来越具有不确定性和扩散性。吉登斯认为，根据风险产生的原因，可分为外部风险和人造风险，在风险社会里人造风险的增多无疑加剧了风险的不确定性和突发性。

根据风险社会理论，高风险社会具有以下四点特质：

（一）社会系统的韧性减弱，系统的易损性、脆弱性增强

伴随经济与科技的发展，新时代的社会结构已经形成了一个相互依存、相互联系、密不可分的有机体。从系统论的角度而言，社会系统的分化程度越高，系统的韧性越会下降，系统总体协调能力也越会相对减弱，系统对外界的干扰和刺激也越敏感。随着社会系统规模的不断扩大，系统中各子系统的数量和功

---

① 据考证，风险一词来源于自意大利语"risque"。
② Ulrich Beck. Towards a new modernity［M］. London：Sage Publications, 1992：20—26.
③ 与吉登斯的分类方法类似，贝克根据风险发生的时代将风险分为"前现代的灾难""工业时代的风险"和"晚期工业时代体现在大规模灾难中的不可计算的不安全"。

能不断增加，各子系统之间的依赖性和依存性增强，这对社会大系统的整体协调性、管理能力和控制力提出了严峻的挑战。总体而言，社会系统的"渐进分异"是生产力发展的结果，是社会进步的表现。但是，由于系统总体控制力的下降，系统的脆弱性也日趋明显。任何由外部环境或者内部矛盾引发的小小骚动，都可能导致整个社会大系统运行的紊乱。在现代化大企业中，一道工序上的故障会殃及整个企业；一个城市供水系统中的任何一环节受到污染，都会导致整个城市的水危机；一次小小的电力跳闸事故，都有可能导致社会供电系统的中断，使城市陷入一片黑暗。我们把这种局部扰动对整体有如此"牵一发而动全身"的巨大破坏作用，称为系统的"易损性"。系统的"易损性"其实是系统对干扰要素的敏感性以及面对干扰时，整体协调与控制力下降的表现。这种"易损性"也是系统分化所带来的后果，这将直接导致风险治理能力的弱化。

新时代社会系统的渐进分异的一个典型表现就是高度的城市化。从村庄到集镇、从集镇到城镇、从城镇到城市、从城市再到现代化的大都市，城市化的过程就是城市系统不断扩张的过程，也是城市系统不断演进、分化的过程，城市正是在不断地渐进分化中走向更高层次的综合。我们把城市的这种不断分化过程称为系统的"渐进分异"，或叫"渐进机构化"。渐进机构化的出现，是系统内部相互作用的结果。由于这种作用，系统的要素趋于定型，从而发生了从整体性行为向叠加性行为的转化。渐进分化使部分以某种方式特定化，结果是系统分裂为一条条相对独立的因果链，从而整体的调节能力就会下降。

从城市系统要素的功能上看，城市各子要素的职能划分越来越细，各要素间的依存性大大增强，一方失去了另一方就丧失了在整体系统中的功能。这样一种高度的组织化程度，也增加了系统对环境的敏感性和自身的易损性。例如，城市中的人们赖以生存的供水、供电、能源、通信等城市生命线系统，相互影响，缺一不可，共同履行各自的职责。从城市系统的形态与空间结构上看，城市空间的高度密集效应增加了易损性。城市中有着大量密集的高层建筑、高楼和公共设施。伴随现代城市的经济增长，城市建筑物和构筑物的数量还在急剧增加，并且不断向空中、地下、水上延伸，出现了大量密集的地下商场、隧道、高架桥和水上景点，这些密集建筑群使城市系统对扰动有着快速的传递性。例如，1976 年发生的唐山大地震（7.8 级强震），城市的道路、桥梁、铁路尽毁，新兴的工业基地瞬间成为一片废墟；1995 年日本兵库县的大地震，仅 10 秒钟房屋和商场轰然坍塌，城市公路和通信系统全部中断，导致 30 万人无家可归，经济损失十分惨重。从生态环境的角度看，城市化的范围越大，城市对自然环境的影响就越大，对自然的破坏性就不可避免。反之，自然环境对城市的反作用力也越大。社科院研究报告称，2006 年中国城市化率为 43.9%，从发达国家的实践看，达到这个水平的时候，城市发展将进入经济快速增长期，同时城市也进入高风险时期，此时的城市成为最易"受伤"之地。当前我国正处于城市化进程的加速期，各种各样的突发事件、灾害事故频繁发生，并呈连锁趋势，这对城市居民的生命财产、社会的经济政治秩序甚至国家安全都可能造成巨大的影响。因此，如何建立规范化的城市应急管理机制，快速、全面、正确地应对各种突发事件，最大限度地减少危机事件带来的损失，创建可持续性发展的城市环境，成为城市应急管理中亟待解决的紧迫问题。

（二）贫富差距加大，经济领域出现衰退甚至停滞的风险

根据传统定义，风险一直被认为是危害和灾害的代名词。在现代，风险所造成的灾害事件给人类带来的损失是巨大的，其中首当其冲的是经济损失。根据国际灾难数据库（International Disasters Database）的统计，1978—2010 年，由于风险而引发的全球灾害事件共约 9000 多起，造成 230 多万人死亡，直接的经济损失高达 1.6 万多亿美元。值得人们反思的是，大多数的发展中国家由于自身抗风险能力的脆弱性，灾害性风险给其造成的伤亡人数比较惨重，但发达国家也不能因其应急管理体系的较完备性而幸免。据统计，发达国家在全球灾害导致的经济总损失中大约占 45%，可见灾害性风险一旦发生，对任何国家的经济发展都是致命的。

改革开放以来，我国经济一直处于高速增长势态，而其中隐藏的泡沫隐患和金融风险也着实令人担忧。2008 年的国际金融危机给我们的警示是深刻的。我国正处于经济增长和高风险并存的时期，需要时刻保持警惕，避免因风险而可能带来的经济衰退。我们既要借鉴"东亚奇迹"经验，也要吸取智利、墨西哥、阿根廷的教训，防止跌入"中等国家收入的陷阱"。所谓"中等国家收入的陷阱"原来是指智利、墨西哥、阿根廷等国在社会转型时出现发展缓慢、两极分化严重以及经济增长停滞的窘境，又称"拉美化陷阱"。后来被世界银行用来指发展中国家在经济达到一定的阶段（中等收入国家人均 GDP 大约 3000 美元）后所出现的一种发展缓慢甚至停滞不前的状态。当一个国家、一个地区收入达到中等水平时，该国家可能会出现两种结果：一是经济继续平稳增长、跻身发达国家行列；二是经济发展出现停滞、基尼系数突破临界点、社会动荡加剧、走入中等收入陷阱。走入"中等收入陷阱"的国家，除了经济发展衰退，还表现为民主乱象、社会问题丛生、腐败盛行、信仰缺失等，这正是我国在新时代要重点防范的社会风险。

（三）社会结构张力加大，社会冲突加剧，易引发群体性事件

由于我国的社会转型滞后于经济转型，社会结构的调整比经济结构的调整难度更大，当前社会结构呈现出关系紧张、矛盾凸显的状态。孙立平认为，从20世纪90年代，中国的经济发展与社会发展出现不匹配的现象，他称之为"断裂"，这种断裂的直接后果就是社会信任的失范和社会不稳定的加剧。随着贫富差距的不断扩大，处于社会底层的部分弱势群体被甩出社会结构，形成"上层实体化、下层碎片化"的格局。李强将这种社会格局称为倒"丁"字形的社会结构，倒"丁"字的"一横"是大量处于社会底层的社会群体，而拥有众多社会财富的少数人成为"一竖"。这种倒丁字的社会结构比金字塔型的结构更加不稳定，贫富阶层之间的边界更加明显，没有缓冲地带，成直角式。这样的社会结构张力很大，处于高风险状态，社会失序严重。近年来，我国的基尼系数不断攀升，社会矛盾凸显，加之社会保障制度不健全，公共财政分配制度不完善，"住房难、看病难、子女上学难"让人民的生存压力很大，长此以往，极容易激化社会矛盾，引发群体性事件。

无论是从社会体制的建构、组织的运作，还是从个人的缓解渠道来看，群体性事件的发生都与现有制度的不完善以及社会结构的失调息息相关。由于众多的冲突和矛盾一时间难以全部化解，人民一度没有了安全感和公平感，心中的愤懑与不满便极易演化成群体事件。"贵州瓮安事件""湖北石首事件""江苏邳州事件""通安事件""广州增城事件"使社会泄愤的情绪逐渐演变成为可怕的社会失序。

（四）风险的不确定性与扩散性易引发全球生态环境的恶化

在现代社会中风险的不确定性进一步滋长了风险在全球范围的扩散。随着人类对自然开发进程的加速，越来越多的人化自然显示了人类改造自然的巨大能动性，同时生态环境的承载能力也制约着人类社会发展的可持续性。当人口的增长逐渐透支着地球的资源供给，当社会的发展超出了地球生态的承载力时，环境污染便不可避免，它侵蚀人类的身心健康，反噬我们建构的世界文明，如今自然灾害频频发生，正预示自然向人类的宣战。吉登斯认为，生态恶化、核战争、金融危机必然成为全球性的灾害。正如乌尔里希·贝克在《世界风险社会》中所描述的，虽然富人可以暂时通过财富和先有资源来规避风险，并将风险转移给穷人，但环境问题一旦泛滥，全人类都将无法逃脱，这就是贝克所说的"飞去来器效应"。伴随着环境问题的日益严峻化，生态风险已经成为全球风险，并且与经济风险、政治风险、文化风险相互转化，成为各国亟须解决的难

题。在全球化的今天，环境风险是世界性的，环境危机将不仅仅是一个国家、一个地域面临的问题，它最终毁灭的将是全人类。虽然西方很多国家通过一段时间的共同努力，在生态环境治理领域取得了一些效果，但并没能摆脱全球生态环境逐渐恶化的趋势，全球气候变暖、冰山融化、厄尔尼诺现象频发，很多动物植物和生物物种濒临灭绝，全球环境问题不容乐观。由此可见，由风险引发的环境问题已成为各国高度关注和亟待解决的世界难题，它关系各族人民的生存和发展，关系社会稳定和可持续性发展，它不是一个国家、一个组织的力量就能化解的，它需要各国通过相互协作来共同治理。

第二节　新时代风险社会的特质——多重风险共生

风险社会与社会风险既有联系也有区别，两者的关联在于都是描述"风险"与"社会"两个领域范畴的概念，都与风险的潜在损失性、破坏性和社会失序密切相关，同时风险社会与社会风险相互影响、相互制约。高度系统化的社会风险是风险社会的特质，而风险社会是社会风险在特定时代的体现。

风险社会与社会风险两者之间的区别也是显而易见的。社会风险是伴随着人类社会的产生由来已久，而风险社会是技术、工业化与现代化反思的产物。①风险社会中的风险比一般的社会形态下的风险更具破坏性、灾害性和全球化的特点。

一、新时代风险社会的本质

新时代风险社会的本质就是由科学技术所带来的高度现代化，以及由此而产生的社会系统的自我伤害性。现代性的社会风险是在伴随着人类的科技革命、社会结构的变迁以及对自然的不断开发的过程中逐步产生的。

作为风险社会理论的代表人物，贝克、A. 吉登斯（A. Giddens）和 S. 拉什（S. Lash）分别从生态和科技、制度、文化的角度对社会风险进行了研究。贝克看到了核裂变的放射性污染、森林的消失等工业化的"副作用"（the side effects）带给人类不可预料的可怕性后果，认为风险社会是现代性的"副产品"。在《现代性的后果》中，吉登斯认为现代性除了有"机遇的一面"（opportunity

---

① [德] 乌尔里希·贝克，郇卫东. 风险社会再思考 [J]. 马克思主义与现实，2002
(4)：46-51.

side），还有"阴暗的一面"（sombre side），现代性有四大制度支柱，分别是世界资本主义经济制度、世界民族国家制度、国际劳动分工制度和军事制度。但现代性的四个制度支柱都可能引发严重的社会风险，如世界资本主义经济引发的经济崩溃、世界民族国家体系带来的极权主义、国际劳动分工体系带来的生态恶化和军事极权主义可能带来的核战争等，从而导致"现代性的断裂"（the discontinuities of modernity）。拉什认为，文化风险是社会风险的主要内容，风险社会之后便是风险文化的到来。

　　卢曼通过社会系统理论来揭示现代社会的复杂性和风险性，他在帕森斯结构功能理论的基础上，阐释了社会系统结构功能分化的差异性、不确定性以及复杂性。卢曼认为社会风险是社会系统功能分化所导致，应当从系统分化所引发的复杂性视角来把握社会风险。卢曼的理论被称之为现代性理论，其风险理论源于系统现代性的功能分化。卢曼分析了三种不同类型的社会形态及其分化形式：在古代社会是原始部落的社会形态，由于低下的社会生产力，家庭、部落、群体之间组织结构较松散，互不构成风险源，其分化的表现是块状的平等分化。到了前现代社会，阶层分化成为社会的主流，因其地位、财富、权力大小的不同，社会分化成不同的等级群体，不同阶层之间冲突是主要的风险源。但由于处于统治和支配等级的阶层可以控制等级较低的阶层，因此社会风险比较单一，只要较高等级的群体可以完全占据主动地位，则社会冲突和社会风险发生的可能性就较小，社会相对保持稳定。卢曼认为："在现代社会，阶层分化的意义已经越来越小，而功能分化的程度越来越高。"① 现代社会的政治、经济、文化、宗教等社会功能越来越趋向精细化和复杂性，加剧了社会系统的不确定性和风险性。在传统社会，规范制度具有较高权威性，在一定程度上确保了社会的稳定性与安全性。而在现代社会里，复杂的功能分化使制度规范难以适应不确定的社会变迁，社会系统的不稳定性加剧。卢曼认为："社会系统功能分化的复杂化，一方面使各个社会子系统相互分离、渐行渐远，与各自的环境区分开来。另一方面，每个独立的社会子系统又分化出新的功能的子系统，导致整个社会系统的层次和结构越来越庞大，这种极端复杂性，使得任何社会系统所表现出来的'秩序'都带有相当大程度的不稳定性。"②

　　人类是现代化的受益者，但是同时也是现代性风险的制造者和承受者。根

---

① NIKLES L. Soziologische Aufklaerung BD. 2 ［M］. Opladen：Westdeutscher Verlag, 1975：198.

② NIKLES L. Soziologische Aufklaerung BD. 2 ［M］. Opladen：Westdeutscher Verlag, 1975：199.

据风险社会理论，引发现代风险的因素主要包括科技、人口、环境、社会结构与社会制度几个方面。首先，科学技术在推动经济发展、提升人类生活水平的同时也给社会带了巨大的难以预测和控制的风险，比如核风险。科技是一把双刃剑，由于其本身的不确定性和伦理禁制，加之人们对科技的过度依赖性，其所潜在的负面效应也日益凸显。其次，人口的不断增长，进一步加剧了环境的承受力和公共资源的压力，形成全球化的生态风险。当前不同的人口数量、质量、人口的流动方式和分布都将引发不同类型的社会问题，比如民工潮、人口老龄化等，从而加剧了社会冲突和社会矛盾。最后，不当的社会结构和社会制度是产生和制造现代性社会风险的重要来源。在现代化进程中，大多数的社会风险都与人类不恰当、不合理的社会行为和制度构成密切相关，正如贝克所说："因为制度本身就造就了社会风险。"亨廷顿提出："现代性孕育着稳定，而现代化过程却滋生着动乱。"虽然现代性从总体上可以降低一定的风险，但我们将会遇到更多新的、未知的，甚至后果严重的社会风险，因此只有控制社会参与、增加流动机会、加快制度化进程，才能维护社会和谐。当前我国正处于现代化的快车道上，既存在亨廷顿所说的现代性的风险与动乱，又包含卢曼所揭示的功能分化的系统风险，同时还伴随着全球风险的渗透，传统性的风险尚未消退，现代的风险又不断涌现，造成了新时代我国社会风险的复杂性和多变性。

二、新时代——一个混合型的风险社会

我国的新时代正处于现代化进程中的最关键时期，同时也是社会转型、体制转轨的重要时期，更是面临众多风险、机遇和挑战并存的时代。这样的一种社会时代既有传统社会的风险残留，也有着工业社会的副产品——现代性，还有着后工业社会的个体独立性与后现代社会的影子。这里既有风险社会的动荡与不安，也有风险文化时代的雏形，更有着全球化和科技变革所导致的世界性风险与危机。因此，这样的一个"风险共生"① 时代不再是纯粹意义上的传统社会与现代社会，而是一种混合型的风险社会。虽然中国的现代化进程较西方国家起步晚，但中国的经济发展速度却超越了众多发展中国家，我国在改革开放的 40 多年里，遭遇了西方国家一两百年所经历的社会风险与社会问题，这必然决定了我国的社会风险存在着历时态与共时态叠加和并存的现状。② 此外，

---

① 童星. 中国应急管理：理论、实践、政策［M］. 北京：社会科学文献出版社，2012：10-12.

② 童星. 中国社会治理［M］. 北京：人民大学出版社，2018：28-30.

我国地区经济发展极不平衡，表现为东西部地区，沿海与内地，经济发达、经济欠发达、经济不发达地区不可能同时、同步进入高度现代化的后工业社会，必然加剧了风险的共生性和复杂性。

（一）新时代社会形态的多维度阐释

对于我国这样"风险叠加"和"风险共生"所导致的混合型的社会形态，不同的学者有着不同维度的解释。1973年美国思想家丹尼尔·贝尔在《后工业社会的来临》中，认为后工业社会相比工业社会最简单的特征是第三产业（教育、金融、文化、贸易、运输等）将成为社会经济发展的主要产业，即服务业成为社会基础。在后工业社会中，技术理论知识和技术精英处于社会中心和支配地位。根据贝尔的中轴理论，在后工业社会里，以知识和技术为基础的科学家和工程师将取代以财产为基础的资产阶级而成为后工业社会的精英阶层。贝尔还揭示了西方社会三大领域的风险与冲突，即经济领域过度追求利益最大化的风险、政治领域控制阶层对抗的风险、文化领域过度商品化和对科技依赖性的风险。目前我国整体上正处于工业化的高速发展阶段，东部沿海等发达地区也已经呈现出后工业社会的特质——经济服务化。当然，对于现时代我国是否已进入后工业社会，存在很多争议，但我国正在建设高度现代化的国家已是不争的事实，正如马克思在《资本论》中所论述的："工业较发达的国家向工业较不发达的国家所显示的，只是后者未来的景象。"① 虽然后工业社会理论本身存在着瑕疵，但对我国新时代的社会发展有着前瞻性启示，我们应当缩小东西部地区的差异，加快发展服务业和科技主导型产业，加强本土的技术创新和产业升级，逐步消除贫富差距和两极分化，才能有效避免和防范西方国家后工业化所产生的冲突和风险。

1980年，美国未来学家阿尔文·托夫勒（Alvin Toffler）著作的《第三次浪潮》，成为人类未来发展方向的不朽经典。托夫勒认为人类发展到目前为止可以分为三个时期：农业时代的第一次浪潮、工业时代的第二次浪潮与信息社会的第三次浪潮。杰里米·里夫金（Jeremy Rifkin）认为当前我们正处在"第三次工业革命"的时代，克劳斯·施瓦布（Klaus Schwab）则认为现在是"第四次工业革命"时期。曼纽尔·卡斯特（Manuel Castells）在《网络社会的崛起》中指出，20世纪90年代的美国社会在信息技术的主导下正从工业化向信息化转变。时至今日，信息革命已经与网络紧密地结合在一起，为人类构建了一个正在崛

---

① ［德］马克思. 资本论［M］. 北京：人民出版社，1987：8.

起的"网络社会"。不论是"第四次工业革命""第三次浪潮"或是"网络社会"等,其最核心的本质是技术革命。在这场信息变革浪潮的席卷下,我国起初并不占优势,但中国经济发展毫无疑问是搭上了信息技术的便车,在人工智能、大数据、移动互联网、物联网领域已取得了突破性的进展。当前我国数字化电视、多媒体和网络宽带已经普及,电子商务、网络金融、智慧社区等新的网络服务模式不断涌现,国人出门不用带卡,手机轻轻一刷便可交易,生活的方便和快捷是世界上任何一个国家所不能比拟的,民众实实在在享受到了网络时代的便利。在这场世界信息革命的浪潮下,中国必将成为世界的主角。当今在中国民众充分享受技术化、信息化、网络化所带来的红利的同时,社会风险也在悄然生长。由于公众日常生活的技术化倾向,人们的社会生活被无形的科技、数据、媒体、网络所覆盖,对科技产品的过度依赖使得工具理性取代了价值理性,这就是马克思所说的异化现象。所谓异化是指"主体产生客体,客体却控制和奴役主体",实质是主体过度依赖客体而丧失主体的价值判断所导致的。当前的网络成瘾性便是其真实的写照。在市场化的浪潮下,人们在琳琅满目的平庸化、快餐化的产品面前看似有很多的选择权,其实却是在乏味而有限的场域内进行机械的选择,逐渐丧失了本我的独立性和价值判断,这也正是利奥塔在《后现代状况》中所担忧的技术风险。

此外,亨廷顿从文化的视角指出文化的差异性以及由此而产生的"文明的冲突"才是未来世界和平的最大威胁。弗朗西斯·福山(Francis Fukuyama)则认为每一次人类的物质进步和技术变革都伴随着不同程度的道德倒退现象,他预言新时代将会出现大分裂——需要对人类本性与社会秩序进行重建。这些学者对于社会形态的阐释不论在时间序列还是在内容描述上都存在重叠和混合的内涵,它向人们展示人类社会发展的多种可能性选择,这也正是我国新时代所要经历和面临的选择。

(二)新时代多重风险共生现象

我国的新时代是一个特殊时期,它不能简单归属于传统社会、现代社会、后工业社会、后现代社会等其中的一种,它是多种风险共生和叠加的混合社会形态。在这一个混合型社会里,变迁性、转轨性和全球性社会问题与风险共生于一体,其结果必然是高风险社会的产生。作为后发型的发展中国家,中国从1956年开始了从不发达的农业国向先进的工业国的变迁,这一跃迁过程不是一代人的事情,从20世纪70年代后期我们开始加速了变迁的进程,但目前我们仍处于这一变迁过程中。西方很多发达国家从19世纪就开始了从农业社会向工业社会的过渡，其间也遭遇了很多由于过度城市化所带来的社会问题，如环境问题、交通问题、生产安全事故等大量的城市病。20世纪初，西方国家大多完成了工业现代化的过程，并通过一定时间的社会治理，使一些社会问题有所缓解。1929—1939年，世界金融大危机爆发，亚当·斯密"看不见的手"理论受到质疑，西方社会开始着手强化国家干预政策，加速社会体制改革和金融管控，但随之而来的社会问题也越发明显，由经济领域的"滞涨"而引发的社会领域的问题日益增多，表现为腐败盛行、犯罪率激增、社会冲突加剧等。20世纪70年代开始，全球化进程的加速引发了世界环境问题与能源危机，环境治理开始成为世界性的话题。

反观我国，20世纪90年代才开始从计划经济向市场经济的转型，而我国的社会体制改革又落后于经济体制改革，社会转型的难度可想而知。在社会转型过程中，社会资源配置被重新启动，在新社会体系还没建立健全的情况下，社会问题不断涌现，表现为贫富差距扩大、信仰缺失、社会冷漠、群体性冲突加剧等。就在中国进行社会转型、体制转轨的关键时期，世界性全球危机也影响和制约着中国的现代化进程。为了应对全球环境问题，各国组织纷纷加快保护环境的进程，并制定了一系列的环境公约和法律法规。1998年5月，中国签署了《京都议定书》，成为第37个签约国。该协定要求发达国家在2005年就要开始减少碳的排量，而我国则从2012年开始履行约定。可见我国的变迁性、转轨性和全球性三类风险都没来得及彻底治理，三者便共生和交织在了一起。

随着经济全球化、利益多元化和社会流动的加速，众多的社会风险共生于现代的中国，传统的自然风险、现代性的社会问题、全球化的风险危机愈演愈烈，高风险与风险共生已成为新时代社会的常态。中国特色社会主义已经进入新时代，这必然决定了新时代中国社会风险的多元性和复杂性。当前上学、住房、医疗成为新时代的三大问题，劳资矛盾、征地拆迁、企业改制、环境冲突成为群体性事件的集中爆发点，如何化解由群体分化带来的利益冲突，民生诉求多元化而带来的价值冲突，如何满足新时代民众的多样性需求，已成为亟须解决的现实问题。

第三节　新时代社会风险的演变——"风险—矛盾"双轴视角

党的十九大对当前我国社会主要矛盾做出新界定，中国特色社会主义进入新时代，我国社会主要矛盾已经转化为人民日益增长的美好生活需要和不平衡不充分的发展之间的矛盾。① 我国已经进入了社会主义现代化建设的新阶段，踏上新征程。社会主要矛盾的变化说明我们已经摆脱了生产力低下的社会状态，不再受经济贫困和物质匮乏的约束和束缚，但这并不代表我国没有社会矛盾或者可以忽视矛盾的存在。当前中国社会正经历哪些新的变迁？现阶段我国的主要矛盾和社会风险又呈现出怎样的发展变化？如何深刻理解和把握党的十九大对我国社会主要矛盾的新论断以及新时代社会风险的新特征，对我们防范社会风险、化解社会矛盾、提升国家治理体系和治理能力有着重要的现实意义。

一、新时代主要矛盾与社会风险的转变

我国的社会风险与主要矛盾也经历了一系列的转变过程，这里有三个重要的时间节点，分别是：中华人民共和国成立初期到三大改造、党的八大到十一届三中全会、党的十八大到十九大。

中华人民共和国成立初期到三大改造基本完成之前，特殊的政治状况决定了当时的主要矛盾是人民大众同帝国主义、封建主义和国民党残余势力之间的矛盾。当时的政府职能属于"社会控制型"，加强社会控制、维护社会稳定是其必然要求。党的八大指出，我们国内的主要矛盾，已经是人民对于建立先进的工业国的要求同落后的农业国的现实之间的矛盾。② 党的十一届三中全会以后，进一步确立了以经济建设为中心的基本路线，落后的社会生产力与人民群众日益增长的物质文化需求之间的矛盾成为社会主要矛盾。此时的政府职能属于"经济发展型"，发展经济，摆脱低下生产力的束缚成为首要任务。40 多年过去了，我国的经济取得了飞速的发展，人民的生活水平有了很大提高，社会主要矛盾的形态也发生了改变。党的十八大明确了政府职能转变的方向，2015 年国务院发文《社会主要矛盾和政府主要职能的转变》指出，讲了 30 多年的社会主要矛盾已经过时，落后的公共服务体系满足不了人民群众的需要，僵化的社会管理体制又束缚了人民群众自己解决问题的努力，政府应从"经济发展型"转变为"社会管理型"，创新社会管理是其主要职能。党的十九大明确指出我国社会主要矛盾是人民日益增长的美好生活需要和不平衡不充分的发展之间的矛盾。当前的主要任务是处理好国家、市场与社会三者之间的关系，通过多元化的社会治理来满足民众多样性的生活需求，政府应从管理型转变为"治理和服

---

① 夺取新时代中国特色社会主义伟大胜利 [N]. 人民日报，2017-10-25（3）.
② 中国特色社会主义进入新时代 [N]. 人民日报，2019-07-23（7）.

务型"。

从社会风险的视角来看，中华人民共和国成立初期到三大改造基本完成之前的风险主要表现为政治风险，加强社会控制是防范政治风险的有效手段；党的八大到十一届三中全会以后的主要风险是经济风险，在大力发展生产力的同时如何有效地规避经济风险成为政府面临的首要问题；党的十八大以后一直到十九大的召开，我国的主要风险不再仅仅局限于政治领域或经济领域，社会领域、文化领域、生态环境领域的风险也不断增多，经济发展程度越高，风险容载力越大。当前国内风险与国际风险相互影响，呈现出以下三个发展趋势：

第一，风险从单一化走向多元化，高度的现代性使得风险有向不同的社会领域扩散的趋势，这也是经济高度发展的必经阶段。

第二，从社会风险过渡到风险社会。风险社会是社会风险发展到一定阶段的产物，也是生产力和经济水平发展到特定阶段的结果。

第三，从风险碎片化到风险系统化。当前社会不平衡不充分的发展状态，也是引发系统性风险的主要原因。众多风险与矛盾的积聚往往是社会治理结构不合理造成的，系统的风险与矛盾需要综合的社会治理。

二、社会风险与社会矛盾的内在逻辑

风险是可能性，矛盾是现实性，社会风险是社会结构遭受潜在破坏的可能性，而社会矛盾是社会关系存在冲突的不和谐现象，它是社会问题的现实性存在。① 社会风险加剧社会矛盾，而社会矛盾又反作用于社会风险。社会风险与社会矛盾在现存的社会机制中相伴相生，它们像双轴一样相互影响、相互制约。谈社会风险常常是为了反思问题，论社会矛盾更侧重于正视和解决问题。它们之间的关系如图 2-1：

伴随着社会转型与体制转轨，我国新时代的社会风险与矛盾表现出常态化、多元化与动态化等特征，社会发展的不平衡性、不充分性日益凸显出来，使得社会需求也呈现出多层次性与复杂性。当前众多社会风险的累积加剧了社会矛盾，而社会矛盾又引发了深层次的社会风险，新时代社会风险与社会矛盾的特质决定了社会治理的不同方式。

第一，社会风险与社会矛盾的普遍性需要常态的社会治理。新时代的社会风险与矛盾具有普遍性的特质。风险无处不在、矛盾无时不有，高风险与矛盾并存已成为社会的常态。我国当前的社会风险与矛盾又常常表现为高发性和突

---

① 张海波. 风险社会与公共危机 [J]. 江海学刊, 2006 (2): 112-117.

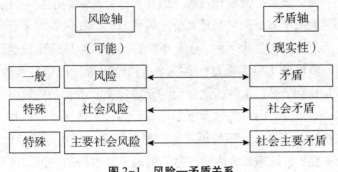

图 2-1 风险—矛盾关系

发性。高发性表现为现阶段中国的风险、冲突大量存在，时常集中爆发。突发性表现为风险、矛盾转化为社会危机事件的速度很快，给人的感觉总是猝不及防。其实，很多社会危机事件看似突然，实则必然，是长期社会矛盾得不到有效化解而导致的必然结果。因此，需要建立长效治理机制，实行常态化治理。

第二，社会风险和社会矛盾的演变性需要动态的社会治理。新时代的社会风险与矛盾具有集聚性和扩散性。集聚性是指风险、矛盾从无到有、由小及大逐渐积聚的特质。一旦聚集到一定程度便会形成社会问题，当社会问题长期不能化解便可引发社会危机事件。风险、矛盾在聚集的过程中还具有扩散性，不同类型的风险矛盾（政治、制度、文化、心理）会在不同的社会结构层扩散蔓延，从而形成叠加效应，严重影响社会稳定。因此，要对其进行动态实时监控，打破风险、矛盾在社会结构断层的凝聚。

第三，社会风险和社会矛盾的复杂性呼唤多元的治理主体。风险与矛盾不是天生的，它是由众多社会因素引发的，而引发风险与矛盾的因素是复杂和多变的。经济的、文化的、制度的、社会结构的、国内的、国际的等众多因素共同作用、相互叠加，使得人们在面对风险与矛盾时常常无从选择和无法应对。想要系统高效地治理风险与矛盾，需要政府和社会力量一起相互配合、实行多元协同共治。

三、社会"风险—矛盾"双轴演变过程中的社会诉求

社会矛盾与社会风险相伴相生、相互制约，风险源于社会形态的不平衡不充分的发展，而社会不充分不平衡的发展状态又是新时代社会主要矛盾的根源。本文选取风险演变过程中的四个维度：风险感知、风险积聚、风险扩散和风险网络侵入这四个方面来阐释风险演变的过程，而这一过程也是社会矛盾"滋生、

形成、冲突和网络嵌入"的演化过程。因此，社会风险的演变与社会矛盾的演化是同一问题的两个方面，它们是社会发展的双轴。在风险与矛盾双轴演变的每个阶段，所产生的主要社会诉求也是不一样的。风险感知阶段也是矛盾滋生的过程，这一阶段的主要诉求是社会安全；风险积聚阶段也是矛盾形成过程，其主要诉求是社会公平；风险扩散过程是矛盾冲突和激化的阶段，其主要诉求是社会认同；风险侵入网络的过程也是矛盾嵌入和渗透网络的过程，这一阶段的主要诉求是社会表达。这四种诉求也折射出了新时代美好生活的四种需求：安全感、公平感、认同感和表达感。为了满足美好生活的需求，需要从社会心理层、社会制度层、社会冲突层和社会交往层进行社会系统的重构，如图2-2：

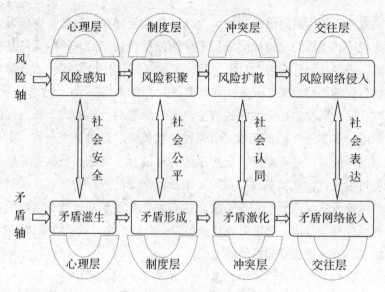

图 2-2 风险—矛盾双轴演变

风险感知阶段也是矛盾孕育和滋生的时期。这一时期，人们对风险与矛盾有心理体感，由于对风险的危害性后果缺乏认知，常常表现为压力、害怕等不良情绪，这一阶段的主要诉求是社会安全。在风险感知阶段，人们对美好生活的需求是安全感。塑造美好生活的"安全感"需要加强社会心理层的调适，保持心理感知、社会信任、社会传播的良性互动。

风险积聚的过程也是矛盾形成的阶段，在这一过程中会出现很多社会问题，如医疗、养老、环境等问题，由于社会预警体系没有完全发挥作用，很多社会问题短时间内难以彻底解决，在环境变量的作用下会引发相对剥夺感等众多社会矛盾。当前风险聚集所形成的社会矛盾大多是由于社会不公平造成的。在风险积聚过程中，人们对美好生活的需求是公平感。此时化解矛盾的主要诉求是社会公平。随着风险的积聚，人们普遍对公平感的诉求也越来越高。塑造美好生活的公平感需要我们重新审视现有的制度安排，用公平公正的原则来重构现行制度，完善现有政策法规和公共决策体系，从而最大限度地缓解社会主要矛盾。

风险扩散的过程也是矛盾激化的过程，社会风险在社会结构层的扩散会进一步加剧社会矛盾和冲突。由于风险本身的复杂性和不可控性等特征，使其在更大的空间内具有扩大和分散效应。① 风险聚集到一定程度容易与各种环境因素耦合在一起，在更广泛的社会空间和社会系统里蔓延和扩散。在风险扩散与矛盾激化阶段，民众对美好生活的需求是认同感。群体性事件、抗争事件的频繁爆发是社会认同感低下的体现。塑造美好生活的认同感需要社会冲突层的疏导与整合。

风险侵入网络的过程也是矛盾渗透和嵌入网络空间的过程。网络的出现建构了一种崭新的表达方式和交往情境，同时，网络社会的开放性、流动性也加速了风险在网络空间的侵入和传递。风险侵入网络会滋生很多社会问题与矛盾，这些矛盾会嵌入网络社会的结构层中，引发网络危机事件，比如网络暴力、网络犯罪、网络群体性事件等。网络时代，人们对美好生活的需求是表达感，社会表达感的获得取决于社会交往层的畅通与和谐。

四、新时代风险防范与矛盾化解的路径选择——创新治理机制

目前大多数学者从宏观或者微观两方面来研究社会风险与社会治理。风险研究的宏观视角大多从制度层面、文化层面来研究社会风险与危机，微观视角大多从现实层面、从社会风险的表现形式与特征等静态的维度来进行研究。关于社会治理的研究也已经形成路径依赖，大多是从治理主体、治理体制、治理机制以及治理模式等方面进行研究。目前尚缺乏从风险演化的动态视角来进行多维度、跨学科的整合研究，鉴于此，笔者选取社会风险动态演变视角（连接宏观与微观的创新视角——上可达宏观、下可至微观）来展开研究。

采用何种方式的社会治理体系和治理机制并非由社会风险的类型所决定，不同治理机制的组合形式是一个历时态的发展过程，在这一过程中将逐步形成一定治理范式和治理秩序来克服新时代的社会矛盾与风险的不确定性。本书以

---

① 祝江斌，王超，冯斌. 城市重大突发事件的扩散机理刍议［J］. 华中农业大学学报（社会科学版），2006（5）：65-68.

新时代社会主要矛盾的转变为切入点，尝试将社会风险与社会主要矛盾的"双轴"演变过程、社会治理的多重诉求（社会安全、社会公平、社会认同、社会表达）以及人民美好生活的多样性需求（安全感、公平感、认同感、表达感）有机融合在一起，深入剖析新时代风险的复杂性以及多元复合治理的协同性。

根据以上的逻辑构想，创新治理机制是新时代防范风险、化解矛盾的必然选择。笔者以"风险—矛盾"双轴演变过程的四个维度〔感知（滋生）—积聚（形成）—扩散（冲突）—侵入（嵌入）〕为路径，以社会系统分层（心理层、制度层、冲突层、交往层）为边界，以四种美好生活的需求（安全感、公平感、认同感、表达感）为治理起点，以对应的四种治理机制（社会预警、矛盾化解、危机治理、网络监管）为内容，来建构新时代社会治理的创新体系。风险感知与矛盾滋生中的最大诉求是社会安全，为满足人们安全感的需求，需要创新社会预警机制；风险积聚与矛盾形成中的诉求是社会公平，为满足人们的公平感的需求，需要创新社会矛盾化解机制；风险扩散与矛盾冲突中的诉求是社会认同，为满足人们认同感的需求，需要创新危机多元治理机制；风险网络侵入（矛盾网络嵌入）中的诉求是社会表达，为满足人们网络表达感需求，需要创新网络监管机制。由此，社会风险视阈下新时代治理机制创新的路径框架如图2-3，这也正是本书第二部分（风险演化与治理机制）所要着重阐释的内容。

基于上述的"风险—矛盾"双轴路径，社会治理机制创新应从以下四个方面入手：第一，社会预警机制的创新。为了有效降低不安全感，对风险矛盾的预警就尤为重要，这是社会治理的第一步。相对自然灾害的预警研究，我国社会预警研究显得有些滞后。社会预警机制的创新是一项系统工程，它包括社会风险评估、指标体系的运用、风险文化的建构以及风险问责机制等许多方面。

第二，社会矛盾化解机制的创新。社会风险从被感知到积聚的过程中易形成社会问题和社会矛盾。当前，我国各个领域的矛盾凸显，甚至激化为社会冲突，这都是社会风险积聚的结果。社会矛盾有多重形式，有相对剥夺感引发的普遍社会不满、有社会区隔所导致的群体性敌视，还有不同领域的利益纠纷等，建立健全社会矛盾化解机制已成为当务之急。

第三，危机多元治理机制的创新。社会风险与矛盾累积到一定程度，便会在社会系统的不同领域扩散和蔓延，在特定环境作用下会由"潜在的风险"变为"现实的危机"，群体性事件的爆发就是风险扩散与矛盾激化的结果。当公共突发危机事件发生时，仅仅依靠政府单方的控制力和几个公共应急部门的力量，是远远不够的，要达到综合防范风险和治理危机的效果，必须有社会力量的参与和社会支持系统的配合，建构危机多元协同治理模式。

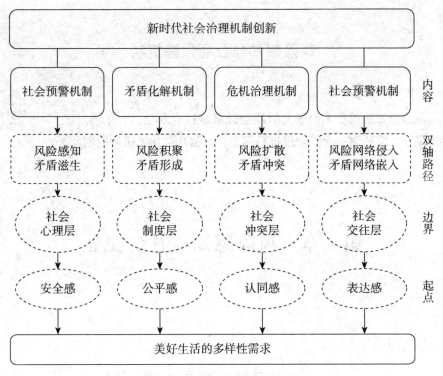

图 2-3 风险—矛盾双轴治理

第四，网络监管机制的创新。社会风险侵入虚拟空间是时代发展的必然结果，同时也使社会风险被赋予了新的特质。网络群体事件并不是传统街头抗争的简单翻版，加强网络监管、营造文明的网络环境势在必行。

风险感知阶段，人们最大的社会诉求是社会安全，为了满足人们社会安全感的需求，需要对社会心理层进行调适，加强社会预警机制的创新。

第三章　风险感知与社会安全

第一节　风险感知与生成机制

一、风险"感知—生成"的内涵

风险生成机制是从风险的感知起始的，风险的社会化生成源于民众对风险的体感与认知，因此，风险的感知与生成是一脉相承的体系。对于风险的感知与生成的界定，不同的学者有不同的阐释。从 20 世纪 60 年代开始，国外对于风险感知的研究大致分为两个维度：心理测量维度和社会文化维度，继而形成了两个学派——风险心理测量学派和风险文化理论学派，由此产生了一系列的研究成果。风险心理测量学派的代表人物有保罗·斯洛维奇（Paul Slovic）和纳特·舍贝里（Lennart Sjoberg）等。风险的心理测量研究途径主要是运用心理学的定量研究方法对主体的主观风险体感进行测量，进而分析个体或群体在面对突发事件和灾难时的反应状态。心理测量学派认为虽然风险是主观性的，并受社会、文化、心理等众多因素的影响，但风险是可以被测量的，只要人们的测量工具科学、合理，风险就能被量化和建模。斯洛维奇提出信号值的概念，他通过发放心理测量问卷，收集了大量翔实可靠的实验数据，并在此基础上对个体风险感知状况进行量化分析,形成了多维风险视角的测量方法。他通过对影响因子的分析,认为风险感知取决于两个重要因素:第一是忧虑性风险(Dread Risk),它与风险的灾害程度和不可控性密切关联;第二是不可知性风险(Unknown Risk),它由风险的可知性程度所决定。① 斯洛维奇指出,首先风险是可以被量化的;其次风险需要多维度的测量;最后风险对每个人都有独特的感知。斯洛维奇等通过进一步研究发现,对风险的科学的概率估算与实际灾害风险的发生率并非全部成正相关性,即风险概率大的事件实际发生的情况可能却很小,同时不同的群体对同一风险的感知可能存在极大的不一致性,比如核风险、环境污染风险等。由此说明人们对风险感知的强烈程度并非与专家、学者的预期推断相一致,而是与人们对该风险的负面刻板印象、焦虑程度以及风险发生的危害性后果密切相关。

风险文化理论学派的主要代表人物有玛丽·道格拉斯(Mary Douglas)、迈克·汤姆森(Mike Thomson)、斯科特·拉什(Scott Lash)等。风险文化理论学派从风险感知主体的生活群体、社会文化、社会结构中去理解风险感知及其相关的行为方式②。与心理测量学派一样,风险文化学派也认为风险是主观性的,但风险文化学派认为主体的风险感知是不可测量和量化的,它取决于其所处的文化背景以及存在的社会属性,具有社会建构性,至少它无法脱离社会文化情境而被独立地测量。个体对风险的体感来源于社会背景、文化习俗和社会价值信仰体系。由于文化与社会结构的差异,主体会选择与自身文化和社会背景密切相关的风险经验。因此,风险文化理论学派认为风险认知有着鲜明的文化和社会属性,公众的风险感知必须放入文化价值体系中去判别,这里必须同时考虑风险感知主体的经验和信仰。③

玛丽·道格拉斯认为处于不同文化背景下的人们,所关注的风险是不一样的,他们可能只关注自身群体所建构的特定风险,从而忽略更为严重的风险。比如,在古代部落社会,人们更多地将风险与道德习俗关联在一起④,风险的

---

① 周忻,徐伟,袁艺,马玉玲,钱新,葛怡. 灾害风险感知研究方法与应用综述 [J]. 灾害学,2012,27(2):114-118.
② 王锋. 当代风险感知理论研究:流派、趋势与论争 [J]. 北京航空航天大学学报(社会科学版),2013,26(3):18-24.
③ 奥尔特温·雷恩,伯纳德·罗尔曼. 跨文化的风险感知 [M]. 赵延东,等译. 北京:北京出版社,2007:4-14.
④ DOUGLAS M. Risk acceptability according to the social sciences [M]. New York:Russell Sage Foundation,1986,32(8):54.

承受者常常认为是受到道德的谴责的缘故①。道格拉斯根据社会文化分类的方式提出了著名的"格栅—群体"（grid-group）的文化分类（cultural theory）图式。该图式以"格栅—群体"为两轴，根据格栅与群体的强弱程度，将文化建构成四种类型，分属于四种不同的文化感知群体。群体程度越高，个体间的社会互动程度越高，社会有机团结性越强；群体程度越低，则群体内部越无序和混乱。格栅程度越高，个体行动受社会等级、阶层的约束就越高，反之亦然。

由此，强群体—强格栅构成等级主义群体和官僚制等级文化；弱群体—弱格栅构成个人主义者和市场竞争文化；强群体—弱格栅构成平等主义群体和平等群体文化；弱群体—强格栅构成孤立者与宿命论文化。② 如图3-1：

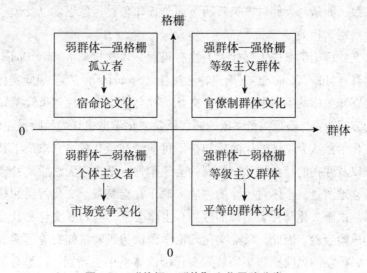

图3-1 "格栅—群体"文化风险分类

在道格拉斯的研究基础上，许多学者都进行拓展研究，史蒂夫·雷纳（Steve Rayner，英国）通过文化测量的方式，将社会文化类型细化分解，并进行"格栅—群体"的量化建模。奥特温·伦内（Ortwin Renn，德国）从社会学、心理学、统计学、概率论、流行病学等跨学科整合的视角对风险文化进行整合研究，提出了七种风险类型的研究范式。迈克·汤姆森将道格拉斯的"格

① DOUGLAS M, WILDAVSKY A. Risk and Culture: An Essay in the Selection and Interpretation of Technological and Environmental Dangers [M]. Berkeley: University of California Press, 1982, 15 (1).

② 王郅强, 彭睿. 西方风险文化理论: 脉络、范式与评述 [J]. 北京行政学院学报, 2017 (5): 1-9.

删—群体"维度的研究进一步推深，他认为群体是文化风险的主要载体，道格拉斯对群体的四种划分并不完整，还存在第五种文化风险的认知群体，即"隐士"。"隐士"是在格栅和群体两个维度的界值都为零时而构成的独特群体，该群体以自我为中心，只遵循自我的意愿，在风险感知方面不接受外在的强迫。① 斯科特·拉什则从现代性出发，认为个体具有独立性和主观能动性，强调现代性的反思对个体风险感知的重要作用，使风险文化成为新的风险认知理论。

国内关于风险感知的研究相对西方而言起步较晚，是伴随着我国近年来群体性冲突事件的发生而逐步开展的，因此国内的风险感知研究实践应用性较强，大部分的学者从环境工程、邻避设施、食品安全等特定类型的具体风险的视角来研究风险感知。贾留战以大学生群体为个案样本，探寻风险感知、情绪整合与集群行动之间的内在逻辑，从风险认知角度阐释了群体性事件的发生动因。② 胡象明等从大型的邻避项目切入，通过剖析民众对核电站的风险感知方式和行为选择之间的内在关系，提出建立风险认知和风险调控的策略。③ 周感华认为，要探究群体性事件中民众的风险感知等心理问题，需要将国内与国外、社会学领域的社会心理和心理学领域的群体心理等理论结合起来。④ 朱德米认为民众真实的风险感知在群体性事件的预警中极其重要，即使一些重大工程项目的技术风险是完全可控的，但如果缺乏对风险感知的社会心理考量和人文关怀，发生群体性事件的风险也很大。⑤ 朱正威等以我国近年来发生的 PX 事件为个案，剖析风险感知、政策应对和暴力冲突三者之间的内在逻辑关系，提出对重大工程项目进行综合风险评估的重要性。⑥ 总之，与国外相比，国内关于风险感知的研究大多停留在实践和应急管理层面，理论性的研究相对较少。

二、风险感知的差异性

不论是心理测量学派还是风险文化学派，都认为风险感知是主观的，是风

---

① THOMPSON M, ELLIS R, WILDAVSKY A. Cultural Theory: Boulder [M]. Colorado: Westview Press, 1990: 2-4.

② 贾留战，马红宇，郭永玉. 群体性事件的认知与情绪整合模型 [J]. 云南师范大学学报（哲学社会科学版），2012，44（4）：77-83.

③ 谭爽，胡象明. 邻避型社会稳定风险中风险认知的预测作用及其调控：以核电站为例 [J]. 武汉大学学报（哲学社会科学版），2013，66（5）：75-81.

④ 周感华. 中西方学术界群体性事件心理研究评析 [J]. 贵州大学学报（社会科学版），2011，29（2）：17-21.

⑤ 朱德米. 社会稳定风险评估的社会理论图景 [J]. 南京社会科学，2014（4）：58-66.

⑥ 黄杰，朱正威，赵巍. 风险感知、应对策略与冲突升级：一个群体性事件发生机理的解释框架及运用 [J]. 复旦学报（社会科学版），2015，57（1）：134-143.

险主体的心理体感。既然风险感知是主观性的，那么作为风险认知的主体，对风险的感知必然存在着差异性。风险感知的差异性主要由风险的类型、风险感知主体的自主性和风险文化的建构性所决定。

第一，不同类型的风险，其感知具有差异性。在风险感知的早期研究中认为，不同类型的风险，其特征是不同的，风险发生的频率、不确定性、危害性程度以及可持续性影响等因素都是不一样的，这也是造成公众感知风险差异性的决定性因素。一些学者研究发现，在政治风险、经济风险、文化风险、社会风险以及环境风险等众多风险中，人们对环境风险感知的强烈程度要高于其他风险类型，因为生命健康安全的需求是人类的首要需求。在环境风险中，人们对于由人为因素所导致的核污染、PX污染等风险感知程度要高于自然灾害（风暴、地震）风险，这是由于人为的环境风险具有可控性，而自然灾害风险常常具有不确定性，从而造成了公众风险关注度的强烈反差。在日常生活中，人们对于经济风险以及事关自我切身利益的风险关注度较高，而对于意识形态领域的文化风险则关注度较低。此外，风险发生的危害性后果也是造成风险感知差异的主要因素，公众更多关注的是风险发生的实际伤害程度，而并非风险发生的概率。比如，坐飞机发生空难的概率远远小于坐公共汽车和火车发生车祸的概率，但人们坐飞机的风险感知强度却是较高的，这是因为空难一旦发生，其危害后果是致命的，因此会造成风险感知主体的焦虑和恐惧。

第二，不同的感知主体，其风险感知存在差异性。个体的差异性特征是造成风险感知差异的另一个重要因素。不同的个体，其种族、年龄、文化程度、教育水平、社会阅历等方面都是不一样的，因此每个个体对风险感知的程度也是不一样的。比如，孩子的风险感知一般高于成年人；白种人常常表现出比亚洲人更喜欢冒险性的运动和游戏，他们往往对环境风险感知的敏感性较低。有研究表明，受教育程度较低的人群对风险的感知度较高，他们更害怕和恐惧死亡的风险。此外，每个个体的情感、心理特质的不同也会导致风险感知的差异，一般心理素质较低的个体对风险感知的强烈程度较高，尤其是一些具有抑郁质心理人格的人群，他们对风险的忧虑性也较高。

第三，不同文化价值背景的群体，其风险感知具有差异，这也是风险文化理论学派的主要观点。正如风险文化决定论所认为的，风险感知离不开群体所处的文化背景、价值观念和社会信仰体系。道格拉斯将风险感知群体分为四类（平等主义者、宿命论主义者、等级主义者和个人主义者），其中宿命论主义群体的风险感知程度最低，这也是由这一群体所在的价值信仰体系（听天由命）所决定的。

　　基于风险文化理论，我们发现不同利益群体的风险感知程度也存在着显著差异，专家、公众、媒体、公共决策者基于文化背景、教育经历和社会价值体系的不同，对风险的感知和风险危害性的预估存在着不同程度的差异。保罗·斯洛维奇通过社会实验，发现对于相同类型的风险，公众和专家的风险认知存在较大差异。专家受自身的知识体系、研究经验和科学规范的影响，对风险的预估往往会比较客观，当然也不否认专家信任体系有时候也是不可靠的。而公众对风险的预估往往具有放大效应，常常夸大风险的不确定性和不可控性。比如，对核风险、PX 项目风险的感知，专家的风险预估是建立在翔实数据和科学调研基础之上的，风险感知程度相对客观；而民众的风险感知是建立在对自身公共健康和生命危险程度的忧虑、甚至恐慌的心理认知基础之上的，所以公众的风险感知相对情绪化程度较高，这也是引发群体性事件和对抗性冲突的主要因素之一。民众风险感知的情绪化常常和群体的负面刻板印象以及风险的"污名化"有着密切关联。比如，民众一旦认为核污染和 PX 污染的风险后果是毁灭性的，并且在内心定格成负面的刻板印象，那么这种刻板印象就会不断强化风险灾害性后果的恐惧心理，形成风险的"污名化"。比如，核工业风险一旦被污名化，其核能的便利性、核工业的优势性就会被忽视和掩盖，即使核工业项目风险是完全可控制的、核设施的装备是十分安全的，民众也不会买账，取而代之的则是核污染的伤害性的无限放大，甚至是过激的群体性冲突。

第二节　风险感知中的安全诉求

一、风险感知中的社会焦虑与不安全感

　　风险感知是风险认知主观生成的首要时期，这一阶段人们首先担忧的问题是我们对风险了解多少，能不能应对、控制与化解，风险的灾害性后果怎样等一系列疑问。这是出于对风险的不可知性和不可控的担忧，主体在心理层面表现出社会焦虑和不安全感。所谓安全感是指主体对自身的生存状态和生活状况有着比较肯定的自我认知，能够相对准确地预知外在风险，并能对风险进行有效应对。根据需求层次理论，物质需求、安全感需求是人类最基本的需要。当风险来临时，安全感能够使主体的心理状态保持相对稳定和平稳，并可以使主体能够有效地规避风险。弗洛伊德（Freud）认为："缺乏安全感会普遍让人感

到压抑、焦虑和恐惧。"① 弗洛伊德将人的焦虑分为三种：客观性焦虑、道德性焦虑、精神性焦虑，其中客观性焦虑是对客观存在的现实风险的心理体感，这也是主体自发性的情感保护的体现；道德性焦虑源于社会道德风险约束的心理抵抗，属于超我意识的心理范畴；精神性焦虑是对未知的不可控的外部风险的极度恐惧性的心理状态，是本能性需求不能满足并遭遇伤害性风险时产生的本我性防御。可见，焦虑和不安全感是主体对潜在和显在的风险进行心理体感的一种不良情绪状态，同时也是主体自我防御和抵抗风险的痛苦心理历程。

马斯洛（Maslow）认为，安全感是满足需求而产生的，安全需要和生理需求属于低级别需求，但却是人类最首要、基本的需求，只有先满足了生理和安全的需求，人们才能追求更高层次的社会价值需求。② 布列茨认为安全感是一种相互依赖感，是危机的预感。在风险生成和孕育阶段，人们首先是有对风险的心理体感，由于对风险的危害性后果缺乏认知，常常表现为压力、社会性焦虑等不良情绪，在这一阶段最大的治理诉求就是安全感。在缺乏安全感的社会里，会形成"社会紧张与挫折感"，一旦这种不安的焦虑情绪在社会系统传播和扩散，便会造成全体成员的集群恐慌以及社会凝聚力的下降，在特定的时空情景下极易转变成非理性的行动和群体性危机事件。

二、风险情境下的心理安全感

在不同的风险情境下，个体或群体的心理安全感会呈现出不同程度的波动和不稳定的状态，严重时会表现出压抑、焦虑甚至恐惧的心理反应，这种反应会映射在个体或群体的行动层面，易造成社会冲突。根据风险感知的对象，心理安全感可以分为个体和群体两种安全感，个体安全感是个体风险感知的情绪体验，心理学研究得较多；群体安全感是公众感知重大社会风险的体验，社会学、政治学研究得较多。这两种心理安全感是相互影响、相互制约和相互转化的，个体心理安全感的缺乏，会直接影响社会群体安全感的稳定性；群体心理不安全感的增强也会加剧个体心理的焦虑和恐慌。

（一）个体心理安全感

个体心理安全感是个体渴望自我安全、可靠、稳定、依赖、可控的情感和

① FREUD S. Introductory lectures on psychoanalysis ［M］. London：George Allen and Unwin Ltd, 1941：384-388.

② MASLOW A H, HIRSH E, STEIN M. A clinically derived test for measuring psychological security-insecurity ［J］. Journal of General Psychology, 1945（33）：21-38.

心理情绪。杰·哈特（J. Hart）认为，个体的心理安全感有三个层次，分别是自我尊重感、依靠信赖感和价值认知感，这三种维度构成了个体心理安全的三元感知模型。[1] 在该模型中，个体的心理安全感是由良好的自尊心、可靠的依恋关系和稳定的价值观念所构成的[2]，如图 3-2：

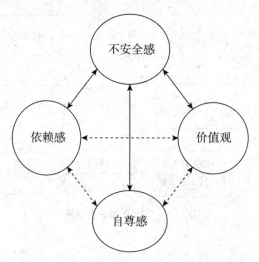

图 3-2 杰·哈特"心理安全感"三元模型

如该模型所示，自尊、依赖和价值观这三者只要有一方存在风险性威胁便会造成个体不安全感的产生。自尊感维度是自我概念的内心肯定和自信，它可以使主体对自我的处境有良好的认知，并能客观、理性地分析和应对风险。自尊维度所面临的风险是本我概念的失范和自我否定的威胁，它会造成个体主观能动性的降低和风险鉴别能力的下降，从而不能有效地判别和认识风险。

依赖感维度是主体可靠、稳定的人际依赖关系的体现，它是社会支持系统维护个体心理信任感和安全感的重要保障。良好的人际关系和社会资源能增强主体的社会交往能力，使个体能较好地适应社会环境、融入社会生活、获得社会认同以及消除社会焦虑。依赖感维度面临的风险是良好的人际关系被阻断的威胁，一旦失去了社会依恋，自我安全感将严重受挫。

价值观念维度是主体世界观体系里稳定的价值情感的体现，是主体内心长

① HART J. Toward an Integrative Theory of Psychological Defense ［J］. Perspectives on Psychological Science，2004，9（1）：19-39.

② 陆静怡，王越. 心理不安全状态下决策者的风险偏好 ［J］. 心理科学进展，2016，24（5）：676-683.

期人格塑造的结果，其风险来自价值观的失范以及世界观的模糊等。

由此可见，自我尊重感、依靠信赖感和价值认知感三者对个体心理安全感的塑造缺一不可，这三者之间的良性互动是个体心理安全感得以存在的基本要素。个体心理安全感的表现和风险威胁如图3-3所示：

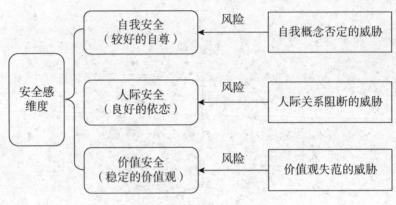

图 3-3 个体心理安全维度

（二）群体心理安全感

群体心理安全感或称大众心理安全感，是指社会群体成员对社会生活状态以及外部生存发展环境的稳定性依靠性和信赖感，它是群体感知风险的一种综合性的心理反应。国内对群体安全感的研究大致从三个方面展开：第一，公众安全感的心理测量与指标体系的建构。通过对公众的实证调研和问卷分析，建构大众安全感的心理维度量表和评估模型。据相关调查，当前人民的不安全感主要集中于食品安全、环境安全、交通安全、医疗卫生安全等领域；第二，影响公众安全感的因素研究。研究表明，不同群体因其文化背景和社会价值观点的不同，其安全感的感知度和敏感度也存在差异；第三，关于提高人民安全感的对策研究。许多学者认为提升人民的安全感是一项系统工程，需要从公共服务、民主法治、社会风气、社会环境等方面来加以改善。

从现实状况来看，影响群体安全感的国内外因素很多，我国在迈向社会主义现代化强国的进程中面临着一些不确定的、复杂性的社会风险，与此同时伴随着人民的风险感知能力的增加，社会群体性的不安全感也在与日俱增。当前我国进入了社会主义新时代，主要矛盾的转变意味着人民对美好生活的追求越来越多样性和多层次性，这给人民的心理安全感赋予了更加丰富的社会学意蕴。新时代的大众心理安全感关系群体的幸福、社会的发展以及国家的稳定，显示了人民对国家的民主、法制、治安、社会关系与社会环境等各个方面有了更高的期许和盼望，也对国家的风险治理能力提出了更高的要求。党的十九大明确指出，当前我们要不断满足人民日益增长的美好生活需要，增强人民的获得感、幸福感和安全感，而安全感是取得幸福感和获得感的前提条件。新时代社会全体成员的安全感和国民心态的变化，将直接影响社会的稳定和经济的可持续性发展，如何防范和化解社会风险、降低大众的不安全感和社会焦虑，如何全面建构总体性的国家安全观成为当务之急。

第三节　社会安全与社会心理层的调适

为了满足人民的社会安全感诉求，需要对社会心理层进行调适。这里的社会心理层是广义（普遍意义）的社会心理。它包含了政治、经济、文化与社会等全部的社会心理和社会心态。一般而言，大众的社会安全感能有效地促进社会心理系统的有机整合，维护社会系统的稳定。然而不安全感具有传染和叠加效应，它会在社会心理层传递和映射，从当事人到陌生人，从而形成大范围的群体性恐慌和焦虑，严重时会引发"广场效应"。对个体而言，面对风险大都会选择逃避和退缩；而对群体来说，面对风险时，常常会用群体性驱动力、甚至非理性行动来达成集体的抵抗。近年来发生的多起环境邻避性事件，其工程项目还没来得及上马就立刻引发民愤情绪，正是"广场效应"的体现，严重影响了社会秩序的稳定。

社会心理是社会存在的反映，它不自觉地反映社会系统的状态，不安全感则是公众的社会心理感知对现存社会风险的主观反映。社会安全感的缺失，是社会心理系统运作失调所引发的。在风险孕育初期，随着不安全感的增多，社会心理层常常表现为风险感知的失调、风险辨别能力的模糊以及社会信任心理的失范，随之便是谣言与恐慌的产生。因此，一个稳定的社会心理系统应当具有清晰的风险感知能力、理性的风险辨别能力、较强的风险承受能力以及完备的社会信任机制，增强社会安全感需要进行社会心理层的调适。

一、要优化社会心理感知系统，增强社会安全感

良好的社会心理感知系统是营造社会安全感的基础，而社会心理感知系统的紊乱与失调会加剧社会不安全感。感知心理的失调表现为无法感知或过于自信忽略风险的存在，或扩大风险的心理感知程度，引发集体性恐慌。适度风险

感知是必要的，但不能无限夸大，没有对风险的适度感知就不能有效地建立应对风险的防御体系。以火灾为例，1987 年 11 月 8 日（星期三）伦敦皇家十字勋章地铁站发生了火灾，火势迅速蔓延，火灾从晚上 6 点一直持续到次日凌晨将近 2 点才被宣告结束，共造成 31 人死亡，20 人重伤，还有许多人不同程度的受轻伤。其实，原本只是一个很小的突发事故，源于地铁电梯的木质材料老化着火，如果能及时控制就不至于会造成公共危机。在晚上 6 点多，就有个叫约翰的乘客闻到有橡胶燃烧的味道，并把这一情况告知了地铁站的人员。但工作人员的反应最初很冷漠，认为地铁的硬件设施是绝对先进和完备的，就连其他的乘客也不相信会有火灾。晚上 7 点多，在事发现场的工作人员仍然盲目自信、敷衍了事，不信会有火灾发生，仅有一位经理级的雇员察看了一下火源，也没启动灭火设备。当时人们的初期反应（甚至包括地铁乘客）似乎都很低调。一位目击者称："每个人都很冷静，没有任何火灾的迹象，没有警铃，没有人喊着火。"所有的当事人坚信专家系统的风险感知能力，认为地铁的电梯绝对不会有问题的，从而延误了抢救的时机，造成了重大事件。可见，风险感知也不能完全依赖专家系统，它需要民众与专家在风险感知层进行沟通和协调。因此，第一，我们要加强风险认知的心理调适，对风险的类型、性质、特征和危害性做到心中有数，面对风险我们既不能大惊小怪，也不能全然不知，必须具备一定的风险感知力、辨别力和判断力。第二，要加强风险感知的情感调节，在面临风险时能保持客观理性的健康心态，避免情绪失控和过激行为的产生。第三，加强风险感知心理品格的塑造，树立包容乐观的风险应对心态，缩减公众与专家系统之间的认知差异。

二、更新风险治理理念，构筑良好的社会心态

新时代是社会转型、体制转轨的重要时期，也是社会心理系统紊乱、社会心态脆弱的时期，面对新时代复杂多变的社会风险，不良的社会心态进一步加剧了社会的不安全感。因此，我们要深入研究和把握人民群众的社会心态的发展变化，及时了解大众的安全需求和不满情绪，及时监测和收集大众感知风险的思想动态和社会感受，观察大众社会感知心理发展变化的趋势。① 同时要及时关注弱势群体、贫困群体、失意群体中不安全感产生的原因，做好心理疏导工作，防止不安全感和社会焦虑演化成"集体性的怨恨"，影响社会的和谐与稳定。

---

① 孙元明.社会心态环境：培育与趋势［J］.重庆社会科学，2014（3）：61-69.

三、重塑社会信任，建构社会心理服务体系

　　社会信任具有社会整合的功能，它是社会心理系统得以有效运作的润滑剂，它可以维护社会心理系统的稳定性，保持心理系统的可持续性运行，从而应对外部不确定性的安全风险。因此，新时代需要重塑信任机制，我们要改善人际信任关系，加强人际间的亲密沟通和社会互动，用道德情感提升民众的风险认识；要夯实社会信任，将社会信任融入社会结构的功能再造中去，建构可靠、安全、信任的风险文化。同时我们要建构社会心理服务体系，大力发展社会支持系统，为不同领域、不同群体的安全需求提供心理服务和心态护理。

第四章　社会预警机制的创新

在风险感知阶段，民众的最大诉求是社会安全，为了满足人们对美好生活的安全感诉求，需要进行社会预警机制的创新。

第一节　构建综合性社会预警机制

面对社会风险，不同人会有不同的风险感知，但任何社会风险一旦生成都会让人产生不安全感，为了有效降低不安全感，对风险的社会预警就显得尤为重要，这是社会治理的第一步。

一、社会预警的相关研究

国际的风险预警研究起源于 20 世纪 60 年代罗蒙德·鲍尔（Romand Bauer）出版的《社会指标》一书。之后一大批西方学者开始将社会预警的指标体系运用于经济政策的调控与监测。19 世纪末，美国的"哈佛景气动向指数"被用于监测经济发展动向。1965 年，法国从物价、失业率、国际收支、投资等维度提出了"预警对策信号"。1986 年，西方七国制定"经济监测指标"，根据综合指数进行经济社会预警。1968 年，叶海卡·德罗尔提出"系统群研究方法"，将社会预警与政策逐步融合，最终确立了 12 项指标。美国纽约国际报告集团制定了"国家风险国际指南"指标体系，确立 13 个政治指标、6 个经济指标和 5 个金融指标。英国的齐舒姆（Roderic Chisholm）出版了《区域预警》，从人口、资源、环境、城市、经济等方面建构指标系统。爱茨（Estes）从精英专权、大众需求、社会资源、家庭结构、政治动荡、传统文化六个维度设立了社会不稳定指标体系①。美国外资政策研究所提出了"政治体系稳定指数"（PSSI），是美国社会状况综合预警的参照，分别由社会冲突指数、政治过程指数和经济特征指数构成，评分时各占 1/3。1989 年，兹·布热津斯基成功创立了"国家危机程度指数"，该指数由 10 个指标构成，侧重于预测东欧国家的社会稳定程度，分别是：国家信念的吸引力、民族主义与意识形态矛盾、人民生活水平、社会心理情绪、宗教活动、执政党士气、经济私有化、政治多元化、政治反对派活动、人权问题。此外，还有美国汉厄（F. T. Haner）设计的"福兰德指数"，它是反映政治、经济、社会风险的综合评价系统。

国内对社会预警的实践探索始于 20 世纪 90 年代，很多学者进行了指标法的创建，洪大用、宋林飞、张春曙、邓伟志、仇立平等都从不同的角度进行了风险指标建构和预设。宋林飞（1989、1995、1999）对社会预警指标体系进行了多年的研究，最终建立了包括通货膨胀、腐败、贫富分化、收入稳定性、失业率、社会治安、突发事件 7 大类 40 个指标构成的"社会风险监测与报警指标体系"②。洪大用（1990）基于经济周期的预测分析，尝试建立社会预警评估体系。③ 朱庆芳（1992）在《社会指标的应用》一书中提出了建立由经济、生活水平、社会问题、民意 4 个方面 40 多个指标构成的"社会综合报警指标体系"④ 的构想。张春曙（1995）根据上海市的情况对大城市的社会发展预警进行了研究预测，提出了由公共安全、社会发展不平衡、收入与消费、劳动就业、经济物质、居住与市政建设、社会风气与廉政建设、环境污染 8 大类 18 个警情指标组成的社会预警指标体系。⑤ 牛文元（2000）根据系统动力学，提出了社会燃烧理论，将社会系统的秩序状况与燃烧现象进行类比，认为社会危机的发生机理是一个从量变到质变的过程，社会燃烧将社会不稳定的要素分为外部干扰和内部矛盾，在数量和质量的双重累积下，并遇到自然触发因子的触动，加之外部环境的耦合，形成矛盾冲突，并经过突变和涨落，产生两种结果：原系统的维持或崩溃。⑥ 王二平（2003）从心理学的视角出发，探讨了建立基于心

① 鲍宗豪，李振. 社会预警与社会稳定关系的深化：对国内外社会预警理论的讨论 [J]. 浙江社会科学，2001（4）：110-114.

② 宋林飞. 中国社会风险预警系统的设计与运行 [J]. 东南大学学报（社会科学版），1999（1）：69-76.

③ 洪大用，刘树成. 经济周期与预警系统 [M]. 北京：科学出版社，1990：6-18.

④ 朱庆芳，吴寒光. 社会指标体系 [M]. 北京：中国社会科学出版社，2001：3.

⑤ 张春曙. 大城市社会发展预警研究及应用初探 [J]. 预测，1995（1）：47-50.

⑥ 牛文元. 社会物理学与中国社会稳定预警系统 [J]. 中国科学院院刊，2001（1）：15-20.

理态度的社会预警体系的可能性，提出了由基本社会态度、对社会问题的判断、对社会问题的应对行为意向三个维度构成的态度测量方法，并尝试建立由发牢骚、忍耐、罢工辍学、联合亲友对抗、集体示威 5 种不恰当应对行为的社会预警指数。① 阎耀军（2004）提出了社会稳定的理论模型，建立了包括社会分配指数、社会控制指数、社会心理指数、经济支撑指数、生存保障指数和外部环境指数 6 个指数系统 55 个指标 12 个特征模块构成的综合预警指标体系。②

二、社会预警系统的功能

预警机制充分体现了在应急管理上的"防火"意识，戴维·奥斯本和特德·盖布勒也认为，政府管理的目的是"使用少量钱预防，而不是花大量钱治疗"③。可见，良好的预警机制不仅可以防患于未然，将危机解决在萌芽之中，还可以节约大量的人力、物力和财力。

（一）预警系统的本质内涵——社会前馈机制

建立健全风险防范机制，其主要任务就是建立和完善预警系统。根据系统论的思想，从本质上来说预警机制是一种管理控制系统中的特殊机制——前馈机制。前馈机制是为了弥补反馈机制的不足而产生的。

简单的反馈过程从本质上来说是一种偏差控制，即根据系统运行过程中的偏差大小、强弱来进行控制。反馈控制的本质是过程控制，其控制方式也比较多样，目的是进行较好的现时控制，它会根据受控对象的输出值来调整输入值。反馈控制中最基本的过程就是反馈，尤其是对信息的反馈④，优点是能在变化的环境中进行控制。在突发危机性事件时，如何在第一时间内获得准确有效的反馈信息是最为关键的。控制论中所说的反馈，就是指输出信息对输入信息的反作用，如图 4-1 所示。

由反馈控制原理建构的系统，我们称反馈控制系统。反馈控制系统采用的是一种闭环控制，它的结构往往比较复杂，多了一个反馈装置，控制过程的程序也很多。主要表现为：主系统给被控制对象输入一个控制信号或控制力（目

---

① 王二平，张本波，陈毅文，史伟. 社会预警系统与心理学 [J]. 心理科学进展，2003（4）：363-367.
② 阎耀军. 社会稳定的计量及预警预控管理系统的构建 [J]. 社会学研究，2004（3）：1-10.
③ ［美］奥斯本，盖布勒. 企业家精神如何改革着公共部门：改革政府 [M]. 周敦仁，等译. 上海：上海译文出版社，2006：162-176.
④ 何文蛟. 反馈控制理论 [M]. 上海：光明日报出版社，1986：5-14.

标值），然后被控制对象返回一个输出值或信息，主控系统再根据这个输出值与目标值之间的差距，调整控制力或控制信号，使系统逐步趋向稳定，也就是根据反馈信息进行控制的过程。在实际过程中，由于各种环境的干扰以及系统内部的扰动都会对系统状态产生影响，因此偏差总会存在。这种偏差在被控制对象的输出端表现出来，并被传递到比较器，导出偏差信息，再经过执行机构的调整重新输入控制信息，如图4-2所示：

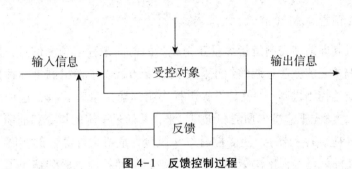

图4-1 反馈控制过程

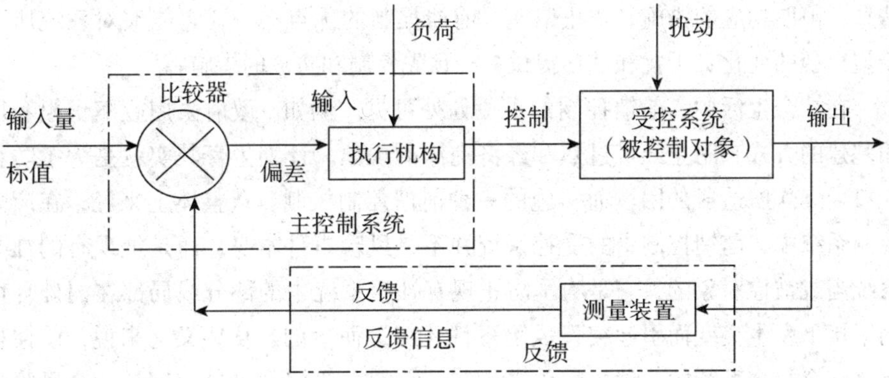

图4-2 过程反馈控制系统

如反馈控制系统所示，通过比较器形成反馈回路，可以达到对输入信号的相对复现，比较适合于现场控制。不足之处在于反馈控制具有纠正偏差的迟延现象，在干扰频繁和干扰强度大的情况下，反馈控制常常带有试探性，不能事先确定其操作量的值，常常存在反馈延迟。反馈机制是当主系统在控制信息和扰动的双重作用下引起了自身的状态变化之后，才把这种状态变化的输出值反馈到决策中心的。

一般情况下，受控系统的状态变化输出值都会或多或少地偏离目标值，而仅靠反馈回路不能及时发现这些偏差，特别是不能预先避免这种偏差①。在突发危机性事件爆发时，由于时间紧、信息不充分，受控制对象的状态变化输出值对目标的偏离很大，这类状态变化一旦形成，会对整个社会系统造成震荡，引发主控系统的控制力急剧下降、控制成本的加大和社会损失的增加。在处理突发危机事件的过程中，常常矛盾多，干扰大，控制能力也会显得很薄弱，因此适用于现场控制的反馈回路存在明显不足，必须在此之前增设前馈机制。

（二）预警机制（前馈机制）的功能

预警机制即前馈控制是指尽量获得充足的时间来提取预测信息，使受控对象在发生偏差之前就注意调整纠正偏差的控制方法。前馈机制是一种按照扰动来进行补偿的控制机制。② 就是不等干扰影响到输出量时（只要这种干扰可以测量出来），就先把它事先预测和研判出来，并通过一定的指令和前馈回路送到决策中枢（应急控制器），使受控对象（风险、危机事件等）的实际输出值还未发生变化前就已经做出决策和指令的改变，从而提前克服和缩小了干扰值对系统稳定的影响。也就是说，尽可能地在反馈信息发生偏差之前，根据预测的信息，采取相应的措施，防止偏差。前馈控制的优点在于，它能够对系统所不希望出现的变化、干扰和破坏提供一种预先控制和防范的措施。

在社会生活中，前馈控制的手段处处可见。例如，政府采用收缩银根和压缩基建的方式来防止经济过热和经济泡沫的现象。计划生育其实就是为了防止人口大爆炸所造成的困境而实施的一种前馈控制机制。从整体上来说，在应急控制系统中，前馈控制中的受控系统并不是风险事件本身，而是把现有的社会系统当成被控对象的，它是为了防止现有社会系统中的部分或局部在内外环境的干扰下发生突变而引起突发风险事件才应运而生的。从狭义上来说，前馈机制是整个社会系统的一种风险预警机制，它的主要控制对象应该是社会风险或者说是潜伏期的突发危机事件。社会危机应急系统中的前馈机制是为了有效预测和防止突发危机事件爆发的一种控制机制，前馈机制通过一个控制器，对社会系统进行预控，预防社会群体性事件的产生。如图4-3所示：

---

① 吕勇哉. 前馈调节 [M]. 北京：化学工业出版社，1980：2-7.
② 金以慧，郭仲伟. 过程系统控制与管理 [M]. 北京：中国石化出版社，1998：22-27.

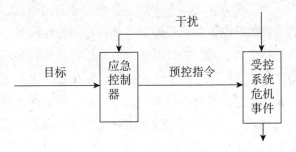

图 4-3　前馈机制

如果我们把图中的应急前馈控制器放大和具体化，那么这个控制器本身也是一个系统，就是我们所说的社会危机预警系统，或称社会风险预警系统。

三、社会预警系统的构成及其运行

预警是指当灾害事件爆发的可能性概率增大、社会危害的可能性不断增强时，而超前采取的预防与控制。社会预警机制是通过对社会系统不稳定因素的评估，对潜在的风险、威胁和危害进行预防和警示。

社会预警是整个危机管理过程的初始阶段，目的是有效地预防和避免危机事件的发生。在某种程度上，危机状态的预防比危机事件的应急显得更加重要。良好的预警机制不仅可以防患于未然，将危机解决在萌芽之中，还可以节约大量的人力、物力和财力。公共部门平时要经常性评估所在地区可能会发生的突发事件概率，排查和管理各种风险来源，一旦危机事件来临，便会临阵不乱，将损失降到最低。

（一）预警机制的构成

从预警的内容上看，包括"预"（监测）和"警"（警示）两个组成部分。① 监测是公共部门利用先进的技术手段（仿真、大数据等技术平台），对各种风险信息进行监察、收集、整合和处理，并及时预测事件的发展动态。警示指根据监测结果，借助新闻媒体和公共部门信息沟通平台，向危险涉及的特定目标和人群发布警示公告，以引起社会公众对风险事件的高度关注和警觉。监测和警示有个先后的过程，两者之间必须相互协调，密切配合，才能形成一个完整流畅的运作过程，从而把风险给社会系统和受影响群体可能造成的损失降到最小。

---

① 郭济. 中央和大城市政府应急机制建设［M］. 北京：中国人民大学出版社，2005：83-86.

第一，监测必须是全方位的，有常规信息也有非常规信息，既有显在的信息也包含潜在和隐藏的信息。我们要监测各种社会不稳定因素，包括一切可能预示某种危险性的特征信息源，并及时采取防范措施，化社会不稳定事件于未然。社会风险的监测，是突发危机事件预警发布的依据，也是应对突发危机事件的决策基础。监测不仅要分析群体的信息，还要特别关注某一个或某些个体（如个体危险源）的信息，从多个渠道采集数据，力争在事件出现苗头或在爆发前夕捕获有价值的信息。①

在获得监测信息后，必须要对信息进行加工分析，因此监测必然包含了对信息数据的处理。处理的过程包括整理、统计、归纳等，从而得出其中关联性和有价值的信息。在对信息去粗取精、去伪存真之后，就可以进行信息的科学预测了。在获得这些有用的信息后，通过一个反应灵敏的监测网络，运用现代的预测方法和技术，就可以及时发现突发伤害事件的蛛丝马迹，并对可能发生的突发伤害事件态势进行推测、判断、评估和决策。

第二，警（示）和发布预警是建立在对风险监测基础上的。经过分析、判断、演绎、推理而得出的社会风险的监测结果，将会被迅速传递到决策层，最后由公共部门通过各种渠道向公众发布。充分尊重公众的知情权，公开与公众交流是预警信息发布的核心，公共部门应当随时将预测情况告知民众，使公民了解事情的真相和事态的发展，避免产生公众心理恐慌。同时，要不断完善预警的发布机制，何时发布、由谁发布、如何发布都必须明确到人，落实到位。对可能发生的严重突发公共事件、可能引发的次生事件或衍生事件，要制定科学的风险预警分类、分级标准。

目前，国际惯用的预警级别分为四种等级：特别严重（Ⅰ级）、严重（Ⅱ级）、较重（Ⅲ级）和一般（Ⅳ级），依次用红色、橙色、黄色、蓝色表示，一般由公共应急管理的相关部门根据风险的危险级别予以确定，而绿色则表示安全没有警示。监测、预警、防患于未然是社会风险预警机制的关键所在，也是公共部门的一项重要职能。就社会系统而言，公共部门应该密切关注有重大安全隐患的行业或企业，并及时建立应急预警控制系统，一旦发现危险苗头，立即分类分级进行预警。同时，各部门要以科学、合理的决策意见和应急预案为指导，加强预警决策研究，形成一整套适合本地区的应对各种风险事件的预警体制、机制和方案。在西方，美国是高度重视突发公共事件预警应用的国家，

---

① 王声湧. 城市突发伤害事件及其应急管理体系［J］. 中国公共卫生，2005（5）：638-640.

美国从各县、市到联邦都建立了一整套相对完善的风险评估体系。美国的大中城市建立了覆盖全市的信息网络，以便于及时收集掌握相关信息，实现信息共享。美国的信息收集范围很广、信息分析能力较强，一般设有专业的信息分析人员处理各种信息，并做出判断，提出预案与对策参考。各城市中的应急综合协调机构成为城市日常风险分析的常设机构，为政府处置突发事件提供可靠的信息支持，有利于对综合灾情的群防群控和社会稳定。

（二）社会风险预警的能力

社会风险事件的预警能力取决于公共部门收集风险信息的能力、处理风险信息的能力和处理风险信息的技术。

1. 公共部门收集风险信息的能力

表现为以下三个方面：

第一，能否有足够多的渠道来广泛收集和风险、危机相关的信息。由于与风险相关的信息常常是以潜伏的形式，杂乱无章地分散在民间和地方，这就需要公共部门能通过各种途径来收集足够多的风险信息。预警要确保信息来源的多元化，仅靠政府部门是不够的，需要公共部门与非政府组织、民间机构等通力合作，风险信息收集得越多就越利于对危机情境和风险态势的预测和评估。

第二，能否及时地收集到这些信息。在风险预警中，最关键要素就是时间的因素。能否及时地收集到信息对早期化解风险和应对危机至关重要。如果失去时间上的有利时机会给公共部门带来很大的被动，对危机控制极为不利。

第三，能否及时收集到准确的风险信息。有关风险、危机的信息繁杂而庞大，主要包括：有可能引发突发公共事件和次生、衍生灾害的时间环境、气候条件、人口密度、建筑、交通状况；事件一旦发生可能造成的人员伤亡、财产损失、正常生活支持系统的中断，以及对地区经济、物资供应、社会安定的影响程度等。公共部门能否准确地收集到这些信息是科学决策的前提。如果信息是虚假的、无中生有的，会造成风险决策的重大失误，后果十分严重。

同时，公共部门收集信息的能力还和以下两个因素有关：

其一，公共部门的风险意识。如果公共部门没有风险意识，那么，它根本就不会负责任地去收集与风险有关的信息。

其二，健全完善的信息收集机制。通过一定的政策和制度安排鼓励公共部门及私人部门来收集信息，建构一种覆盖广泛、条块结合、交流畅通的信息收集机制能够极大地提高信息收集的效率，有利于对早期风险事件的积极控制。

2. 社会预警能力还表现为处理风险信息的能力和技术

公共部门只有对信息进行加工、处理、统计、归纳才能从中察觉出危机的征兆、识别出风险的最初状态，从而能够相对准确地估计和衡量危机发生的可能性和严重程度。因此，社会预警能力的强弱取决于是否能有效地处理和风险、危机相关的信息。公共部门处理风险信息的能力受制于公共部门的"科研技术能力"和"组织人力资源"。信息的处理对科研技术能力要求比较高，目前有很多种预测技术，如何有效运用这些专业方法是关键所在。例如，应用决策树法来分析和选择预案和行动；用德尔菲法来将专家的智慧应用于风险的研判；用大数据系统将预警的信息汇集形成一个混合型的集成神经网络，对信息数据进行归纳、分析和推理，预测危机事件发生的概率；应用灾害模型和临界值点控制技术对危机临界点及其危机范围进行预估和监控，预测灾害发展的严重性等。

现代社会系统的脆弱性和复杂性造成了社会风险的隐蔽性和潜伏性，这使预测风险事件的复杂性和技术性大大增强，如何辨识危险源、检测公共安全和防范灾害事故都有赖于预警技术在实际中的具体运用。① 此外，公共部门处理危机信息的科研能力离不开配套的组织资源和专业的技术人员，必须配备专业的人力资源用于处理风险的预测和评估。

（三）社会预警系统的运行

社会预警机制是一个开放性的系统，它借助现代先进信息技术，及时、准确、全面地捕捉各类风险征兆，并对各类信息进行多角度、多层面的判断和预测。我国学者阎耀军等认为，社会预警系统必须是监测、预警和预控三者的结合。② 它应包括六个子系统：指标管理系统；信息管理系统；数据库管理系统；专家分析系统；警情演示系统；预控对策系统。其中，指标管理系统是经过专家严密论证选择出来的反映社会公共安全运行状况的一套指标体系，它可以对社会运行状况和发展趋势做出监测。信息管理系统由专业的人员负责对系统进行收集和加工处理。对信息数据的分类录入、储存汇总以及升级更新的工作则是通过数据库管理系统的计算机模块来完成的。专家分析系统通过信息的沟通和反馈，利用专家知识经验和主导能力，实现智能化的"人—机"互动。警情演示系统根据数据库的计算结果和专家系统的分析结果以警报的方式输出预警信号。预控对策系统与专家分析系统相连，提供应急性思路和建议。如图4-4所示。

---

① 公共安全科技问题研究专题组内部稿：国家中长期科学和技术发展规划战略研究专题报告之九：公共安全科技问题研究专题报告。

② 雷鸣，阎耀军. 建立城市社会稳定监测—预警—预控管理系统的设想［J］. 城市，2003（5）：36-37.

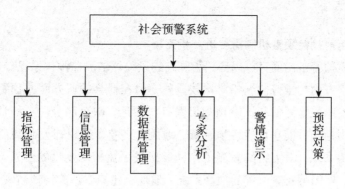

图4-4 社会预警系统体系

社会预警机制的运行流程是以先进的信息技术为平台,将预测、警示和预控有机地结合在一起,实现动态运行。整个预警系统以信息采集为起点,以专家分析和数据处理为重点,以提供社会警报和预控对策为终点。① 如图4-5:

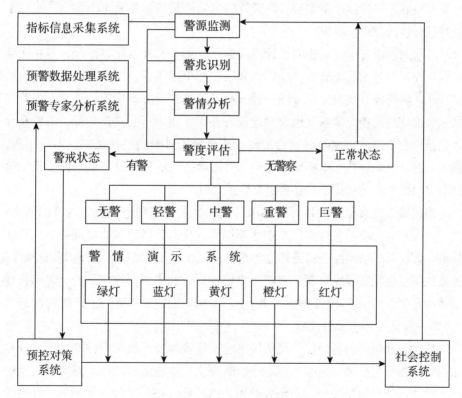

图4-5 社会预警系统运行流程

---

① 雷鸣,阎耀军. 建立城市社会稳定监测—预警—预控管理系统的设想 [J]. 城市,2003 (5):36-37.

四、当前社会预警机制需要进一步完善

当前就预警机制而言，以部门为基础的风险评估和监测体系已经初具规模，在自然灾害方面的预警监测相对比较成熟，但在社会领域方面的预警还比较滞后，综合性的风险评估和风险预测仍然有所不足，缺乏综合性、科学性的社会风险评估指标。目前在自然科学领域，地震、气象、地理等公共部门都建立了相应的监测系统，对灾害的预测工作已经形成了比较专业化的体系。气象学建立了洪水、飓风等灾难天气的预警系统，地理学建构对地震等地质灾害的预警，环境科学致力于环境质量的预警与监测。相对自然灾害的预警研究，我国社会风险预警研究显得有些滞后。对于社会领域的风险监测机制还很不完善，比如对社会性群体冲突、社会谣言的预警工作还很不到位，同时对连锁性、并发性、综合性的灾害预警显得比较薄弱。从全局看，目前对灾害风险信息的综合利用、分析评估和趋势预测还不完善，综合性的风险评估指标体系也不健全，不利于实现综合性的防灾、减灾。

目前国内很多学者也建构了社会稳定指标体系和社会预警系统，但在实践过程中停留在理论层面居多，应用性和操作性仍然不强。加之不同地区的风险感知和风险特征有其差异性和独特性，所以很难被地方政府统一采纳。当前应加强和推动这些指标体系在地方的运用，并在实践中不断修正指标，不断整合和创新符合中国地方实际的预警机制。社会预警机制的创新是一项系统工程，它包括社会风险评估、指标体系的运用、风险文化的建构以及风险问责机制等许多方面，需要建构综合的社会预警机制。

当代很多社会预警的指标体系多为实证性的定量研究，缺乏定性的研究。由于现代社会风险的多变性与复杂性等特质，我们对风险演化机理的认识存在缺陷，致使对风险预测的信度和效度不高，导致已有的指标体系难以实地操作。要建构综合性社会预警机制，就需要将定性研究和定量研究相结合，将综合性的风险预警与专项风险源的预警相结合，在风险演变的基础上，建构动态的"风险—危机"综合预警机制。

突发公共事件的连锁性与复杂性决定了风险预警与危机治理必然需要吸收多门学科的研究成果。当前学科之间的断裂也是造成前期的风险预警与后期的危机应急不能有效结合的一个重要原因。以社会学和公共管理学为例。社会学往往采用预警的方式对社会风险进行预测，而公共管理学常常运用应急的手段对公共突发事件进行管理。其实不论是预警还是应急都是为了化解风险和控制危机，广义上的应急管理本身就应该包含对风险的预警。由于学科之间的差异，

对风险的预警与突发事件的应急没能在理论上有机整合起来。要治理综合性的社会风险和公共危机就需要建立一套从社会风险到公共危机全过程的应急治理机制，而不仅仅是等危机爆发了才开始着手应急，因此，对社会风险的预警必须与此后的突发事件的应急工作结合起来，而预警本身就应该是应急管理的一部分。本书从社会风险的感知、积聚、扩散和侵入四个维度来剖析社会风险的演化过程，这个过程其实正是"社会风险—公共危机"的演变过程，也是风险从潜在的危险性转变为现实的危机事件的演变过程。

在对社会风险的预警中，社会学常常使用的三个概念是警源、警兆和警情，并通过一定的指标来量化它们。而在公共危机管理中经常出现的是突发事件、危机情境等概念。其实这些概念之间也是有联系的，有些是使用术语的不一样而已。警情是指一种特定的社会状态，是社会超出了自身的安全阈限而表现出的一种警戒状态。警情的大小用警度表示。所谓警源，是指产生警情的根源，是"火种"。比如，"民众政治集会增多"这一警情的出现可能是由于干部"贪污渎职"这一警源所导致。① 警兆是指警源演变成警情的外部形态表现。从警源这一"火种"到产生警情这一过程，包含着警情的孕育、发展、扩大、爆发。② 警情在出现之前必有一定的先兆，即警兆。警兆可以是警源的扩散，也可以是警源扩散过程中产生的其他相关现象。可见，先有警源、警兆，后才有警情的出现，只有查找了警源、分析了警兆才能预测警情和控制警度。

同样，为了便于统一，我们也可嵌入三个概念到公共危机中，那就是危机源、危机征兆、危情。危机源可以定义为危机爆发的根源，在公共管理中往往以"突发事件"作为危机的根源，很少会用"危机源"这种说法。危机征兆是指危机爆发前的外部表现和征兆。在危机管理常常用"危机情境"来说明危机征兆。危情则表示危机爆发的状态、程度和规模。在社会预警中，警情可以表现为某种社会现象，如通货膨胀、失业等，也可能以突发事件的形式表现出来，如社会暴乱、群体性事件。一旦警情以突发事件的方式表现出来，也就成了危机发生的根源，即危机源。危机源不能被及时发现和有效遏制，就可能引发公共危机。可见，"警情""突发事件"和"危机根源"之间是相互关联的，警情中包含了突发事件，而突发事件本身就是危机来源。从警源到危情的转化过程如下（图4-6）：

---

① 宋林飞. 社会风险指标体系与社会波动机制［J］. 社会学研究，1995（6）：90-95.

② 张春曙. 大城市社会发展预警研究及应用初探［J］. 预测，1995（1）：47-50.

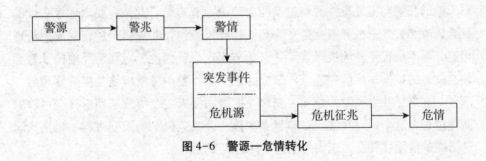

图 4-6　警源—危情转化

从警源、警兆到警情，再从警情（突发事件）到危机征兆，直至危情的爆发的过程其实就是从社会风险向公共危机转化的过程。从中我们还可以看出危机爆发规模的大小除了和危机征兆有关，还与警情的大小成正相关，警情严重则危情往往也会严重。但警情与危情也是有一定的区别的，警情表示社会处于警示状态，随着警情的加重有可能出现危机，而危情则表明社会已经处于危机状态，只是在危机的程度上有所不同。

从警源、警兆到警情过程是风险聚集的过程，我们通过预警可以有效地防范危机的发生，因此需要不断完善应急前馈机制。一旦事件真的发生，就需要立即启动应急应对机制。从社会风险向公共危机的演化过程来看，很多地方没有把风险预警与应急预案很好地结合起来。目前一些社会预警指标体系难以投入实践，除了指标的信度和效度等原因外，还在于没有建立相应的应急预案响应机制，主要是因为现有的应急预案缺乏对风险传递过程的了解，在如何估计事件发生的范围与强度、如何预防和怎样减轻危机损失与影响等方面很少涉及。虽然我国的一些大中城市都出台了总体和专项的突发事件应急预案，但是很多预案只注重事件发生了怎么应急，却很少关注事件是如何发生的、什么时候发生的、在什么情况下发生的以及发生的原因是什么？由此造成了预警和预案存在一定程度的脱节。

从突发事件到公共危机的发生，是风险转变为危机的过程，需要政府和社会各种力量的广泛参与来化解。而化解危机最有效的方式就在危机爆发前，将潜在的社会风险化解掉。这就要求公共危机管理和应急控制要从社会风险的积聚开始，风险聚集到何种程度、有可能造成多大的公共危机，那么就应该制订什么情境的预警和预案，对风险的预测与预案要结合和对应起来，从而便于实际操作。对每一种预警情境都建立一套对应的应急预案，这在理论上讲是成立的，在实践中也是可行的。这就需要对现有风险处理的监测流程、资源整合、组织协调等各类因素进行综合调研，设计出不同情境的应急方案并进行编码，然后在社会预警指标数据库与应急预案数据库之间建立一一对应的索引关系。这样，一旦预警系统发出信号，预案数据库将给出最优化的选择。在风险到危机的转化过程中社会预警与危机应急的关系如图4-7，其中，社会心理、社会信任和社会传播机制的稳定性也将影响风险到危机的转变进程。

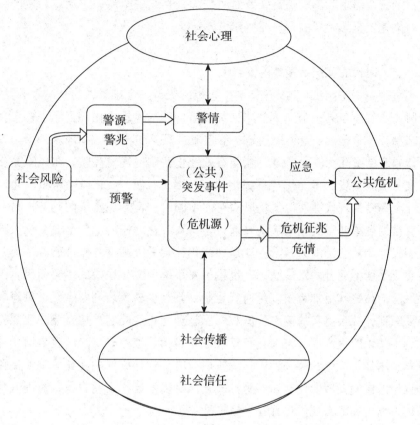

图4-7 社会风险与公共危机转化

第二节 建构新时代文化风险预警机制

面对社会风险与公共危机，除了要建立常规性的综合预警和各领域的专项预警之外，还要积极建构社会心态和文化风险的预警机制，这是新时代预警机制创新的必然要求。当前是社会转型、体制转轨的重要时期，也是高风险社会时期，社会风险的常态化随之而来的便是风险文化的产生。拉什认为当前风险文化时代已经来临，在风险文化时代，文化对社会的整合与治理比制度可能更加有效。新时代复杂多变的社会风险造成了社会心理系统的紊乱和社会心态的脆弱性，而不良的社会心态折射到社会文化层面，则加剧了人民的社会不安和焦虑情绪。因此，我们要深入研究和把握人民的社会心态的发展变化，及时了解人民的安全需求和不满情绪，及时收集大众文化安全的思想动态和感受，定期进行文化安全风险的测评、评估和趋势分析。

一、新时代文化风险预警的重要性

习近平总书记指出："文化特别是思想文化是一个国家、一个民族的灵魂。无论哪一个国家、哪一个民族，如果不珍惜自己的思想文化，丢掉了思想文化这个灵魂，这个国家、这个民族是立不起来的。"① 同样，一个国家一个民族必须要以自身的文化为立足之本，才能有效地化解制度性的风险。在风险文化时代，文化风险呈现出多元化与系统化的特质。一方面，文化风险从单一化走向多元化，高度的现代性使得文化风险有向不同的社会领域扩散的趋势；另一方面，科技的变革使得文化风险从碎片化走向系统化。任何一个小的文化风险都可能引发整个社会制度的紊乱，这是现代化社会系统高度关联性所致。当前我国社会不平衡不充分的发展状态，也是引发系统性文化风险的主要原因，因此文化风险的预警就更加重要。新时代也是面临社会转型、利益多元、风险多变的重要时期，社会主义的核心价值观和思想理念正经受着严峻考验。我党充分意识到了文化的重要性，将文化自信与理论自信、道路自信、制度自信一并写入党章，增强了文化的社会功能。现阶段我国存在什么样的文化风险？文化风险呈现出怎样的发展变化？如何防范文化风险以及建构文化自信，对提升国家治理体系和治理能力现代化有着重要的现实意义。

第一，文化风险预警可以增强文化的韧性。文化风险的危害性会引发文化的"易损性"。风险是一种可能性，文化风险是指社会文化遭受潜在破坏的可能性。② 破坏性是文化风险的首要特性，它能引发文化系统的紊乱，严重时引发系统的运作中止或瘫痪。所谓易损性是指文化系统对风险干扰要素的敏感性，以及面对干扰时整体协调与控制力下降的表现。③ 随着文化风险的增加，文化系统的脆弱性不断增强，文化系统的韧性逐渐减弱，文化系统越发不稳定。因

---

① 习近平. 在纪念孔子诞辰 2565 周年国际学术研讨会暨国际儒学联合会第五届会员大会开幕会上的讲话 [N]. 人民日报，2014-09-25.
② 张海波. 风险社会与公共危机 [J]. 江海学刊，2006（2）：112-117.
③ 金磊. 城市灾害学原理 [M]. 北京：气象出版社，1997：23-30.

此，提前做好文化风险预警可以很好地防范风险的危害，增强文化系统的韧性。

第二，文化风险预警可以消除文化的平庸化。现代性文化风险引发了文化的平庸化。伴随着科技革命，现代性的价值观和思维方式用工具理性取代了价值理性，快餐文化、平庸文化成为社会的主流，使得文化出现了形式上趋同但价值内涵缺失的现象。现代性的风险使文化在历史传承上出现了"断裂"，以实用、功利、快捷、方便为目的，文化为了迎合市场成了简单的"模仿"和"拼贴"，文化丧失了内在价值和独立性。因此，文化风险预警可以弥补文化的价值内涵、保持文化的独立性、提升文化的自觉性，从而从根本上消除文化的平庸化。

第三，文化风险预警可以规避文化危机。文化风险的隐蔽性易引发文化的危机性。文化风险与其他风险最大的区别就是它的隐蔽性，由于它潜藏于文化内部，又具有不确定性，更容易产生文化危机。具体表现为，在面对内部文化融合时，缺乏高度认同感；在面临外来文化侵蚀时，又缺乏自我保持意识，难以形成文化自觉，抵御外来文化的干扰。隐蔽性会使人麻痹，继而产生惰性，缺乏批判精神。在对待传统文化上，正是由于缺乏批判精神，才导致了要么照搬、要么弃之不顾的两种极端。因此，文化风险预警可以增强文化的安全性，规避文化潜在的危机。

二、新时代文化风险预警的维度选择

新时代的文化风险预警是建构文化自信的必然选择，它是在全社会建构公共风险意识和风险文化的前提条件。当前我国还没有建立起完整的文化状况评估系统、预警指标体系和完善的文化预警机制，也不能识别出当前文化安全的风险等级和警示程度。当务之急，应当在全社会范围内搜集文化安全信息和数据，建立一套适用于本土安全文化预警指标体系，定期进行文化安全风险的测评、评估和趋势分析。由于目前很少有学者专门进行文化风险的预警指标体系的选择，笔者从文化自信的三个层面即文化独立性、文化主体性和文化自觉性来尝试进行文化风险预警的维度选择。习近平总书记在党的十九大报告中指出："文化自信是一个国家、一个民族发展中更基本、更深沉、更持久的力量，没有高度的文化自信，没有文化的繁荣兴盛，就没有中华民族伟大复兴。"[①] 新时代文化自信体系建构的过程也是防范文化风险的过程，自信的文化必然是稳定的、

---

① 习近平. 决胜全面建成小康社会 夺取新时代中国特色社会主义伟大胜利［N］. 人民日报，2017-10-28.

独立的和自觉的文化。防范文化风险和树立文化自信是一脉相承的体系，文化自信的建构必须从文化风险这一源头抓起，只有高效地防范文化风险才能牢固地树立文化自信。文化风险防范和化解，主要体现在文化的独立性、主体性和自觉性三个内在维度层面。首先，文化风险的防范在于坚守文化的独立性。优秀的文化必然是独一无二的，它代表了中华文化的独特魅力。文化的独立性体现了文化的强大生命力和免疫力，使其避免遭受外来文化和意识形态的侵蚀。文化独立性突出了文化的鲜明个性和品格，它体现了中华民族自力更生、自强不息、顽强拼搏、厚德载物的秉性。国家的独立不仅体现在政治上，更体现在思想文化上，中华文化在时代的锤炼中，不断地扬弃、更新和创造，保持了旺盛的生命力，也必将在社会主义新时代迸发新的生命力量。其次，文化风险的防范在于坚持了文化的主体性。所谓主体性即坚持中华文化作为文化自信的主体，持续推进文化强国战略。中华文化是文化自信的"根"，五千年的华夏文明孕育了优秀的传统文化，是自信之根本。中华文化是文化自信的"魂"，兼容并蓄、融会贯通的中华文明铸就了中国人的"底气和骨气"①，是自信之"魂"。源远流长的中华文化，在历经了历史的洗礼和沉淀后，以更加包容开放的姿态屹立在世界的东方，是文化自信强大的精神力量。最后，文化风险的防范在于坚定了文化的自觉性。费孝通先生曾说过，生活在文化历史圈子的人对其文化要有自知之明。② 文化自觉需要不断认可、理解和审视本民族的文化。文化自觉就是对文化的自我反思、自我反省和自我创建。文化自觉是一个艰难的探索过程，它体现了文化主体的博大胸襟和包容气度，它秉持自我批判的精神对文化进行传承弘扬、合理扬弃与融合创新。

文化自觉是文化自信的前提，新时代的文化自觉是弘扬社会主义核心价值观、培育时代精神、实现民族伟大复兴的强大动力。同时，文化独立性、主体性和自觉性分别对应三种不同的文化风险：

（一）文化的独立性对应文化的安全风险

所谓文化安全是指保持国家的主流价值体系、文化观念、风俗习惯、宗教传统、意识形态等免受外来力量的侵犯、颠覆和破坏，保持国家文化主权的完

---

① 中共中央文献研究室．习近平关于社会主义文化建设论述摘编［M］．中央文献出版社，2017.

② 费孝通．反思·对话·文化自觉［J］．北京大学学报（哲学社会科学版），1997（3）：15-22.

整性与独立性。① 在风险全球化的背景下，一个民众、一个国家如何保持和坚守自身的文化本源显得尤为重要。文化安全风险主要表现为传统文化的消失、全盘西化和分裂文化三个方面。

第一，优秀传统文化的遗忘和消失。中华民族几千年的华夏文明源远流长，自古以来就有着优秀的传统文化。可是随着全球化的浪潮和现代化进程的加快，很多优良的传统美德逐渐弱化，爱国主义情怀和集体主义道德观受到质疑，优秀的传统文化精神被遗忘甚至消失，取而代之的是个人主义、利己主义至上，平庸文化、低俗文化的泛滥。一方面优秀的传统文化无法得到传承；另一方面一些地区仍然残留着愚昧、落后的封建文化，这对我国文化自信的确立以及社会主义核心价值观的践行产生了负面影响。在市场经济大潮的涌动下，很多物质和非物质文化遗产在商业开发中被破坏，如果我们不能很好地珍惜、保护和传承这些遗产，必然会引发文化安全的危机。

第二，全盘西化的追捧。在文化全球化和西方文化的冲击下，我国民众的文化心态开始失衡，传统文化受到侵蚀。随着对外开放的加快，很多人走出国门去西方发达国家学习、工作和交流。对于文化之间的正常交流与碰撞，本是无可非议的，但总有一些人一味地美化西方文化，认为国外空气好、月亮圆、外国人素质高、国外的社会保障健全等，给民众造成了极大的误导和迷惑。还有一些年轻人全盘西化、崇洋媚外，甚至只吃西餐、只过洋节，似乎国外就是民主、自由和天堂。然而事实并非如此，西方的社会制度并非完美无瑕，外国人的素质也参差不齐，国内社会主义制度的优越性和人民的幸福感远比国外要强。因此，我们不能妄自菲薄，更不能自我贬低，如果连自身的民族文化都可以丢弃，又何来文化自信？

第三，分裂文化的威胁。随着中华民族伟大复兴大业的推进，我国的文化体系越来越受到分裂文化的威胁。近年来在西方文化分裂主义的怂恿和教唆下，"台独""藏独""疆独"势力活动猖獗，对我国文化安全甚至国家领土安全构成了严重的威胁。"台独"分裂主义文化由来已久，它们通过各种手段制造"文化台独"，极力宣传台湾本土化、自由论，妄图通过修改教科书等方式来达到"去中国化"的目的。国内的"藏独""疆独"势力受到西方殖民扩张和文化殖民的诱惑②，极力渲染民族极端情绪；他们虚构历史、鼓吹"民族独立"、造成

---

① ［美］戴维·赫尔德. 全球大变革：全球化时代的政治、经济与文化［M］. 杨雪东，等译. 北京：社会科学文献出版社，2001：448-475.

② 刘伟胜. 文化霸权概论［M］. 石家庄：河北人民出版社，2002：71-75.

民族关系的紧张；他们质疑国家统治的合法性，煽动民族歧视和排外情绪，并与境外敌对势力勾结制造民族分裂甚至恐怖主义活动，严重危及了国家文化安全。

（二）文化的主体性对应文化的认同风险

中华文化在坚持文化主体性的同时，必然是以文化认同为前提的。所谓文化认同是指人们对于文化理念、价值观、人生观、世界观所持有的倾向性的共识与认可。文化认同具有增强民族凝聚力、促进民族团结、维护社会和谐的功能。随着全球化步伐的加快，世界多元文化与价值观念不断碰撞与冲突，加剧了文化认同的危机。① 当前我国文化认同的风险主要表现为以下三个方面。

第一，缺乏对优秀传统文化的认同。近年来我们对传统美德的认同度有所下降。在一些年轻人心中，"仁义礼智信""温良恭俭让"等道德标准只停留在教科书上，似乎与现代人的都市生活相差太远，造成了传统文化与现实生活的断裂。市场经济下的丛林法则、利益至上等思想对年轻一代的价值观念产生了巨大影响，使得很多优秀的传统文化无法传承和延续，逐渐淡出了人们的生活。

第二，缺乏对社会主义核心价值观念的认同。一个国家的核心价值观念与主流意识形态是本国得以存在和发展的根本灵魂。受西方民主思潮的影响，许多人对我国社会核心价值观存在认同障碍和选择困境，对马克思主义中国化持有怀疑态度。我们所处的新时代也处于体制转型的重要时期，利益分化、矛盾凸显，非主流文化、亚文化等对核心价值观产生碾压，文化功利化、世俗化、波普化、娱乐化盛行，多元文化思想的冲突造成了主流意识形态的认同危机。

第三，少数民族地区缺乏对文化的认同。我国是一个多民族国家，不同民族在长期的社会生活中形成了本民族所独有的文化符号体系。我国各民族在文化交流和碰撞过程中既保留了自身的文化信仰、语言体系又形成了共同的文化特质即"多元一体"的文化格局。受经济全球化的影响，我国很多少数民族的文化观念也受到了很大冲击，少数民族文化的生存空间受到挤压。在保护民族遗产、传承传统文化思想与发展地区经济、适应全球化的步伐之间存在选择困惑和价值困境。同时，新疆、西藏等地区所表现出的民族认同的缺乏，暴露出了我们对当地文化和民族意志的研究缺乏实践深度，使企图分裂祖国的境外敌对势力有了可乘之机。

---

① 联合国教科文组织. 世界文化报告（2000）：文化的多样性、冲突与多元共存［M］. 关世杰，等译. 北京：北京大学出版社，2002：6-12.

（三）文化的自觉性对应文化的信任风险

文化信任风险表现为文化信任的失范，它是文化风险的另一种表现。信任是构建和谐社会关系的重要纽带，是人们面对未来发生不确性的策略选择，也是规避风险的有效方法。文化信任是指社会规则信任系统的总称，自觉的文化必然是一种信任文化，它包括人际交往信任、社会制度信任、伦理规范信任以及社会核心价值观念信任等。目前文化信任的失范主要表现在人际信任失范、制度信任失范以及价值信任失范三个方面。

第一，文化人际信任的失范导致社会疏离。人际信任是个人与个人之间通过互动而产生的可靠、可持续的社会关系①，文化人际信任是人与人之间通过情感纽带而建立起来的一种信任文化。文化人际信任的失范表现为人与人之间的信任感越来越低，导致社会疏离。人们常说现在的社会人情冷漠、世态炎凉都是社会疏离的表现。现实生活中的宰熟现象使我们对人际间的信任产生了怀疑。由于缺乏信任文化，人与人之间的关系往往建立在物质利益之上，人们为了经济利益相互争斗，造成亲情人伦的丧失。"地沟油""瘦肉精""苏丹红"让我们对食品安全产生怀疑，"彭宇案""万鑫案"使我们对道德实践产生恐惧，人际信任的危机让我们不寒而栗。

第二，文化制度信任的失范导致公共责任的丧失。文化制度信任的失范常常是由于文化制度的不完备所引发的，当前制度领域中很多不公平、不公正的现象进一步加剧了制度信任的危机。文化制度信任失范，主要表现为：大众缺乏公德意识和公共部门的合法危机。一方面，由于人际信任的缺乏，人们常常抱有"自扫门前雪""事不关己高高挂起"的心态，一切以自我利益为中心，没有参与公共事务的热情，不遵守社会规则和行业规范，不愿履行义务，更不想承担责任；另一方面，公共部门的执法不严、监督不力、公共责任意识的丧失削弱了大众对政府的信任和支持，加剧了社会矛盾，造成政府合法性的危机。

第三，文化价值信任的失范导致信仰危机。文化价值信任属于文化信任的较高层次，它与社会的核心价值观念密切相关。一个人的人格、信念、价值观，存在于所依存的社会关系和制度环境之中，社会关系与生活制度对社会的核心价值观念起到了很好的形塑作用。文化价值信任的失范是人际信任与制度信任双重失范所造成的后果，主要表现为信仰危机。在物质利益法则的驱使下，现

---

① ［波兰］彼得·什托姆普卡. 信任一种社会学理论［M］. 程胜利，译. 北京：中华书局，2005：1-6.

代人在精神层面变得贫乏而平庸，拜金主义、享乐主义、消费异化使人们更加迷失自我。一个民族如果没有信仰、理想和信念，便失去了赖以存在的根基和灵魂，一个国家如果没有主流价值体系和核心价值观念，便失去了强大的精神支柱和前进的动力。鉴于此，笔者认为可以从文化的独立性、主体性和自觉性三维度尝试建立指标体系和预警机制，如图4-8所示：

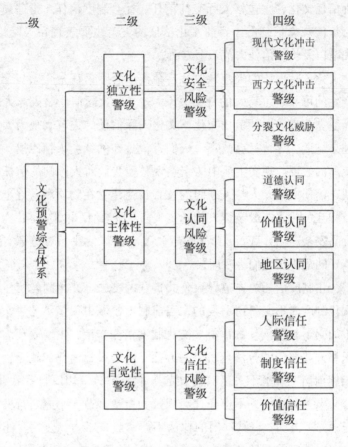

图4-8 文化预警指标

根据图4-8预警维度的选择，我们可以从三个层面来建构文化预警机制。

一是建构文化安全机制。首先我们要启动传统文化保护机制。对传统文化，我们要批判地继承。正如鲁迅先生所说的那样，不能洗脚水和孩子都扔了。可以采用"文化优先"原则，优先保护散落在民间的大量非物质文化遗产，采取果断措施阻止过度商业开发和随意破坏文化遗产的行径。不光政府在文化遗产保护方面有责无旁贷的义务，同时要启动自下而上的民间文化保护行动，鼓励民间组织、第三部门以及广大人民群众参与到保护文化遗产的实践活动中来，共同保护民族文化之魂。进一步发展文化特色小镇建设，深入发掘文化内涵，避免盲目跟风，集聚文化特色产业，切实保护乡村文化遗产。其次要确保文化主权的完整。要避免国家的主流价值观、意识形态、社会制度、文化形态、文化信仰被外来文化破坏、侵蚀和颠覆，防止文化分裂活动，确保文化主权的完整性。要制定长远的文化安全的发展战略，复兴民族文化、增强本民族文化的凝聚力和增进社会共识。在文化全球化的背景下，要抵制住诱惑，保持民族文化的独立性，提升大众文化安全的自觉自省意识，营造经济发展与文化创新的良性互动。最后要建立文化安全保障机制。文化预警机制是保障文化安全、应对文化危机的重要制度途径。"凡事预则立，不预则废。"目前我国在文化预警方面还比较薄弱，还没有建立起完整的文化状况评估系统和预警指标体系，并不能识别出当前文化安全的风险等级。当务之急，应当在全社会范围内搜集文化安全信息和数据，建立一套适用于本土安全文化预警指标体系，定期进行文化安全风险的测评、评估和趋势分析。① 同时要建立风险文化教育的长效机制，培育公众稳定、长效的安全文化心理。加强本土化的安全教育体系，培养人民的文化安全意识，增强大众对文化风险的感知力、辨别力和判断力，以及应对文化危机时的自觉、自救意识。

二是建构文化信任机制。文化信任机制可分为三个维度，分别是人际文化信任、制度文化信任和价值文化信任，只有三者之间充分发展、相互补充、良性互动才能起到文化整合的效果。第一，要改善人际信任。逐步改变人情冷漠的社会疏离现象，在道德实践中而不是在书本中提升民众的道德认知和道德情感。第二，要夯实制度信任，在全社会范围内建立统一规范的社会秩序，为道德、风俗、习惯提供可靠、安全、信任的制度环境。公共部门要承担起公共责任、履行社会职责、保持信息公开和组织运作的透明度。第三，要弘扬价值信任。新时代要树立共同的理想信念，以理想信念为引领来建构社会主义核心价值观。将共产主义理想、社会主义信念、马克思主义信仰成为毕生的价值追求，提升我们的精神高度，不断增强民族自尊心、自信心和自豪感。

三是建构文化认同机制。文化多样性与差异性易导致文化认同风险。我国作为一个拥有56个民族的多民族国家，有着悠久的历史传承，在此基础上所形成的"一体多元"的中华文明是各族人民共同创造的，也是各族文化的集大成。由于各民族的风俗习惯、宗教信仰差异，加之要想达到完全的文化整合也绝非

---

① 张兴华，雷琳. 全球化时代中国文化安全现状及其治理向度 [J]. 湖南师范大学社会科学学报，2012，41（5）：42-45.

易事，因此需要建构文化认同机制，实现多民族文化的融合。如图 4-9 所示：

图 4-9 文化预警机制

第三节 建立健全科学的风险问责制度

社会风险预警固然重要，但倘若没有惩奖制度保驾护航，就很难得到地方公共部门的重视，预警机制也将成为摆设。建立健全科学的风险问责制度是社会预警机制得以有效运作的重要保障。

一、三种危机与问责

自 2003 年"非典"以来，我国在公共危机层面进行了一系列的制度化改革和创新，比如，颁布《突发事件应对法》（2007）、建立应急管理部（2018）、稳步推进行政问责制度等。其中，问责制属于制度创新，突发事件爆发后大批官员被问责，在社会上引起了广泛的反响。风险社会时代的问责制是纠正官员"不作为""乱作为""慵、懒、散、拖"等不良现象的有效手段，也是树立政府回应性、公信力和培养官员责任意识、风险意识的有效途径。

作为一个发展中的大国，我国危机事件高发。一方面，自然灾害和传统突发事件有增无减；另一方面，新的社会风险和危机也在滋生暗涨。从危机的发展来源上看，我国当前所面临的公共危机大致可分为三类：诱发性危机、内源性危机和关联性危机。①

所谓诱发性公共危机是指政府在处理突发公共事件的应急管理过程由于自身的行为不当、行政失职引发的公众对公共部门的不满和质疑。诱发性危机是政府治理不力而产生的二次衍生危机，倘若公共部门处置有力、应对得当，则危机的灾害性后果将大大减少。在2003年"非典"之前，诱发性公共危机的发生频率较高，这是我国长期以来传统的应急管理模式的弊端以及地方官员缺乏应急管理经验和责任意识所导致的。近年来，我国应急管理体系逐步建立健全，加之中央对"一案三制"的大力推行和《突发事件应对法》的有效实施，诱发性公共危机的发生率明显降低。随着应急管理体制、机制和法制不断完善，地方政府在处置突发事件的过程中也积累了不少经验，地方官员的危机治理能力也有所提高。

内源性危机是政府自身所引发的危机，它是政府在公共行政过程的不作为、乱作为、不当作为、违法作为所导致的，它与公共部门的执政理念和执政方式密切相关。内源性危机降低了民众对政府的信任，直接引发了政府的合法性危机，有时会引发群体性事件的发生。当前我国正处于社会转型和体制转轨的重要时期，社会竞争加剧，社会流动加快，贫富差距、地区差距不断拉大，社会结构高度紧张。政府在体制改革的过程中作为自上而下的直接推动者，若公权力得不到有效的约束，各种越位、缺位、错位不作为现象将不断涌现，权力寻租和腐败也会由此产生，具体表现有：执法不严、胡乱执法、暴力执法、强征强拆、严重行政不作为、决策失误等，这些都是内源性公共危机产生的根源。

关联性危机是由于网络和谣言的传播而产生。关联性危机常常借助网络迅速传播，造成群体性焦虑和恐慌。比如，"郭美美网上炫富"引发的慈善危机、"躲猫猫"引发的社会舆论危机等。关联性危机与内源性危机和诱发性危机存在一定程度的关系。政府在处置突发公共事件中的不当作为使得网络谣言传播有机可乘，加速从社会风险到公共危机的转变，同时公共部门自身的行政理念和行政方式的弊端也是引发关联性危机的重要原因。鉴于此，公共部门应建立健全社会预警机制和应急管理体系，进一步降低诱发性危机的发生频率；加快进行政府行政体制的改革，转变政府职能，有效化解内源性危机；加强社会舆情管理和网络监管的力度，逐步缓解关联性危机。

---

① 童星.中国应急管理：理论、实践、政策［M］.北京：社会科学文献出版社，2012：543-546.

二、问责制与风险问责

(一) 官员问责——诱发性的危机应对

随着我国突发公共事件的频繁爆发,一系列官员问责制相继出台。所谓官员问责制,是保持对政府官员在危机应对和处置过程中的行为后果的责任追究制度。它是规范行政官员行为、增加官员的风险意识和责任意识、完善政府风险管理的一种有效措施。在新时代,不同地方官员问责制的颁布赋予了其新的内涵。自2003年"非典"之后,国务院就出台了《公共卫生事件突发条例》《党政领导干部辞职暂行规定》等相关的官员问责的细则,因"非典"一大批官员被问责,自此揭开了我国现代官员问责制的序幕,它是应对危机发生后官员行为失范的一种惩罚机制,也是应对诱发性危机的有效手段。随后,长沙、天津、重庆等地也相继出台了一系列的问责条例。2003年,长沙市政府出台了《长沙市人民政府行政问责制暂行办法》,这是我国首个地方政府行政问责条例。2004年1月,天津出台《天津市人民政府行政责任问责制暂行办法》,对官员问责的内容、方式以及处理措施做了进一步明确。2004年7月,重庆出台了《政府部门行政首长问责暂行办法》,该规章制度与《重庆市政务信息公开暂行办法》《重庆市行政机关规范性文件审查登记办法》以及《重庆市关于行政审批中违纪违规行为责任追究的规定》等一起构成较为完备的问责体系。

全国各地相继出台了不同的行政问责规定,其中与风险危机相关的主要包括三个方面:一是在重大事故、特大事故处置过程中,没按规定及时报送情况、及时处理,造成重大损失和严重后果的;二是虚报、瞒报、谎报、缓报、漏报,甚至干扰和阻碍通报的;三是在危机处置过程中导致群体性上访,引发社会不稳定因素的。第一、第二类问责在地方政府的危机治理实践中,起到了很好的警示作用,也发挥了一定的成效;第三类问责因涉及维稳与官员的个人政绩和仕途,助长了高压式的维稳方式,反而进一步加剧了社会矛盾和冲突。官员问责条例和规范在一定程度上降低了诱发性危机的发生频率,但它们仍属于危机事后问责机制,并不能有效地起到风险防范和危机事件预防作用,从而也不能从根本上降低内源性的公共危机。

(二) 风险问责——事前问责机制

危机事后的官员问责在一定程度上可以规范政府的行为和责任,但并不能有效降低内源性公共危机,因此,应启动风险问责机制,从根本上遏制危机事件的发生。危机事件爆发后,政府官员常常会被问责,甚至引咎辞职,但这并不能从源头来遏制突发公共事件的发生。事实上，更需要问责的是地方政府平时的风险预警工作开展得如何、风险排查工作效果怎样、风险防范体系有无真正发挥作用。从源头上问责更能减少风险向突发事件的转化，从根本上应对危机。2007年《突发事件应对法》颁布之后，行政问责的范围有所扩大，对突发事件的预防与准备阶段的问责也被纳入进来。《突发事件应对法》规定了三种对事件的预防措施进行问责的情况：一是未按规定采取及时的预防措施，导致突发公共事件发生的；二是未采取必要的风险防范措施，导致发生次生、衍生灾害事件的；三是未按规定及时发布突发事件警报、采取预警期的措施，导致损害发生的。虽然《突发事件应对法》对风险防范和预警的问责做出了这三条规定，但在实际执行过程中，因为具体的适用条件仍然过于宽泛，难以真正发挥作用。鉴于此，应建构科学的风险问责机制，使风险问责能真正发挥作用。

当前我国的风险问责也确实存在一些困境，主要有以下三个方面的原因：

第一，问责对象的困境。要实行风险问责首要问题就是要明确问责主体，即问责的对象必须是清晰的。但在实际执行过程中却存在一定的困境，主要体现为：是对党的干部问责还是政府干部问责，是对一把手问责还是决策群体问责等。贝克曾用"有组织的不负责任"来形容风险社会情境下行为主体的困境选择。很多地方政府部门在进行风险决策时是集体意志的体现，在实际操作过程中又常常存在一把手说了算的情况，因此在责任的归属上有一定的模糊性。

第二，风险界定的困境。要实施风险问责，前提是必须要清晰界定风险。政府部门当前是面临什么样的风险？风险能否预警？风险的警示等级是多少？风险是确定的还是不确定的、是可控的还是不可控的？这一系列与风险相关的问题都需要有较全面的认知。当今的社会风险表现为不确定性、复杂性和多变性，给政府部门的风险问责提出了巨大挑战，如果没有一套有效的风险评估机制和风险责任评价机制，那么风险问责也将难以实施。

第三，问责制度的困境。现有的风险问责在制度层面常常存在随意性，比如，对于同样性质的风险危机，不同地方政府采用的问责方式也不相同，在此处被问责，在别处就没有被问责；失责者不被问责，没有失责者却被问责；过去没有问责，现在却问责了等。可见，风险问责还没有在制度层面建构起来，也没有统一性的法律法规来明确约定，从而造成风险问责制度的缺失。

目前我国的风险问责机制还有待逐步建立和完善，问责主体、问责内容、问责方式、问责机制需要不断细化和创新。①

首先，要明确问责对象与问责主体。我们需要明确问责的对象并不仅仅是某个官员，虽然官员问责能够降低诱发性危机的发生率，但并不能有效降低内源性危机和关联性危机，因此惩治某些官员并不是风险问责的目的。风险问责应该是以降低内源性、关联性公共危机为目标，以达到从个人问责到制度问责、政策问题和社会结构、价值问责之目的。风险问责的主体不能仅仅是政府部门，它应该涵盖整个社会治理的主体，包括媒体、大众、社会组织、第三方独立评估机构等，从而达到善治的目的。

其次，要明晰问责内容，即"问什么责"。风险问责不在于事后，而在于事前，因此风险问责的重点不是结果而是原因，要追求社会制度、政策、结构层面的深层次原因，问责内容应侧重于风险防备和预警、风险评估、风险排查以及风险防范体系建构等相关方面。

再次，要规范问责方式。风险问责的方式可以采用原则性和灵活性相结合的方式。既可以采用政府部门自上而下式的政策议程，也可以通过民意调查、听证会、第三方独立评审等自下而上的形式来广泛采纳民意，不断提升政府的公信力。

最后，要把握问责时间，明确问责后果。风险的常态化决定了风险问责工作也必然要常态化、制度化，因此风险问责的时间也要明晰，不能该问责时不问责，不该问责时却问责。问责的结果不能仅仅停留在某些官员被免职或惩罚，还必须上升到制度层面、价值层面来完善现有的问责机制和问责体系。

（三）正确把握风险问责与容错纠错的关系

一方面，风险问责可以使公共部门在公共行政过程中更加注重行为的后果，更加关注社会风险的防范；另一方面，倘若风险问责实施不当便可能产生负面的效果，引发公务人员对风险问责强度和惩戒力度的担忧和焦虑，导致地方领导干部产生不敢冒险、缺乏创新精神、碌碌无为以及明哲保身的想法，极大地降低了行政绩效。风险问责的力度把握不好，有可能引发一系列的不良后果。

第一，害怕风险、畏惧失败、不敢尝试。在风险问责中，领导干部常常会因为决策的失误而导致事态的严峻化，从而要承担风险决策失败而带来的问责。随着问责惩罚力度的加重，无形地增加了地方干部的畏惧心理，于是他们害怕

① 童星．中国应急管理：理论、实践、政策［M］．北京：社会科学文献出版社，2012：542-546.

失败、畏惧风险，不敢尝试新的管理方式和手段，直接导致组织缺乏活力。

第二，故步自封，疲于应付。为了规避自身行为不当所带来的额外风险，他们做事保守、墨守成规，常常用传统的方式来应付新时期的问题。由于对未知的风险缺乏认知和把控，他们只能采取保守的方式应付了事。他们认为传统的安全模式是最可靠的，它能将风险降到最低，无形中放弃了效率最优化的选择。

第三，一味求稳，缺乏干劲。由于害怕风险、担心失败、惧怕问责，地方干部形成了一种一味求稳的心理，事不关己高高挂起，明知有错少说为佳。这样明哲保身的做法只能导致组织成员缺乏干劲和激情，官员因害怕担责而更加惧怕风险和回避创新。

针对干部队伍中存在着一些干部工作能力不足、热情不高、没有责任和担当精神的现状，党的十八大以来党和国家领导人多次强调建立干部工作中的容错纠错机制，来实现工作的复兴，同时创建创新环境和管理机制，营造一种鼓励干部成功、宽容失败的政治氛围。我们需要知道，领导干部的容错纠错机制与风险问责机制并不矛盾，它们是相辅相成的。

首先，容错纠错与风险问责的对象虽然都是领导干部，但落脚点不一样。容错纠错落脚点是领导干部自身的行政工作，它是治理"为官不为"的有效手段。一些领导干部队伍中存在怕出错、怕问责、不敢担当、推诿责任的情况，因此要宽容失败、鼓励干部实干和创新。风险问责虽然问责的是地方干部，但问责官员并不能降低内源性和关联性危机的发生率，风险问责落脚点更多在于社会制度、结构和价值层面的变革。

其次，虽然容错纠错与风险问责的结果不同，但宗旨却是一样的。容错纠错是允许官员在制度许可的范畴犯一些小错，但只要加以改正就可以轻装上阵、干事创业。风险问责是官员必须为风险管理过程中的失误和失职来承担责任，其结果表现为处分、免职、引咎辞职等。容错纠错与风险问责这两种截然相反的处理结果，其最终目的都是一样的，都是为了能保障人民的具体利益和集体利益的高效实现，都以全心全意为人民服务为宗旨，以社会的和谐稳定为最终目标。

最后，在实践中，容错纠错与风险问责只有相互补充才能实现最大化的善治。容错免责的官员必须经过严谨的认定程序，只有在科学规范的操作下才能最大程度地发挥容错纠错机制的效能。风险问责也必须在明确问责主体、问责对象、问责内容的情况下展开，在科学的问责程序下进行问责。新时代对领导干部的要求也是全方位的，他们需要既能防范风险、应对危机，又敢于拼搏、勇于创新，容错纠错与风险问责只有相互结合才能最大化地发挥效用。

社会聚焦：公众对食品安全风险的感知
——基于南京市民的调查

民以食为天，食品安全关系每个人的身心健康。近年来食品安全问题已成为公众普遍关注的社会问题。随着媒体对大量食品问题的披露，民众对食品安全的风险感知也越来越强烈。笔者通过对南京市青年、中年、老年三类群体的风险感知的心理测量，认为食品安全的风险感知具有主观建构性，在公众心理的风险排序上一直处于较高的均值，随着风险在群体间的传播，风险感知呈现出放大和污名化的效应，不利于社会稳定。因此，加强食品安全风险的防范和规制，树立公众理性的风险感知意识已成为当务之急。

一、公众食品安全风险的感知与社会稳定

公众对食品安全的风险感知对社会心态和社会稳定有着重要的影响。公众的食品安全风险感知更多地体现为心理的风险体感，主要体现为：对食品安全风险发生的规模、时间的长短、发生的频率以及危害性大小做出主观的综合心理认知和判断。民众对食品安全的风险感知并不仅仅是每个个体的主观感受，更是对食品风险进行综合评估而得出的总体性的判断。从心理测量的视角来看，影响风险感知的因素主要有两个：风险发生的可能性，即概率；风险可能发生的危害性后果。风险发生的概率越大，人们对风险的感知就越明显；同样，风险发生后的伤害性和影响力越大，人们的风险感知也越强烈。因此用定量的公式表示就是：风险感知＝风险发生的概率×发生后果的危害性。鉴于此，笔者从风险感知的心理学视角出发，采用定性和定量相结合的研究方法，以 2017 年南京市的城市居民（老年、中年、青年）为研究对象，分析食品安全风险在人民群众中的心理排序以及人民群众对食品安全的主观风险感知程度。本研究通过问卷调查，对 2017 年南京市城市居民中的老年（60 岁以上）、中年（40—59岁）和青年（18—39 岁）① 三类人群进行了心理测量，这三类人群分别代表了成年人中的不同年龄阶段，他们对食品安全风险的心理体感，具有一定的代表性和普遍意义。本次调研采用随机抽样多阶段入户问卷方式，先在南京市全市

---

① 注：对于年龄阶段的划分，本研究仍然按照联合国世界卫生组织旧的划分标准。

范围内抽取街道，然后在街道中选取社区，并在社区住户名册中抽取家庭人员，每户家庭随机抽取一人作为访问对象，最后根据抽中对象的年龄进行再分类。本次调查共发放问卷1200份，回收有效问卷1008份，有效回收率为83%。其中，老年人群体的有效问卷获得380份，中年人群体的有效问卷获得350份，青年人群体的有效问卷获得278份。

在问卷调查中，我们采用了5级量表的测试，分别从食品安全风险的发生概率、危害后果以及综合风险感知三个方面进行测量。其中1分表示基本没有可能发生、风险危害性基本没有；1~5分，风险概率和危害逐级上升；5分表示非常有可能发生、风险危害性后果非常大。在测量过程中，我们分别列出了12种日常生活中的风险源和风险事件（其中包括食品安全风险），要求被测量者对12类风险事件的发生概率和危害性后果进行心理感知。这12类风险事件分别是：恐怖袭击、核泄漏、重大自然灾害、社会动乱、食品安全、公共疫情、房价上涨、人民币贬值、暴力犯罪、环境污染、生产事故、交通事故。

（一）食品安全风险发生可能性（概率）的感知

在测量中，1分表示该风险发生的概率非常小，1~5分，风险发生的概率越来越大，5分表示该风险发生的概率非常大。民众对于风险事件发生的可能性感知如表4-1所示：

表4-1　食品安全风险概率感知①

风险事件名称	老年		中年		青年	
	感知均值	排序	感知均值	排序	感知均值	排序
交通事故	4.33（0.81）	1	4.27（1.26）	2	4.35（1.11）	1
人民币贬值	4.34（0.83）	2	4.35（1.04）	1	4.20（1.00）	2
食品安全	4.03（0.85）	3	3.93（1.33）	4	4.02（1.11）	4
房价上涨	4.02（1.10）	4	3.92（1.30）	5	4.19（0.99）	3
环境污染	3.83（1.10）	5	3.80（1.31）	7	3.57（1.13）	6
生产事故	3.68（1.33）	6	4.22（1.14）	3	4.01（1.17）	5
暴力犯罪	3.61（1.04）	7	3.73（1.32）	8	3.43（1.23）	8
公共疫情	3.01（1.17）	8	3.81（1.36）	6	3.54（1.23）	7

①　注：表中"均值"栏为5级量表均分，括号内为标准差。1分表示"发生概率非常小"，5分表示"发生概率很大"。

（续表）

风险事件名称	老年		中年		青年	
	感知均值	排序	感知均值	排序	感知均值	排序
社会动乱	2.92（1.35）	9	2.84（1.53）	11	2.81（1.33）	10
恐怖袭击	2.88（1.20）	10	3.08（1.57）	9	2.83（1.37）	9
重大自然灾害	2.63（1.32）	11	2.87（1.65）	10	2.11（1.20）	11
核泄漏	1.88（0.88）	12	2.11（1.28）	12	1.76（0.76）	12

　　根据表4-1可以看出，南京市老年群体对食品安全风险发生可能性的感知均值是4.30，在12类风险事件中的排序是第3；中年群体对食品安全风险的可能性感知均值是3.93，在12类风险事件中的排序是第4；青年群体的感知均值是4.02，排序也是第4。可见，食品安全风险感知均值一直处于较高的状态，不同年龄群体的感知差异不大。成年人大多认为食品安全风险发生的概率较大，对食品安全领域的监管缺乏信心；他们都认为核污染、重大自然灾害以及社会动乱发生的概率较低。

（二）食品安全风险后果危害性的感知

表4-2　食品安全风险危害性感知①

风险事件名称	老年		中年		青年	
	感知均值	排序	感知均值	排序	感知均值	排序
核泄漏	4.92（0.33）	1	4.66（0.87）	2	4.71（0.88）	1
重大自然灾害	4.88（0.37）	2	4.76（0.65）	1	4.55（0.82）	3
公共疫情	4.87（0.44）	3	4.58（0.98）	3	4.67（0.77）	2
环境污染	4.82（0.43）	4	4.53（0.80）	4	4.48（0.72）	5
恐怖袭击	4.78（0.53）	5	4.46（0.99）	7	4.42（0.95）	6
食品安全	4.73（0.60）	6	4.49（1.02）	6	4.36（0.99）	7
社会动乱	4.71（0.61）	7	4.44（0.88）	8	4.35（0.61）	8
暴力犯罪	4.68（0.62）	8	4.48（0.78）	5	4.53（0.69）	4
生产事故	4.64（0.63）	9	4.28（0.98）	11	4.13（0.95）	11

---

① 注：表中"均值"栏为5级量表均分，括号内为标准差。1分表示"风险危害性非常小"，5分表示"风险危害性非常大"。

（续表）

风险事件 名称	老年		中年		青年	
	感知均值	排序	感知均值	排序	感知均值	排序
交通事故	4.46（0.80）	10	4.15（1.09）	12	4.11（1.07）	12
房价上涨	4.44（0.85）	11	4.42（0.95）	9	4.21（0.95）	10
人民币贬值	4.43（0.86）	12	4.16（1.00）	10	4.22（0.92）	9

从表4-2中可以看出，南京市老年群体对食品安全风险危害性的感知均值是4.73，在12类风险事件中的排序是第6；中年群体对风险危害性感知均值是4.49，在12类风险事件中的排序也是第6；青年群体的感知均值是4.36，排序是第7。虽然人民对食品安全的危险性风险均值（排序6-7），处于12类风险的中间序列，但从风险的性质来看，食品安全的风险危害性感知甚至比社会动乱和暴力犯罪更强烈，然而事实并非如此，可见人民对食品安全风险的主观感知比现实要强烈很多，这不利于社会稳定。

（三）食品安全风险的综合体感

根据公式：风险感知＝风险发生的概率×发生后果的危害性，我们得出食品安全风险的综合体感值，如表4-3所示：

表4-3 食品安全风险综合感知

风险事件 名称	老年		中年		青年	
	感知均值	排序	感知均值	排序	感知均值	排序
交通事故	19.33	1	17.75	3	17.92	1
人民币贬值	19.21	2	18.05	2	17.71	2
食品安全	19.01	3	17.62	4	17.46	4
环境污染	18.48	4	17.24	7	16.01	8
房价上涨	17.86	5	17.35	6	17.62	3
生产事故	17.09	6	18.06	1	16.70	6
暴力犯罪	16.87	7	16.73	8	16.71	5
公共疫情	14.66	8	17.42	5	16.55	7
社会动乱	13.79	9	12.63	11	12.25	10
恐怖袭击	13.78	10	13.75	9	12.52	9

（续表）

风险事件　　名称	老年		中年		青年	
	感知均值	排序	感知均值	排序	感知均值	排序
重大自然灾害	12.81	11	13.63	10	10.01	11
核泄漏	9.32	12	9.98	12	8.63	12

从表4-3可以看出，人民对食品安全的总体风险体感值，老年人为19.01，排序第3；中年人是17.62，排序第4；青年人是17.46，排序也是第4。不论是风险感知均值、绝对值还是风险排序，老人群体都处于较高的状态，可见老年人群体对食品安全风险的关注度和感知度比其他成年人群体都要高，风险感知也更强烈。总体而言，成年人群体对食品安全的体感排序都处于较高的水平，远高于环境污染和暴力动乱，这意味着食品安全风险有主观建构性和社会放大效应，增加了社会的不稳定性。

二、食品安全风险感知的差异性与心理强化效应

（一）不同类型食品安全的风险感知

根据食品安全质量的划分标准，我们将食品安全的风险具体分为四大类，分别是第一类，生物性危害，包括细菌、寄生虫、病毒和变质食品等；第二类，化学性危害，包含添加剂、农药残留和化学毒素等；第三类，物理性危害，包括金属、木屑、玻璃等残体；第四类，转基因危害，指根据转基因技术生产的食品其潜在的危险性。笔者从六个维度对四种食品安全风险感知内容进行归纳分析，通过1~5分的五级测量来考察不同成年人群体对食品安全具体风险的感知差异。这六个维度分别是风险的接受程度、对个体的影响、风险的持续时间、社会危害程度、风险的可控性和科学认知程度。具体测量内容如下：

维度1：风险的接受程度。问题设计："现有的风险可以接受吗"，完全不接受，1分，不怎么能接受2分，接受3分，比较接受4分，完全接受5分。

维度2：风险对个人的影响。问题设计："该风险对你个人的影响大吗"，几乎没有影响1分……有非常大的影响5分。

维度3：风险的持续时间。问题设计："请问你觉得该风险会持续多久"，很快消失1分，不会太久2分…… 会持续很久5分。

维度4：社会危害程度。问题设计："您认为该风险对整个社会造成的危害后果如何"，几乎没有影响1分……有非常大的危害5分。

维度 5：风险的可控性。问题设计："你觉得根据现有技术对该风险的控制程度如何"，无法控制 1 分……完全可以控制 5 分。

维度 6：科学认知程度。问题设计："你觉得公众对该风险的科学认知程度如何"，完全不知道 1 分，不太知道 2 分，知道 3 分，比较熟悉 4 分，完全熟知 5 分。

根据以上六个维度，结合不同食品安全风险的危害类型，我们对三类不同人群的风险感知的测量均值如表 4-4 所示：

表 4-4　食品安全风险类型感知

维度	人群	生物性危害	化学性危害	物理性危害	转基因危害
接受程度	老年	1.36	1.12	1.43	1.67
	中年	1.40	1.25	1.45	2.01
	青年	1.68	1.26	1.78	3.01
个人影响	老年	4.26	4.89	4.18	4.27
	中年	4.23	4.61	4.06	3.32
	青年	4.24	4.41	3.98	2.98
持续时间	老年	2.21	3.28	2.59	3.55
	中年	2.14	2.98	2.55	1.98
	青年	2.15	3.31	2.61	2.81
社会危害	老年	4.13	4.11	3.36	2.89
	中年	4.11	4.18	3.01	3.11
	青年	4.04	4.09	3.09	2.66
可控性	老年	4.88	3.61	4.81	3.01
	中年	4.89	3.55	4.76	2.97
	青年	4.76	3.62	4.78	4.01
科学认知	老年	3.22	3.99	4.09	2.55
	中年	3.45	4.03	4.11	2.77
	青年	3.21	3.66	4.08	2.45

注：表 4-4 中数值为 5 级量表的均分值

根据表 4-4 我们可以看出，在食品风险接受程度方面，对于寄生虫、病毒、变质食品等生物性危害食品，老年人群体接受程度最低，其次是中年人，再次是青年人；对于添加剂、农药残留等化学性危害食品以及物理性危害食品，成年人群体的接受程度都普遍较低。对于转基因食品，老年群体接受程度最低，中年群体其次，而青年人群体却有一半以上表示接受。

在风险对个人的影响方面，成年人群体认为化学性危害食品对人体的影响最大，其次是生物性危害食品，再次是物理性危害食品。就转基因食品而言，老年人的风险感知最强，其次是中年群体，而青年群体的风险感知处于一般均值。

在风险持续时间方面，老年人、中年人和青年人都认为物理性危害食品的持续时间最低，其次是生物性危害食品，化学性危害食品的持续时间较长，对于转基因食品危害持续时间，老年人、中年和青年人对其感知存在较大的差异性。

在风险的社会危害性方面，老年人、中年人和青年人都认为化学性危害食品和生物性危害食品的后果比较严重，物理性和转基因食品的危害次之。

在风险的可控性方面，老年人、中年人和青年人认为物理性危害和生物性危害食品可控性较强，便于控制，化学性危害的食品难以控制。对于转基因食品，青年认为转基因风险控制较强，可见青年人对新生事物的接受较容易，并且相信科技的力量，而中年群体认为转基因食品的风险难以控制。

在风险的科学认知程度上，老年人、中年人和青年人认为物理性危害食品的科学认识程度最高，其次是生物性危害和化学性危害食品，最后是转基因食品。

总体而言，公众对食品安全的风险感知虽然在均值方面存在不同，但基本呈现出趋同性和高度一致性，即对食品安全有着高度的风险感知，这也是风险社会多重风险共生在大众风险体感中的复合性关联，食品安全风险成为众多社会风险链中的一环。当然食品安全风险的趋同性并不代表风险没有差异性，不同成年人群体的食品风险感知也有着独特性。比如，成年人群体对化学性危害食品的风险感知最为强烈，可能是因为农药残留和添加剂司空见惯，却屡禁不止，大众对其反感程度较强，其风险的放大性也较强。其实生物性危害和物理性危害一旦发生，其后果也同样比较严重，而大众却难以真正感知。对于转基因食品，其现有技术虽具有可控性，但由于转基因危害牵涉到一些社会伦理问题，所以大众对其的风险感知存在一定的差异性。

（二）食品风险感知的心理强化效应

国以民为本，民以食为天，食以安为本，每一次食品安全事故的发生，都挑战着人的心理底线，控制不好可能引发社会恐慌和骚乱。食品安全，严重威胁人民的财产和健康安全，扰乱社会政策秩序。根据上述对不同人群食品安全风险感知的心理测量，我们发现人们对安全风险的差异性源于人们对风险感知的主观建构性，食品安全风险在人民的风险感知序列中处于较高数值。对于不同类型的食品安全风险，人民也同样有着较强的主观建构和心理强化效应，即食品安全风险在感知主体内心反复强化和定型，形成刻板印象，引发了风险的扩大和污名化现象。

1. 食品安全风险的扩大化

从 2005 年"苏丹红"到雀巢奶粉超标，从"瘦肉精"到"三聚氰胺"，每一次公共卫生事故的发生都激起了民众风险感知的强烈情绪。由于食品安全风险关系每个人的健康，公众会急切地关注事态的发展和媒体的报道。同时，对这些事件的风险感知，每个个体会根据自己的理解和计划来建构自己的风险体感，并对风险信息进行加工，强化对该风险的深度印象。食品安全事故从发生、关注到被感知的过程也是风险被逐步强化的过程，其中企业、公共部门和大众传媒起到了推波助澜的作用。

第一，企业是食品安全风险的源头，企业生产的食品与民众的健康息息相关。企业特别是大型企业，其生产的不合格产品一旦被查处和曝光，便可能在社会上引发更多的关注和质疑，加剧了公众对食品安全风险的感知。一些知名企业本身就具有"聚光灯"效应，其食品质量普遍受到民众的关注和公共部门的监督，知名企业发生食品安全问题更容易引发公众的集体抵制和非理性行为。同时企业的技术风险也不可忽视，当前大型食品企业的生产和运作已形成高度一体化的生产系统，从加工、生产到运输、批发和销售形成了一个完整的产业链条。在这个高度配合的产业链上，每个节点都是风险的"制造点"，使风险具有更强的扩大效应。比如 2008 年，"三聚氰胺"这样的化工产品（俗名"蛋白精"）被经销商（部分）转手到贸易商，又从贸易商到供应商，一直到制造企业和奶粉企业，风险被最终传播给无数的大众。

第二，媒体的导向性功能引发民众更多的风险关注度，使公众对食品安全的风险感知更加具象化。每一次的食品安全重大事故都是"爆炸"新闻，媒体当然不会放过报道的机会，众多的主流媒体会不留余力地投入大量精力来报道整个事件的调查过程和处理决定。传媒的积极参与，一方面可以满足民众对风险信息的急切渴望，另一方面又无形增加了食品安全事件的敏感性，使得公众的风险感知被进一步印象强化。

第三，公共部门的介入加速了风险感知的强化效应。政府及其公共部门是调查和处理重大食品安全事故最具权威的社会组织，其职责在于维护食品安全事件的秩序，维护人民的生命和财产安全。针对一些影响力较大的食品安全事故，最高层会作出批示，并由国务院组织联合调查组（工商、食品药监、质检、公安、卫生组织等）针对事件的风险级别启动相应的应急预案和应急机制。公共部门最高调查组的介入一方面显示了政府查处和惩治食品安全事件的决心，提高了政府的公信力；另一方面也让大众感受到事态严重性可能已经超乎自己的心理承受力，对风险焦虑和恐惧被无形强化了。

2. 食品安全风险的"污名化"

公众风险感知强化的后果常常会造成"污名化"效应，这一点在食品安全事故中尤为明显。"污名化"本来是指将社会中某一群体定义为低劣性、侮辱性、歧视性的代名词，它常常和社会排斥关联在一起。所谓风险感知的"污名化"是指风险被主体极端地强化和放大，使得与该风险相关的人、事、物以及环境都被一刀切标识为"危险"标签，造成公众心理上的强烈反抗和抵制，严重时会引发社会心理层的集体焦虑和恐慌，影响社会秩序的稳定。

食品安全风险感知的"污名化"表现为三个层面：第一，生产该产品的企业形象被污损，被贴上"污名"的标签。比如三鹿奶粉事件，直接导致该企业被打上"有毒""危险""黑心"的烙印，企业形象严重受损，甚至整个奶制品行业也遭受牵连，形成对整个行业的产品抵制。第二，污名化的范围层层扩大，与食品安全相关的人、事、物都被标签为"危险"的代名词，整个食品行业被定性为主要责任对象，成为"替罪羊"。第三，在全社会范围内形成整体性的焦虑和恐慌。一旦相似的食品安全事故再次发生，民众敏感的警惕性将会被进一步强化，整个社会都蔓延着紧张和焦虑的情绪，严重影响了正常的社会秩序。

食品安全风险"污名化"的负面效应是显而易见的，首先，它扭曲了公众正常的风险感知，造成公众风险情绪的非理性和感知建构的刻板印象，引发社会偏见和社会歧视。其次，"污名化"的传播速度极快，在媒体的推波助澜下，污名的效应瞬间波及整个行业和产业链条，引发经济秩序的混乱。最后，"污名化"标签一旦形成，便会被文化固着，在个体记忆里被强化和封存，一时间难以消除。

从南京市民食品安全风险感知的测量数据中，我们发现食品安全的"污名化"效应在市民心目中已经被固着和定型化，食品安全风险一直在大众心中处于前三的风险值，正说明了"污名化"在食品安全风险主观建构的过程中发挥了很大作用。

三、防范食品安全风险的对策建议

食品安全除了与风险感知密切相关，还与风险责任紧密关联。引发食品安全风险的责任因素有很多，但不外乎企业、政府和公民三个方面。因此，我们归纳了五种因素，并以近年来发生的六起重大食品安全事故为例，在南京 X 社区展开了民意调查。选取的六起事故分别是："苏丹红""雀巢奶粉""瘦肉精""乐事薯片""福寿螺"和"三聚氰胺奶粉"。风险责任归因为多项选择：具体为：政府监管，行业标准，企业责任，民众风险意识，其他原因。调查结果如表4-5 所示：

表 4-5　食品安全风险归因①

事故名称	民众知晓事件百分比	风险责任归因（百分比计）				
		政府监管	行业标准	企业责任	民众风险意识	其他
"苏丹红"	91.2	61.5	43.8	56.3	18.1	1.5
"雀巢奶粉"	48.5	48.6	58	50.1	21.3	3.6
"瘦肉精"	48.1	62.9	47.6	51.2	25.8	0.6
"乐事薯片"	36.2	67.6	30.5	46.9	18.1	3.1
"福寿螺"	48.1	60.4	37.8	49.8	29.5	0.5
"三聚氰胺"	92.2	60.2	46.8	58.3	19.1	2.5

根据表4-5 结果显示，大众把食品安全的责任风险首先主要归因于政府的监管失职和企业的不负责任，其次是行业的标准缺失，最后才是大众自身的风险意识不强。可见大众的归因具有主观性和自我规避性，对公共部门和企业的不满情绪日益增多。

综上所述，通过对南京市民食品安全风险感知情况的调研，我们认为随着经济水平和社会发展程度的提高，大众对自身健康的关注度越来越高，对食品安全风险的感知度也越来越强烈。鉴于大众的风险感知具有主观建构性、风险放大性以及"污名化"效应，我们认为应从以下四个方面来防范食品安全风险：

第一，完善食品安全的监管机制。政府在食品安全监管方面要承担主要责任，政府应当时刻强化责任意识和风险意识，逐步建立一套完备的食品安全风

---

① 注：表中数字为选择不同选项人数的百分比（可以多选）。

险分类识别机制和应急管理体系，做到分工明确、责权清晰、协作有序、联合共治。

第二，明确行业规范，制定完善的行业规章制度。要进一步增强食品行业的规范意识和公共责任意识，严厉打击"假冒伪劣"产品和三无产品（无生产日期、无质量合格证以及无生产厂家），加强对不法商家的惩处力度，推动食品行业的有序运作。

第三，加强有效的风险沟通。在食品安全事故发生时，有效的风险沟通机制显得尤为重要。大众对食品安全风险的心理强化效应和"污名化"效应之所以会发生，主要原因就是政府、媒体和企业之间缺乏有效的风险沟通。企业应该秉承企业伦理，加强行业自律，提高自身产品的可信度；传媒要客观报道食品安全事故的进展和处理情况，帮助大众识别风险的来源，消除紧张情绪；政府应该及时公布真实有效的信息，重塑自身的公信力，引导大众的理性风险感知。

第四，培育公众成熟理性的风险意识。一方面，大众要树立客观、理性的食品安全意识，既不能主观放大风险，也不能无视风险的存在，逐步培养食品安全风险的识别能力和危机应对能力；另一方面，政府和公共部门要积极听取人民群众合理的风险诉求，深入了解人民群众的实际需求，提高人民群众的风险理解力和理性行动力。

风险积聚阶段，大众最大的社会诉求是社会公平。为了满足其社会公平感的需求，需要对社会制度层进行调适，加强社会矛盾化解机制的创新。

第五章　风险积聚与社会公平

第一节　风险积聚与叠加机制

一、风险的积聚与叠加

（一）风险"积聚—叠加"过程

在社会风险感知阶段，人民的社会焦虑随之产生，倘若没有进行及时有效的风险预警，这种焦虑与不安便会与日俱增，如果任其发展下去，风险便会积聚和叠加，形成众多的社会问题和社会矛盾。风险"积聚—叠加"的过程也是公共问题形成和社会矛盾凸显的过程。目前关于风险积聚的定义在学术界没有统一的界定，本书认为，所谓风险积聚是指在风险演变过程中一种或多种风险在时空中的累积、聚合与叠加。这里包含两层含义：第一种是指单一风险在纵深维度的积聚和叠加过程，表现为风险的预警程度随风险的累积而不断提高，风险的危害性不断增强；第二种是指多风险的累积和聚合过程，在这一过程中风险复杂性增强、控制性减弱，常常会引发新的风险和衍生风险，风险的危害性较大。两种过程如图 5-1 所示：

根据风险的积聚路径，风险积聚叠加的特征表现为以下三方面：

第一，动态演变性。风险积聚的过程是一个长期的动态的变化过程，不论是不同时间段单一风险的积聚，还是同一时间段内不同风险的聚合，都是一个动态的持续演变过程。在这一过程中，各种风险的来源错综复杂、千头万绪加剧了风险的不确定性与不可控性。

第二，互动性与共振。各种风险在聚积的过程是相互作用、相互联系、相互影响的，甚至叠加积聚的风险之间互为因果关系。它们相互重叠、交叉感染、进而放大风险形成共振，造成原生风险、次生风险与再生风险三者混合的风险共生状态。

第三，严重危害性。风险积聚的过程也是社会问题形成与社会矛盾激化的过程，在这一过程中风险极易失控，其造成的后果是非常严重的，常常容易触发群体性事件和社会危机，影响社会的稳定。

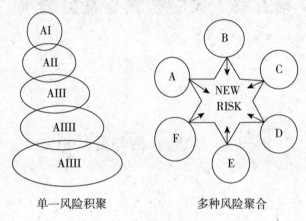

单一风险积聚　　　　　　多种风险聚合

图 5-1　风险积聚叠加

（二）认知缺失与风险叠加

在风险感知阶段，不安全感源于主体对风险的担忧与焦虑，它侧重于情绪层面的心理感知；而在风险积聚阶段，如果风险的感知并不能上升到对风险的认知，那么风险叠加和积聚将不可避免。风险认知是主体对风险的感知信息进行加工、处理，并转化为知识的过程，它更注重理性层面的分析。高度现代化铸就了高风险的社会状态，新时代的风险共生状态造成了主体风险认知的匮乏，使风险感知到风险认知的转化过程变成了难以逾越的鸿沟，加剧了风险的叠加和聚合。

第一，从风险认知的构成来看，人类的风险认知主要包括三种：个体认知、公共群体认知和专家认知。个体认知是个人对风险的理解和认识，这种风险认识只存在于"私人"的风险认知范畴，属于个体对风险的主观知识和风险经验，并不一定被群体所普遍接受。由于每个个体的教育经历、文化背景、社会经验的差异，导致个体在风险认知方面也存在一定的多样性。公共群体认知是社会群体和大众对风险带有一定倾向性的共识和理解，体现了风险认知的社会群体效应。专家风险认知是专家领域关于风险的抽象化、系统化知识体系，它是介于个体认知和公共认知之间的一种认知形态。从个体认知的多样性到公共认知的统一性，它们之间有个转化的过程，而专家认知体系就是它们之间转化的重要环节。专家认知依靠社会权威体系和社会信任机制，通过科学化的形式将个体的风险知识公众化、社会化，并让大众能够掌握和运用这些风险认知来预防和控制危机。在这一过程中，专家系统的高度权威性、公信力和科学性是至关重要的，越专业的专家认知越能获得大众的信任，越能形成社会化的共识来有效防御风险。如果说个体认知是杂乱的、差异的和多样的，那公共认知则是相对统一的、稳定的和一致的。

私人认知公共化的过程是从差异性到统一性的转变过程，也是认知逐步演进的过程；这一演进的过程离不开专家系统提供的风险安全机制，专家系统将私人知识专业化，以专业知识社会化的方式来指导公众如何预防风险、应对危机。由此可见，个体风险认知、专家风险认知、公众风险认知是相互影响、相互作用、相互制约的，没有专家认知的转化中介，个体知识就无法让公众普遍接受，更无法转化为群体应对风险的实际行动；没有个人认知的多样性，就没有专家认知的科学性；没有专家认知的专业化，就难以形成公共认知的社会化。当然，专家系统也不是全能的，它也有失灵的时候（技术限制、丧失信任等），这些都会阻碍个体认知的社会公众化，从而加剧了社会风险的积聚和叠加。因此，只有三种风险认知的良性互动才能消解风险的累积和聚合，如图5-2所示：

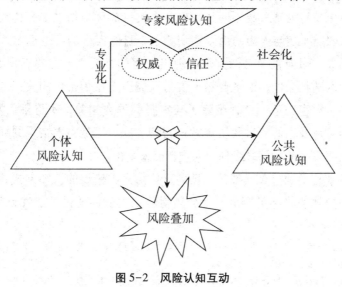

图5-2 风险认知互动

第二，人类的风险认知过程本身就参与了风险的制造，加大了风险的积聚叠加效应。生产力的发展和社会的高度现代性增强了人类对风险前所未有的关注，其中也包括相应的风险意识的增加，但这并不能代表人类的风险认知水平有了显著的提高。风险认知不仅仅是人们对风险的警觉性，它更多表现为对风险知识的理性理解力。现代性仅仅造成了公众风险知识的增加、重复和累积，并没有能真正提升公众的风险认知能力，风险认知能力的缺失加剧了风险的叠加和积聚。生产力的提高和科技的迅猛发展，普遍提高了公众的知识化水平，同时增加了我们制造风险的知识和技术。① 正如吉登斯所认为的，人类的风险认知过程本身就参与了风险的社会化制造。②

从现代社会风险的形成原因来看，一种是自然因素，一种是人为因素。自然风险引发自然性公共危机事件，而人为风险则引发社会性公共危机事件。所谓自然性危机事件其实就是突发的自然灾害事件，包括地震、海啸、沙暴、暴风雪等，这些事件属于异常的自然界激烈变动的结果。当前随着科学技术的迅猛发展和人类改造自然能力的不断增强，纯粹由自然风险所引发的公共危机事件是很少的。人类在改造自然的过程中，越来越多的人化自然和人造景观破坏了自然界原有物质能力循环方式，造成自然生态系统的失衡，加之人类无节制地开发自然资源和对自然界的无视，导致自然环境的急剧恶化，无疑加速了风险灾害化的过程。比如，草原面积的锐减和土地的荒漠化主要就是过度开垦、放牧以及人口增长过快等原因造成的。1998年夏，长江流域出现了历史上罕见的水灾，其主要原因就是长江上游流域森林资源被过度砍伐；而目前全球气候异常、四季更替特征越来越不明显，也和人类排放污染物过多有很大关系。可见，现代风险越来越与人为的因素密切相关，自然灾害的发生也与人类的社会活动密切相关。当前很多自然灾害表现出一定的社会性，主要表现为三方面：一是灾害原因的社会性，很多自然灾害与人类历史行为密切相关；二是灾害过程的社会性，灾害的危险性程度除了与灾害的种类相关，还与科技发展水平、应急管理能力以及人们的自我防灾意识密切关联；三是灾害结果的社会性，说到底任何灾害发生的后果最终都要人类自己来承担。

现代科学技术是把双刃剑，一旦高科技与人类错误的认知方式相结合，风险的积聚与叠加便将不可避免，社会风险转化为公共危机可能性也越来越大，

---

① 郭强. 高度现代性条件下知识缺失与风险叠加 [J]. 西南大学学报（人文社会科学版），2006（1）：97-101.

② 张钰，张襄誉. 吉登斯"反思性现代性"理论述评 [J]. 社会，2002（10）：40-44.

如技术性风险与灾害。技术性灾害是由于技术的滥用、使用不当或者管理疏忽而引发的危机事件。当前很多城市发生的水污染和水危机，其实就是对生产技术的滥用和不当使用而引发的。例如，2005 年 11 月吉林市中国石油石化双苯厂（又称 101 厂）发生爆炸，其原因是 P-102 塔发生堵塞，导致新苯装置循环不畅。由于该事件处理得不够及时，酿成了重大安全事故（两小时内连环爆炸 6 次）。事发后，通过监测发现二甲苯、苯胺、硝基苯等主要苯类污染物大量流入松花江，造成松花江水域的严重污染，使其沿岸需要饮用江水的数百万人处于无水可饮的危机之中。可见，科技的本身发展也融入了社会风险的产生和制造过程，技术的不当应用加速了风险的积聚和叠加。

第三，风险来临时的认知缺乏是造成风险积聚叠加的主要原因。风险从滋生、积聚到强化、消解，是一个动态的演化过程，人类的风险认知也是伴随着风险演变而层层递进的，在这一过程中，风险认知可以分为两种：原生认知和即时认知。在风险滋生阶段，原生认知对风险有着既定的认知模式和刻板印象，但这种认知并不能对风险有清晰、全面的理解，尤其是在风险来临时，由于风险的突发性和不确定性等因素，原生的风险认知会发生疑惑、动摇等不稳定的状况，造成了风险的滋生和强化。在风险积聚阶段，原生风险认知的摇摆不定与即时风险认知的缺席，进一步造成了风险积聚和叠加。

虽然造成风险叠加的原因有很多，比如，控制不力、管理不善、对应不当等，但在风险来临时认知的双重缺失无疑是最重要的因素之一。从认知的群体来看，风险降临时的专家认知与公共认知的双重缺失，会进一步增加公共部门的决策风险，加剧风险聚积。在风险爆发时，专家系统的失灵使专家成了门外汉，专业性的认知本是应对风险的信任基础，这时却常常束手无策，使专家体系陷入了信任危机。公共认知在风险积聚时，常常无法达成有机的社会整合和集体行动的意志力。公共认知是公共责任达成的基础，公共认知的缺乏易造成风险认识的偏差和社会理性的缺失，严重削弱了集体抗击风险的行动力。此外，人类对风险的认知是一个漫长的递进过程，从开始的一无所知到有所知晓，从知之甚少到知之甚多。同时，我们需要用科学的眼光来看待风险认知，风险本身的特质决定了人类风险认知的局限性和有限性，它是社会认知发展史上难以逾越的鸿沟。人类不是万能的，对风险的认知也是一个不可穷尽的过程，我们对风险知识获得的越多，我们就越会感到知识的不足和缺失，这也是现代社会风险积聚、叠加现象难以避免的客观现实。

二、风险放大与聚集效应

（一）风险信号的放大过程

所谓风险的放大与聚集效应是指风险的信息信号经过特定的渠道被无限猜想和放大，从而导致风险的积聚和叠加。有些看似微不足道的风险和风险事件却激起公众强烈的抵触和抗争，这正是风险放大效应所带来的后果。风险的积聚和放大在很大程度上是个体的风险体验、群体的风险感知与社会心理、社会文化、社会结构等因素交互作用的结果。

风险的放大与聚集效应首先表现为风险信号传播中的放大。风险的放大积聚效用是借鉴传播学中的信号放大理论，通信传播中的信号放大是指信息源通过传播器，最终传送给接收器的渠道中，信号增强或减弱的过程。在这一过程中，传播器起到了对信号进行加工处理的作用。在信号源经传播器中，每一个传输者进行信号传输，每个传输者对信号自行删减、添加、解码来理解信号，以便信号可以传播给下一个传输者。每个传输者就像发射机一样，通过增强或衰减某些输入信号、添加或删除其他信号的方式，向下一个传输器或接收器发送出一簇新信号，然后这些信号再被解码。由于每个传输者对信号都进行了自己的加工和处理，因此有可能改变了源信号的信息内容，从而引发了信号的夸大、扭曲、增强或减弱，并在外部影响因子的作用下形成了信号的放大模式，如图 5-3 所示：

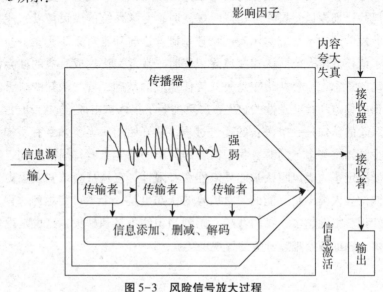

图 5-3　风险信号放大过程

根据图5-3所示，风险的社会放大过程也正如图中通信信号放大机制一样，风险信息在社会传播过程中，由于个体、群体等对风险信息的添加、删减、解码导致风险信息量增大、风险内容夸大失真、谣言兴起以及社会危害扩大、受害人群增多等负面效应。这就不难解释，为什么专家系统评估的一些很小概率的风险事件却能引发公众强烈的反应了。

风险传播的积聚效应一般通过两种方式来实现：一是强化或减弱风险信号。不论风险信号强化或减弱都会影响和干扰公众或个人对风险的社会认知，从而引发风险的聚集和放大。二是信号系统的激活，导致风险信息量被不断地加大和重复。风险信号通过社会传播器进行激活和信息转化，转化的结果使社会风险从潜在的可能性变成现实的灾害性，其影响的范围和危害的程度取决于风险信息被激活的程度。

（二）社会风险的放大积聚机制

社会风险的放大与积聚效应是通过"放大站"完成的。风险放大站由个体和群体社会组织构成，包括风险评估专家系统、政府公共部门、新闻媒体、社会团体及非正式人际网络等。这些组织在充当传输者的同时还对风险信息进行主观建构和扩音处理，使风险放大所造成的后果远高于风险事件本身的危害。政府公共部门应对与沟通能力、专家系统的社会信任度、媒体的传播力、公众的风险认知态度等都将对风险影响力产生作用，构成了多维度的放大机制。风险放大站的这种多维放大机制决定了风险信号能否被转化为更大公共危机的可能性。风险放大站可分为两种：一种是个体放大站，一种是群体放大站。在风险来临时，由于个体风险感知经验的缺乏和风险认知的缺失，导致个人难以处理和辨别日常生活中的大量复杂多变的社会风险，个体常常通过社会群体组织来了解和认知风险，此时群体风险放大站就发挥了更为重要的中介作用。政府等公共部门是防范和应对风险的主要责任机构，人民对政府的应急处置能力寄予了很大的期许，但在实际应对危机的过程中，由于风险预警的不及时、地方政府保护主义、风险处置不当因素造成政府公信力不足，引发了公共部门合法性的危机，加速了风险的放大和积聚。参与风险评估的专家系统本是最具权威和最具信任的机构，但由于技术风险的不确定性所引发的专家之间的争论增加了人民对风险危害性的质疑，加剧了人民对专家体系的不信任感。媒体引领着社会舆论，是社会风险的主要放大站之一，也是人们获得风险知识的重要依赖性通道。良性的媒体传播可以有效地沟通公众和专家系统之间的风险认知，平衡公众和专家之间的风险认知差异，做到客观公正地传递信息，但现实中传媒的失范和传播的失衡导致信息被扭曲、公众被误导，进一步加剧了风险的放大效应。政府部门、专家组织以及媒体等社会组织通过对风险信息的处理分析，使风险信号不断地增强或减弱，风险以信息的形式被不断传播、放大和积聚。①罗杰·E. 卡斯帕森（Roger E. Kasperson，美国）认为风险放大机制通过七个步骤来完成风险放大效应：第一，过滤风险信号；第二，对风险信号进行解码；第三，分析风险信号；第四，对风险信号进行社会附加值，为管理层的风险决策提供建议；第五，通过同行群体间社会文化互动来解释和验证风险信息；第六，意图达成：忍受风险或者采取行动抵制风险；第七，参与集体或个人行动以接受、忽视、容忍或改变风险。

风险积聚放大所造成的社会后果是非常严重的，单一的风险所直接影响的受众是相对有限的，但经放大站处理的风险信息所传播的人群却是无限扩展的，结果会发生令人意想不到的衍生效应和次级影响，这种影响还包括社会心理层面的波动、长久性的社会焦虑和恐慌等。社会风险在放大过程中，无效信息量的激增、信息内容的失真、虚假信息的蔓延波及众多的社会群体，激活公众内心对风险事件的潜在恐惧感和强烈的抵触情绪，久而久之，人民内心便形成刻板印象的"污名化"效应，凡是与风险相关的信息、情境、人群都被抵制和不受欢迎，长此以往将严重影响社会的稳定。比如，2003 年的"非典"，其本身只是公共卫生领域的 SARS 病毒，却由于众多的风险信息被放大、建构，大量不真实的信息被传播，社会价值观和社会心理层都受到了影响，最终引发了一场全社会的公共危机。近年我国发生的众多环境群体性事件也与风险放大与积聚效应密切相关，尤其在 PX 事件中，大众对 PX 的抵制程度远高于对其的风险认知程度。只要一看到与 PX 相关的项目、事件等信息，大众便会自发地产生与PX 危害性相关的联想和恐惧，而不会考虑 PX 项目的风险评估的事实，从而激发非理性的行动与抗争行为。

第二节　风险积聚中的公平诉求

风险积聚的过程中，社会治理的最大诉求是社会公平。风险积聚中会形成社会矛盾，当前众多的矛盾主要是由于社会不公平造成的。罗尔斯（1971）在

---

① 刘岩. 风险的社会建构：过程机制与放大效应 [J]. 天津社会科学, 2010 (5)：74-76.

《正义论》中论述："社会制度的首要价值就是社会公平"①；锡博特（John W. Thibaut）和华尔克（Lanren Walker）（1975）使用了"程序公平"②的概念；多伊奇（Deutsch）（1975）提出了"分配"公平，要求满足每个成员平等的社会分配权利。③总的来说，社会公平是正当合理的状态，它意味着利益分配合理、机会均等、权利平等和司法公正等。社会公平是衡量一个社会制度是否符合民意的标准。

一、风险积聚中的社会公平感

如果说社会公平是一种价值诉求，社会公平感则是一种心理诉求。公平感包含了民众对自身所处社会环境的心理感知和判断，是对现有社会状态进行判断时产生的心理感受。随着风险的积聚，民众普遍对社会公平感的诉求越来越高。

（一）社会公平感的理论假设

1. 社会阶层决定论

社会阶层决定论认为人的公平感是由他们所处的社会阶层和社会地位所决定的，这与经济人假设的激励理论相似。人的动机大多出于自利的需求，社会阶层和经济地位越高，则人的社会公平感越高；社会阶层和经济地位越低，则公平感越低。在阶层决定论的设想中，经济水平是衡量社会分层和社会地位的重要指标。

第一，社会阶层的不同，决定了其社会获取和经济利益获得的不同。正如马克思所认为的经济基础决定上层建筑，不同经济基础的阶层必然决定了其所在社会结构中的地位的高低，而具有较高社会地位的人又会通过自身的阶层优势来获得更多的利益分配，并以此来加强和巩固自身的社会地位。处于社会经济基础上层的人群天然地认为他们所获得经济利益和社会地位是社会公平分配的结果，而他们所获得社会资源也是制度合法性的必然；而处于社会较低阶层的人群由于经济地位的低下，导致获得的少、付出的多，则必然认为现有的社

---

① ［美］约翰·罗尔斯. 正义论［M］. 何怀宏，等译. 北京：中国社会科学出版社，1998：2-8.

② THIBAUT J, WALKER L. Procedural Justice：A psychological analysis［M］. Hillsdale. NJ：Lawrence Erlbaum Associates，1975：25-36.

③ DEUTSCH M. Equity, equality, and need：what determines which value will be used as the basis for distributive justice? ［J］. Journal of Social Issues，1975，31（3）：136-148.

会资源的配置是不公平的，他们的不公平感也较强。

第二，社会阶层的不同，对社会公平的评价标准也存在较大的差异性。马克思·韦伯从合理性与合法性的角度分析人的社会地位与阶层，他认为社会分层可以从经济、政治和社会三个维度来考量。经济即财富，拥有财富越多的人经济收入也越多，且社会地位也会相应提高；政治即权力，社会权力越大的人在社会分层中的地位也越高；社会即声望，社会声望高的人获得大众的肯定和认可的程度也较高，能够起到社会规范引领和社会价值引导的作用，则社会阶层的地位也越高。群体的社会地位是经济、财富和声望三者综合评价的结果，拥有较高社会经济、财富和声望的人们往往会从既得利益者的角度来评判社会资源的分配与获得，对现有社会资源分配的差异性表示赞同与认可，社会公平感也较高；① 而社会阶层较低的人们往往对自身所占有较少的社会资源表示不满，他们的公平感则相对较低。

第三，社会流动的不畅加速了贫富差距的两极分化，导致富人的社会公平感明显高于穷人。处于经济和社会地位较高阶层的群体，其自身及后代向上流社会流动的速度较快、机会也较多，社会公平感较强；而处于社会底层的群体，其向上流社会流动的机会较少，流动的动力严重不足，社会不公平感较强烈，因此造成社会上层和社会下层对社会公平具有截然不同的感受。

社会阶层经济决定论的结论是：个体拥有资源、财富越少，经济地位则越低、社会公平感也越低，从而更倾向于平均分配社会资源；个体拥有资源、财富越多，经济和社会地位则较高、社会公平感则越强。社会阶层经济决定论对公平感的解释，在一定的社会群体中也得到了印证，但实践中并不能完全自圆其说。尤其在我国社会转型时期，不论是利益占有者还是利益受损者，都存在不同程度的社会不公平感。有学者从三个维度（收入、教育和职业）来考量群体的社会阶层和社会地位，认为经济收入、受教育程度以及社会职业状况与社会地位、阶层成正相关，经济收入越多、受教育程度越高以及社会职业越好，则社会地位也越高，反之则越低。但经济收入、教育水平与职业类型并非与公平感成正相关，据相关调查显示，受教育程度高的群体也有明显的社会不公平感，经济收入高阶层也存在不公平感，比如，公务员、医生、教师、科技工作者、私营企业主等处于中上层的社会群体也普遍存在社会焦虑和社会公平感较低的现象。一项关于农民工的公平感调查显示，农民工公平感较低的原因并非

---

① 谢熠，罗教讲. 中国居民社会公平感影响因素研究：基于结构决定论与相对剥夺论的视角 [J]. 贵州师范大学学报（社会科学版），2017（3）：29-36.

主要来源于经济收入较低，而是来自他们的生活体验①和社会距离感，这使他们觉得收入分配的不公。另一项关于城市居民的经济收入与公平感的调查表明，城市居民的收入普遍高于农民工群体，但城市居民的公平感却总体并不高。可见，客观的社会经济地位并不一定可以有效代表民众对社会公平的感知。②因此，社会阶层地位导致不公平感的解释开始受到质疑，社会阶层决定论开始被其他理论解释所取代。

2. 相对剥夺论

所谓相对剥夺论是指人们的社会公平感并非来源于个体所处的社会阶层和社会地位，而是产生于与同类参照群体的社会比较以及由此产生的相对剥夺感。

相对剥夺的概念最早是由美国学者斯托弗（S. A. Stouffer）提出的。相对剥夺本身也是个体比较矛盾的心理状态，这种剥夺感之所以被称为"相对剥夺"是因为它是与个体的同类群体或者近似群体进行反向比较而产生的，相对剥夺感与社会公平感成负相关关系，社会公平感越强，则相对剥夺感越弱；反之，相对剥夺感越强，则社会公平感越低。默顿（R. K. Merton）认为这种剥夺感取决于个体所选择的参照对象或参照群体。当个体发现自己在所属的群体中处于劣势时，便会产生消极情绪和受剥夺感。个体常常从以前的生活状态、同类群体中他人的生活水平、分配状况等方面来比较，从而建构自身主观的社会地位和社会认同。主观的社会阶层与社会地位的认同是造成相对剥夺与社会不公平感的主要原因。个体在与同类群体的参照对比中，认为自身的付出与回报是合理的，则更加倾向于认为社会分配制度是合理的。特德·古尔（Ted Gurr, 1970）把"相对剥夺"定义为主观知觉价值期望与现实价值不一致而导致的结果，主观的价值认同与实际的价值定位相差越大，受剥夺感就越强烈。比如，当个体看见同事买了新房，他自己觉得也应当有能力买新房，但实际自己却没这方面的能力，由此产生沮丧和被剥夺感。亚当斯（1963）从付出与报酬的关系视角分析了社会公平与相对剥夺之间的关系，建构了自己的公平理论。亚当斯认为，人是社会人，他们不仅关注自己的投入与产出的比率，而且更多地会关注他人的投入与产出的比率，即对相对报酬的关注程度大于自我绝对报酬的关注度。如果，个人：获得报酬/付出＝他人：获得报酬/付出，则会产生公平

① 王毅杰，冯显杰. 农民工分配公平感的影响因素分析 ［J］. 社会科学研究，2013（2）：98-104.

② 怀默霆. 中国民众如何看待当前的社会不平等 ［J］. 社会学研究，2009，24（1）：96-120.

感，如果等式不成立则会引发不满情绪、相对剥夺感和不公平感。亚当斯的公平理论认为公平感是影响人们行为倾向和激励程度的一个极为重要的社会因素，在管理激励的过程中必须给予高度重视。

与社会阶层决定论相比，相对剥夺论更具有解释力，尤其在我国社会转型、体制转轨的重要时期，相对剥夺感是造成公众公平感下降的重要因素。客观的经济社会地位固然可以影响民众的社会心理，但并不能在主体内心形成巨大的主观反差，从而影响公平感；而相对剥夺论通过横向、纵向的同类群体的参照与比较，在主体内心形成强大的主观反差，造成个体主观认识差异与阶层的不认同感，从而引发社会不公平感。近年来随着我国城市化进程的加快，城乡二元结构的矛盾不断凸显，基尼系数的不断提高，进一步加剧了社会风险。有西方学者提出："为什么中国的贫富差距、两极分化日益严重，但却没有出现大规模的社会动乱的情况呢？"其实相对剥夺论正好可以解释这个问题。在我国，底层群体的相对剥夺感的程度其实小于中上阶层的受剥夺感的程度。相对剥夺感是与同类群体的比较，只有在同类群体中，个体才有显著的受挫感和不公平感，不同类群体间的个体由于背景、现状和教育程度的差异性，往往没有可比性和比较的价值。近年来，我国的中产阶级焦虑恰好可以说明中上层的不公平感比底层群体更强烈。相对剥夺感是一个综合心理反应，它既包括物质方面的，也包含非物质方面的，比如，地位和荣誉的获得、职位的晋升、社会的认可等。比如，拿农村居民与城市居民的公平感比较分析，农村居民在物质方面的相对剥夺感比较强烈，在非物质方面的相对剥夺感比城市居民要低，他们大多数人对自身的社会环境和社会关系比较认可，有一定的自我满足和幸福感。小城镇的居民也是如此，他们所比较的对象也只是局限于身边的一些参考群体，物质诱惑性比大城市要低，安全感和公平感也相对较强。城市居民则不同，他们生活在大都市，面临众多的物质和金钱的诱惑，尤其是一些城市下岗失业居民，在物质和非物质方面的相对剥夺感都比较高，社会公平感也较低。同时，在一些城市高收入人群中，他们的相对剥夺感也很强、公平感也较低，究其原因是他们参照的群体大多是明星、富商、高官等社会精英人士。不同的参照群体与参照标准自然造成不同的心理落差。此外，相对剥夺感不仅是一个综合方面的心理体验，而且也是不断变化的心理体验。比如，农民工群体的相对剥夺感会随着生活环境的变化而改变。在农村里，由于没有亲身体验到城乡差距的巨大，农民工的相对剥夺感较少，一旦到了城市，农民工的低微收入和社会地位，以及受到的社会排斥，极易让他们形成较大的相对剥夺感和社会不公平感。总之，在转型期我国底层群体总体要比中上层群体的相对剥夺感要低，而且底层群体是占社会的大多数人,所以社会秩序相对还是稳定的。

(二)社会公平感的多元化阐释

阶层决定论和相对剥夺论是解释社会公平感来源的两种主要理论,尤其是相对剥夺理论在解释现代民众的社会心态和社会公平感方面具有一定的合理性。随着研究的不断深入,社会公平感的理论阐释呈现出多元化的发展趋势,具有代表性的阐释是文化主义和制度主义。

1. 文化主义与制度主义解释

文化主义认为,个体所在群体的文化环境对其社会公平感的形成有较大影响,不同的群体文化将作用于个体的社会心理,进而影响人们的社会心态以及对待社会公平的态度和评价。不同时代的阶层关系和社会结构本身也是一种文化形态。由于文化具有社会整合的功能,因此不同文化背景下的人们有着不同的社会认知和社会认同。一般而言,在阶级社会,处于统治阶级文化群体中的个体往往具有较强的社会公平感,处于被统治阶层的民众则公平感相对较低;处于主流文化群体中的个体一般社会公平感也较强,处于亚文化和边缘文化群体中的个体社会公平感相对较低;处于文化稳定状态下的群体,其社会公平感较高,处于文化流动、文化变迁、文化冲突状态下的群体,其社会公平感则较低。比如,处于封建主义或资本主义思想控制下的民众,同样可能具有较高的社会公平感,因为长期的文化影响和文化熏陶让民众的被剥夺感变得麻木,从而开始逐渐接纳这种被剥夺感。可是一旦遭遇新的文化的冲击和威胁,原有的文化便会受到质疑,进而影响民众的社会心理和社会心态,民众对文化的接纳程度也会降低,社会公平感也会随之下降。我国五千年的华夏文明孕育了优秀的中华文化,它体现了文化的博大胸襟和包容的气度,它是中华民族的灵魂,也是各族人民自强不息、奋勇前进的精神支持;新时代的中华文化是弘扬社会主义核心价值观、培育时代精神、实现民族伟大复兴的强大动力,它有助于缓解社会转型期民众的社会不公平感,促进社会的和谐与稳定。① 制度主义认为,制度设定对民众的公平感的形成影响较大,不公平的社会制度会引发民众严重的不公平感。如果社会制度设计本身存在很多缺陷和不公正的地方,那么民众很多的正当权益都将无法实现,社会成员的被剥夺感和不公平感就会越发强烈。其实,不论阶层决定论、相对剥夺论还是文化制度论,对社会公平感来源的阐释都有一定程度的解释力,这些理论之间并不是相互冲突、对立的,而是相互

---

① 张有恒. 浅议中华文化与我国阶层关系和谐 [J]. 天府新论,2011(5):119-122.

补充的，只是各自研究视角不同而已。

2. 社会公平感的多元研究取向

近年来，对社会公平感的研究呈现出实证化、综合化和本土化的多元研究取向。首先，实证化更符合研究对象的本质。社会公平感本身就是个体或群体的心理体感，通过实证研究可以更好地探寻社会公平感的发生机理、影响因素以及不同群体间社会公平感的差异性。实证研究的方式很多，有实地调查、社会访谈、心理实验、数据分析、理论检验等，通过定性与定量相结合的方式来挖掘社会公平感的实践深度和理论解释力。其次，综合化与系统化研究更符合新时代的发展潮流。社会公平感是一个综合性的、复杂的社会心态，其影响因素也是多元化的，有制度的、经济的、文化的、历史的，还有社会的，阶层决定论、相对剥夺论、文化制度论也只是从某一方面进行阐释的结果，加强各个理论间的融合是时代所需。同时，当前的研究主题也更加的多元化，不仅仅停留在社会公平感的心理解释维度，更多与社会结构、社会决策、社会治理、社区发展等议题相互结合，更符合新时代的理论需求。最后，本土化使社会公平感的研究更具有社会解释力。社会公平感作为一个复杂的社会现象，在不同的制度背景和社会情境下有不同的社会解释力。我们既要借鉴西方的理论和研究成果，更要结合本国国情进行本土化的理论创新，为消除和化解新时代的社会矛盾与社会问题、提升民众的社会公平感，提供理论支撑和学术支持。

第三节　社会不公平感与社会制度层的重构

中国社会目前存在的诸多结构断裂和制度空白，恰好成为社会风险的聚集地带，但同时由于风险的预警体系没有完全发挥作用，很多社会问题短时间内难以彻底解决，公众的合法权益时常受到侵害。风险的不断积聚会形成众多社会问题，社会问题长期得不到解决，在环境变量的作用下会引发社会矛盾，严重的社会矛盾会造成制度性的不公平感。当前社会问题日益凸显，环境问题、养老问题、金融风险、腐败问题等各种制度风险交织碰撞，社会矛盾一触即发，因此，消除社会不公平感、加强社会制度层的重构势在必行。风险积聚的演变过程如图5-4：

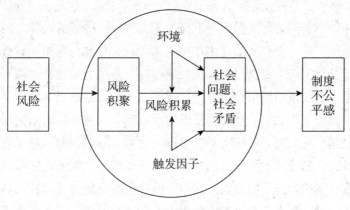

图 5-4　风险积聚过程

一、风险积聚中不公平感的表现

在风险积聚阶段，社会问题与社会矛盾不断增强，民众的社会公平诉求日益凸显，这一阶段民众的不公平感主要表现为：底层社会群体的扩大、两极分化严重，社会阶层固化、流动机会较少，教育、医疗、房地产等领域民众的不公平感明显增强，社会矛盾易激化等，这些不公平感又进一步加剧了社会风险积聚，形成恶性循环的怪圈。

（一）底层群体扩大化、贫富差距严重

从社会学视角看，个体根据不同的标准（如知识、财富、权力、声望等），可以分属不同的社会阶层。陆学艺等（2002）通过上千个样本（福清、深圳、合肥、镇宁、汉川等地）的收集，根据不同群体和阶层对经济资源、文化资源和组织资源的拥有状况，对我国整体的社会结构进行系统的分层和详细的描述。依据资源（经济、文化、组织）占有情况的不同，将整个社会系统分为 5 个社会等级 10 个社会层级。2004 年中国社会科学院《中国社会阶层研究报告》，又进一步细化这 10 个阶层，从高到低分别是：国家与社会管理者、经理人员、私营企业主、专业技术人员、办事员、个体工商户、商业服务人员、产业工人、农业劳动者以及城乡无业、失业者。但对社会底层到底包括哪些群体，目前学术界还没有统一的定论。根据国内学者的相关研究，结合公众眼中底层社会群体的社会地位与形象，笔者认为底层社会群体应包含三方面的特征：一是经济收入较低、居住条件差甚至居无定所；二是社会保障严重缺乏、易受社会排斥；三是利益表达渠道不畅、社会权益无法达成。有学者认为，当前我国的社会底层人群有不断扩大的趋势，不少中产阶层一不留神，极易沦为新底层。在城市，

很多白领群体由于高房价，一夜间背负数十万，甚至上百万的债务，处在沦为底层的边缘。当前除了贫困群体和下岗失业人群，一些新的人群也面临沦为社会底层的风险，进一步夯实了"倒丁字"形的社会结构。据相关调查，失地农民、城市拆迁户、新生代农民工以及"蜗居"失业的大学生群体都可能沦为新的社会底层。大规模的城市化运动，造成了众多的失地农民和城市拆迁户，他们虽然在经济方面得到了一些补偿，但是在心理和精神方面的损失却难以在短期内得以消弭，他们内心的社会不公平感一时间也难以消除。新生代的农民工虽然在教育水平和技术水平方面都有所提高，但城乡之间的认同障碍与社会排斥并没有真正消失，他们渴望融入城市，但价值观念的差异和社会歧视的存在使他们向上流动的机会很少，加剧他们内心的不公平感。毕业即失业的大学生群体也是有可能沦为社会底层的新群体。一方面，他们有理想、相信知识可以改变命运；另一方面，无情的社会现实又将他们的信仰击得粉碎。失业大学生的这种状况进一步加剧了这一群体内心的焦虑和不安全感。

随着底层社会群体的扩大，财富和资本逐渐向少数人积聚，带来的直接后果便是贫富差距的增大和严重的两极分化。不可否认，在改革开放 40 多年里，中国的经济发展取得了举世瞩目的成就，社会主义体制的优越性也得以很好地发挥。但伴随着风险社会的来临，日趋严重的贫富差距也成为亟待解决的现实问题。2013 年，国家统计局公布了 2003 年至 2012 年全民收入基尼系数。这是官方首次公布 10 年来的基尼系数，彰显了政府缩小贫富差距的决心。根据国际组织规定，基尼系数的比值用 0~1 的区间来表示，数值在 0.2 以下表示收入较均衡；数值在 0.4~0.5 之间，说明贫富差距大；数值在 0.6 以上则意味着贫富差距极大。一般而言，0.4 的数值是一个警戒线，超过 0.4 则表示贫富差距已造成了严重的两极分化。2008 年，中国的基尼系数出现高点，达到 0.491，之后有所回落，2009 年 0.490，2010 年 0.481，2011 年 0.477，但都超越了国际警戒线的数值。2013 年，我国基尼系数为 0.473，2014 年 0.469，而 2018 年为 0.474，似乎有所反弹。专家认为 2018 年可能是个新拐点，贫富差距问题不容小觑。造成贫富差距的原因很多，但如果主要原因是体制的不完善、收入分配不公以及制度腐败等因素，底层群体的相对剥夺感和社会不公平感就会非常强烈。

（二）阶层固化，社会流动机会少

当前社会阶层固化造成社会流动机会较少，是引发相对剥夺感和不公平感的重要因素。孙立平认为，20 世纪 90 年代的中国在社会结构的运作逻辑中所呈现的方式是一种"断裂"。李强认为这种断裂弥散在社会的各个领域，政治的、经济的、文化的等，形成"上层实体化、下层碎片化"的格局。进入 21 世纪以后，我国加大了政治体制与社会体制改革的力度，但改革后的资源重组和资源重新配置又进一步加剧了两极分化，一些人一夜暴富、瞬间巨富，一些人没有享受到改革的红利，一些群体沦为社会的底层。上层实体化下层碎片化的格局使得底层群体向上流动的机会越来越少。李强经过长期研究对我国的社会分层和贫富差距现象进行了比喻，认为国内的社会上层通过社会资本的互换，已经俨然形成了实体庞大的精英阶层，而底层的群体则是一盘散沙，两极分化日益严重，基尼系数越来越高，这种"倒丁字型"社会结构加大了社会张力，增强了社会系统的脆弱性。社会各界精英在政治、经济、文化等领域强势占据了大部分的社会资源，处于绝对的优势和支配地位，导致他们的后代（官二代、富二代、星二代）可以不通过公平竞争就拥有大量的社会资本，直接获得向上流动的机会，而底层群体由于掌握着较少的社会资源，向上流动的机会越来越少，群体间充满了强烈的受挫感和不安全感。此外，中央与地方也出现了"断裂"，中央对地方宏观调控和控制力度有所减弱。地方精英控制着大量的地方财富和资源，有的人结党营私、权力寻租、官商勾结，进一步巩固和掌控地方资源，权力的滥用和腐败，严重败坏了地方的社会风气。同时，地方利益集团出于地方保护主义的本能，依靠制度性壁垒，人为制造各种资源配置的制度性失衡，造成阶层的隔离与对抗，加剧了社会矛盾。中国自古就有"不患寡而患不均"的公平分配的思想，如果富人和上层精英群体通过诚实劳动、合法经营获得资源和财富的增值，当然无可厚非。底层群体也会认为是自身不足导致的贫富差距和流动不畅，自然会心安理得。但如果富人是通过腐败、非法致富、官商勾结、垄断资源等不合法途径来获得财富增值和资本的壮大，则会激发底层群体乃至中产阶层强烈的不公平感。

（三）教育、医疗、房地产等领域，人民的不公平感明显

现如今在教育、医疗、房地产领域，人民的焦虑与不安全感最为突出。"看病难、教育难、住房贵"压得人们喘不过气来，加剧了不公平感。

第一，看病难、看病贵困扰着国人，尤其对一些处于社会底层的群体来说，高额的医疗费用让他们不堪承受。优质的医疗资源大都集中于大城市，而在偏远乡村，医疗设备和资源十分匮乏，人们有病不看、有病不治、有病也忍的情况司空见惯，为了省钱，任由身体遭受病痛的折磨。在特大城市，看病难、看病贵的问题突出，以北京为例，据不完全统计，每天大约有 25 万外地病患涌入北京的各大三甲医院求医问药。人们常常秉持这样的观念："看病要去大医院，

首选是三甲。"有限的医院资源实在难以承受如此之多的人流量,许多医患纠纷也因此而起。虽然近年来医改的推进,使大城市看病难、看病贵的问题有所缓解,但与人民的期望值和满意度还存在较大差距,医疗领域的不公平感仍旧没有消除。

第二,近年来持续走高的房价使城市居民幸福感和公平感急剧下降,住房成为最为沉重的负担。城市的工薪阶层,辛辛苦苦工作大半辈子都难以在"北上广"地区购买一套安乐窝,只能蜗居在简陋拥挤的小房子里。刚毕业的大学生群体更是如此,如果没有家人的支持,他们也只能望房兴叹。对都市的白领群体来说,买房也是一件艰难的事情,东拼西凑付个首付后等待他们的将是数以百万的债务和几十年的"房奴"生活。在房地产的暴利和房价暴涨的背后是巨大的社会风险与社会危机。一方面,高房价易积蓄社会不满情绪,造成公共部门公信力下降,当前人民抱怨最多的就是房价,而且矛头直接指向政府;另一方面,加剧社会矛盾,引发民众的社会不公平感。房地产领域的金融风险和腐败行为会引发一系列的社会问题,造成"财富积聚上层,而风险在汇聚下层"①,增加了社会的不稳定性。

第三,随着贫富差距的加大,教育不公的现象日益显著。我国的教育不公问题主要表现为城乡之间、地区之间以及阶层之间的不平等,其实就是教育资源的均等化问题。所谓教育公平,是指不论出身、家庭背景如何,不论乡村或城市,都有平等接受教育的机会。这些年来为了促进教育公平,我国政府大力推进免费义务教育和教育资源均衡发展,努力做到不论贫穷或富裕,尽力保障义务教育阶段人人都有学上。但在实践过程中,由于诸多新问题、新情况的发生,特别是由于教育资源配置的差异性,仍然造成了众多的教育不公平现象。主要表现为贫困地区与经济发达地区教育资源的差距在逐步扩大;城乡二元结构导致的地区收入的差距在短时间内难以消除;大量教育资源集中于大中城市,贫困地区和广大农村教育资源严重匮乏。近年来出现的"择校热""出国热""天价学区房"等现象折射出教育不公问题,加剧了教育领域的不公平感。

二、公平感缺失的后果及社会制度层的重构

在风险积聚阶段,社会公平感的长期缺失带来的后果是严重的。一是公平感作为一种心理体验,是个体对自身生存状况的主观感受,公平感的缺失会引

---

① 刘双良,杨志云.风险积聚、政策网络与合作治理:房地产风险的合作治理模式分析[J].中国行政管理,2010(6):104-107.

发不健康的社会心理，比如，焦虑、压抑、受挫感等，长此以往易引发牢骚、抱怨和不满情绪，严重降低自身的主观幸福感。长时间缺乏公平感会导致人们心理上的不平衡和失落感严重，导致主体的人格异化、价值观迷失以及非理性情绪产生，生活幸福感普遍降低，从而影响人们的心理健康。二是公平感缺失会影响团队协作和降低组织绩效。有学者就工作绩效与员工公平感进行过测试，研究指出，组织人员在物质占有、资源分配以及收入差距等方面所产生的不公平感会直接影响其个体参与组织协作的能力，进而影响组织绩效。在物质占有、资源配置以及收入分配等方面处于劣势的员工，其不公平感也较为强烈，其被剥夺感也较强烈，他们通过非正式群体采用非制度化途径来达成组织目标的可能性也越大，进而影响团队的协作和组织的整体绩效。三是公平感缺失会引发一系列的社会问题，加剧社会矛盾。民众如果存在强烈的不公平感，会引发不同群体之间的对抗和冲突，从而引发社会的骚乱。社会不公平感的缺失、阶层的固化导致底层群体、公共部门与精英阶层三者之间缺乏沟通、相互封闭，容易产生仇恨和敌对情绪，易引发大规模的社会群体性事件，严重影响社会的稳定。

由此可见，风险聚集的后果就是社会矛盾的加剧，而社会矛盾的根源与本质其实是制度矛盾，制度层的重构势在必行。我们需要重新审视现有的制度安排，用公平公正的原则来完善现有的政策法规和公共决策体系。我们要重构社会制度的功能。在改革初期"让一部分人先富起来"没有问题，但是到一定阶段必须要进行社会转型，从有差别的富裕到没有差别的富裕，最终实现共同富裕，要用壮士断腕的魄力深化改革，建立以缩小不合理差距为导向的收入分配新秩序。

第一，要建立市场机制起决定作用的初次分配新秩序，达成社会要素的合理分配。要努力消除各种制度壁垒，实现市场参与主体的规则公平、机会公平和权利公平。在政策制定和制度创新上要优先考虑社会弱势群体的需要，加强人本主义关怀。

第二，要严厉打击各种违法违规行为，建构公平的再分配新秩序。在社会转型的重要时刻，要加快政府职能的转变，将社会公平感融入社会结构的功能再塑中去，不断加大反腐力度，减少制度摩擦带来的体制矛盾，缓解转型期所引发的各种风险和问题，让广大民众共享改革发展的成果。

第三，我们要树立公平正义的原则，通过制度安排和政策决策来弥补财富、资源和机会差异带来的不平等。只有通过一个公平的制度设计，才能让资源和财富曝光于阳光之下，让公众合法享有公共资源。同时我们还要改变现有的利益分配机制，尽可能地创造起点公平、机会公平、过程公平和结果公平的制度环境，建立健全利益共享制度和不断完善社会保障制度①，从而最大限度地缓解社会矛盾。

---

① 郑功成. 中国社会公平状况分析：价值判断、权益失衡与制度保障 [J]. 中国人民大学学报，2009，23（2）：2-11.

第六章　社会矛盾化解机制的创新

在风险积聚阶段会形成众多社会问题和社会矛盾，长期的问题与矛盾得不到化解，会引发人民制度性的不公平感。在这一阶段，社会治理的最大诉求是社会公平。为了满足新时代人们对美好生活的公平感诉求，需要进行矛盾化解机制的创新。新时代化解社会矛盾可以从两个层面展开：一方面，要改革信访制度，化解民众的不满情绪。信访是化解社会矛盾、消除民众不安全感的重要制度环节。另一方面，要建立健全社会保障体系。新时代社会保障体系的完善可以从制度层面化解社会矛盾、防范社会风险、消解大众的不安全感。同时还要培育社会组织，孕育社会力量的生长。社会组织的壮大可以很好地为政府分担社会风险和公共责任，有利于公共部门与社会组织一起建构风险、矛盾共担的责任机制。

第一节　改革新时代的信访工作

一、新时代主要矛盾的转变与信访工作

（一）主要矛盾转变下的信访工作

党的十九大报告中指出，"经过长期努力，中国特色社会主义进入新时代，这是我国社会发展的新的历史方位"。我国社会主要矛盾已经转化为人民日益增长的美好生活需要和不平衡不充分的发展之间的矛盾。人民对美好生活的需要，不仅对物质财富提出了更高的要求，而且在民主、法治、公平、正义、安全、环境等方面的需求日益增长。从社会需求来看，在温饱问题基本解决并且迈向小康社会的过程中，人们对生活质量、环境质量、社会安全、公平正义、自身权益维护、社会参与等方面的需求越来越高。在开放、流动、多元化的新时代，

个体的、小众化的需求经常被放大为大众的、社会的诉求，潜在的要求被激发为现实的需求。信访是社会发展中所出现的一种独具中国特色的制度方式，其目的在于帮助群众解决难题、维护利益。信访在社会矛盾的化解中扮演着至关重要的角色。党的十九大报告对"打造共建共治共享社会治理格局"进行部署，提出"加强预防和化解社会矛盾机制建设，正确处理人民内部矛盾"，这对新时代社会矛盾化解提出新的要求，即社会矛盾的化解，要努力做到早发现、早预防、早处置，从源头上预防和"减生"社会矛盾。因此，做好新时代信访工作，就必须把工作重心从调解冲突、事后处置前移至服务群众、服务民生上来，从源头上预防和减少社会矛盾的发生。信访是各种社会矛盾的接收站，因此社会矛盾的化解必须和信访工作紧密结合。

改革开放以来，中国的经济出现了飞速的发展，中国道路的奇迹引起了世界的关注。虽然中国的经济发展空前高涨，科学技术突飞猛进，GDP 以惊人的速度增长，但是由于我国人口基数大、起步晚，地区经济发展不平衡，在此背景下引发了一系列的社会矛盾。在当前我国社会主要矛盾转变的背景下，需求的多样化与社会发展不平衡不充分的矛盾日益突出。这一社会主要矛盾的转化深刻揭示了当代中国所要解决的矛盾和需要应对的风险，不再仅仅与人民日益增长的物质和文化需要相关联，而是与人民日益增长的美好生活需求以及由此引发的社会结构性矛盾和结构性风险密切相关。随着改革不断深化、经济社会加速转型以及社会利益格局调整，信访活动也将出现许多新情况和新问题。新时代的信访工作具有社会性、复杂性、艰巨性和长期性。面对社会主要矛盾转变的这一历史新论断，信访工作也应该与时俱进，方能发挥好信访在处理社会主要矛盾中的关键作用，为建设人民的美好生活服务。

（二）主要矛盾的转变对信访工作提出新方向

信访，顾名思义包含"信"和"访"，即来信和来访两层含义，它是对传统政治制度和文化的继承和发展，是沟通党、政府与人民的桥梁，也是适应当代社会现实的需要。信访为我国人民群众的政治参与、权利救济提供了路径，有利于维护群众的利益、监督政府依法行政、化解矛盾纠纷。新时代社会矛盾和冲突涉及社会发展的很多领域，如政治、经济、思想道德、新旧文化等，但究其本质是经济发展与政治、文化、社会、生态等方面的不平衡状况所造成的。随着新时代社会主要矛盾的转变，我们面临的风险与危机也在不断改变，这对我国的信访工作提出了新的要求。长期以来，信访工作通过密切联系群众，既能维护人民的合法权益，又能够及时发现和纠正政府工作中的失误，方便人民更多地监督政府。现在，信访工作除了应当认真践行为民众服务的宗旨，还应努力实现信访工作的专业化、法制化和信息化。

1. 信访工作专业化

信访是党和政府首创的群众工作方法，随着时代的发展和社会风险矛盾的增多，信访的工作量也越来越大，信访的功能也在改变。现阶段的信访工作亟须专业化的工作机制来化解人民多方面的纠纷和矛盾。

（1）加强基层信访工作的制度化、常态化建设

基层信访是我国信访体系的第一道门径，信访工作想要在源头上化解社会矛盾，真正做到得民心、聚人心就必须努力提高基层信访工作的专业化水平。完善基层信访工作制度，可以有效地推动信访工作的重心下移、及早排查和化解基层矛盾纠纷、避免事态的扩大，将社会风险与矛盾扼杀在初始和萌芽阶段。同时要逐步完善基层组织（村委会、居委会）的民主听证制度，提高基层组织自我管理、自我服务、自我决策的能力。发挥基层党组织的功能，通过干部下访、对接帮扶、民情体察等方式及时解决基层人民群众面临的实际问题，提高基层信访工作的制度化和专业化水平。

（2）加强信访工作思路与方法的创新，提高信访工作的能力和水平

随着新时代社会主要矛盾的转化，信访工作的思路与方法也需要与时俱进、不断创新。信访是一门处理和协调社会矛盾和社会利益关系的大学问，也是一门艺术，如何有效地为民办实事、解难题体现了政府解决人民矛盾诉求的艺术和水平。

可以从三方面展开：第一，完善政策制度，维护人民的合法权益。只有从政策制度入手保障人民的基本利益诉求，才能提高信访工作的源头治理能力和水平，从而在根本上化解人民的合法利益诉求。第二，倾听民意，加强人文关怀和心理疏导。新时代人民的权利诉求是多维度多层次的，它往往是政治、经济、社会、文化等多因素的相互交织。对人民的合法利益诉求不能堵，只能疏，必须在广泛倾听民意的基础上合理合法、有理有节地进行化解，同时及时进行心理疏导，做好心理安抚工作。第三，创新思路和方法，运用多种手段多维解决人民实际问题。要综合运用法律的、经济的、制度的、伦理的等方法来化解社会矛盾。对合理的诉求要按规则制度解决，对无理的诉求要摆事实讲道理，在获得人民充分理解的基础上终止纠纷。对于复合型的诉求要善于运用利益协商、公开听证、伦理教化等多种方式在制度化渠道内化解。对于弱势群体要运用法律援助、社会救助等方式加以解决。

（3）要进一步完善社会矛盾的分类处置机制，用科学的方法分类处理社会矛盾和纠纷

不同类型的社会矛盾和纠纷有着不同的利益诉求，需要用不同的程序和方法加以解决。各级信访工作部门要对各类信访问题和群体诉求进行科学分类、合理分流，并及时有序地导入法制程序，妥善化解不同类型的社会矛盾，维护不同群体的合法权益。

2. 信访工作法治化

推进信访工作法治化就是要求我们用法治的方式来化解社会矛盾。化解社会矛盾的方式有很多，但法治必定是首选，它是实现国家治理能力现代化的必然要求。法治化的含义是多维度的，它包含了民主、正义、安全、公平等多方面的价值内涵，可以很好地满足人民对美好生活的多层次的向往。

（1）要运用法治思维推进信访工作

在风险积聚阶段，社会不公平感的增强进一步加剧了社会矛盾，唯有正式的法律规范和制度才能从根本上有效化解社会矛盾。全社会法治思维的孕育和塑造是人们对社会公平、社会平等的追求，也是民众对美好生活的期许。法治作为最佳的社会治理方式，在保障公民权利、维护社会秩序、明确责权关系等方面有着不可替代的优势。用法律思维来推进信访工作要求我们必须以法治为纲，牢固树立公平、正义、平等的法律理念，在法律的框架内和法治的轨道上处理纠纷和化解矛盾。新时代的社会矛盾是复杂的，矛盾的复杂性导致了人民对美好生活需求的多样性。公平、公正永远都是符合时代发展的法理精神，这就需要我们用简约的法治理念来处理和化解复杂的社会矛盾，化繁为简、以不变应万变①，从而可以在更大程度上来协调不同类型的矛盾和纠纷。

（2）推进依法行政和依法决策，减少信访问题

严格执法与依法行政可以从源头上减少信访问题和社会纠纷，防止矛盾升级而引发不必要的社会冲突。很多地方官员在政策执行过程中的有法不依、执法不严、违纪违法的现象强烈激发了民愤、引发了大量的群体性事件，严重影响了社会的稳定。只有推进依法行政、严格按照法定程序办事、维护社会公平和正义，才能杜绝徇私枉法、违法乱纪和权力寻租等不良行径，从而在本源上维护广大群众的合法权益，为信访工作扫清障碍。

（3）要强化依法维权，构筑理性信访

法治是新时代文明社会的基本标志，它在要求公共部门依法办事、依法执

---

① 陈金钊. 用法治方式化解社会主要矛盾［J］. 内蒙古社会科学（汉文版），2018，39（5）：100-106.

政的同时也必然要求公民依法维权、理性信访和文明信访。公民在信访的过程中常常由于维权无路、投诉无门而采取过激的非理性行为，这与文明社会的明礼诚信、遵纪守法的公民契约是相违背的，难免会引发社会秩序的混乱。因此，我们提倡文明信访、理性信访，让大众平和、理性、有序地表达合理的诉求，这也是法理精神和法治理念的价值所在。

3. 信访工作信息化

新时代也是一个高度信息化的网络社会，运用科技成果，提升信访工作的信息化水平是时代发展的必然选择。信访工作制度的创新离不开现代科学技术的发展，将信访工作与现代科技有机融合能够让信访制度在新时代焕发新的生机和活力。

（1）发挥现代技术准确性、标准化的优势，打造网络信访平台，提高信访工作效率

长期以来，我国的信访工作量大、事多、任务繁重，信访效率低下，难以适应新时代人民多元化、多层次的权益诉求。我们要善于发挥网络科技的优势，打造功能完备的互联网信访平台和信息标准化模块，开展网络信访的标准化业务。运用网络技术自动地筛选、甄别、分类和归纳信息，一方面可以避免登记不清、信息不全、责权模糊的缺陷；另一方面也可以防止重复上访、多头管理和资源浪费的管理弊端。从而可以最大限度地倾听民意、收集民情，提升信访工作的管理效率。

（2）要运用科学技术进行信访工作的流程再造

现代科学技术赋予了信访工作新的管理方法和管理模式，对信访工作的流程再造是提高政府公信力，打造阳光信访的重要途径。我们要依托网络科技，建构一站式的信访服务流程，建立网上来访、分类审评、网上监督、全程跟踪、动态监测的新时代的信访工作模式和工作流程。一方面可以让群众对于自己的利益诉求做到可诉、可寻、可查；另一方面可以提高信访工作的透明度，提升信访部门的公信力。

（3）要运用大数据进行深度资源共享和融合，提升信访工作的整体能力和水平

要善于运用大数据的优势，树立用数据说话、数据决策和数据服务的意识，深入剖析和归纳大数据背后大众复杂的社会心态和社会诉求。在资源信息共享的基础上，透过繁杂的数据，准确定位和把握新时代人民群众诉求的新变化和新趋势，并及时发现问题、完善政策建议，提升政府信访工作的综合管理水平。

（三）主要矛盾的转变对信访工作提出新要求

"新时代"意味着近代以来，久经磨难的中华民族迎来了从站起来、富起来到强起来的伟大飞跃。① 党的十九大报告指出中国特色社会主义进入新时代，确定了我国发展的新方向，这也是提出社会主要矛盾转化的必要时机。新时代有新的历史使命和战略布局，社会主要矛盾的转化，对新时代的信访工作提出了新的发展要求。

1. 研究信访矛盾的新特点、新规律

新时代社会主要矛盾改变了，信访问题、信访矛盾也呈现出新的特征。

第一，我们要善于从社会主要矛盾的内涵中捕捉信访矛盾的新特征。在理论内涵上，社会主要矛盾的新判断是党对人民内部矛盾理论和人的需求理论的认识与深化，矛盾的复杂性决定了社会需求的多样性，也决定了信访矛盾大多是人民内部矛盾的特征以及新时代信访矛盾的多元诉求性特点。在时代内涵上，社会主要矛盾的新判断是党对历史经验的把握与现实方位判断的结果。② 虽然社会主要矛盾发生了变化，但我国仍处于社会主义初级阶段的事实没有改变，社会主要矛盾的转化是渐进的，是一个由量变到质变的过程，因此信访问题与信访矛盾也不是急促和突发的，新时代很多的信访矛盾也是长期积聚而成的，需要从根源上对症下药。

第二，要善于从社会主要矛盾的辩证统一关系中探究信访矛盾的新规律。我们要科学认识和把握我国社会主要矛盾的深刻变化，要辩证把握我国社会主要矛盾变与不变的新特点。③ 从矛盾的阶段性、不平衡性和对立统一的关系上来看，在矛盾的主要方面存在着"变"与"不变"的辩证关系。转化后的社会主要矛盾在价值层面上没有推翻此前的基础，而是对前一时期认识的延伸与发展；"不平衡不充分的发展"是当前及今后一个时期制约满足人民美好生活需要以及矛盾化解的主要因素。④ 新时代社会主要矛盾在性质、基础上并没有变，我们仍是发展中国家，化解主要矛盾的基本路线也没有改变，这对我们化解信访问题和信访矛盾也提供了理论依据，因此，我们坚持矛盾导向和需求导向，

---

① 卫兴华，赵海虹. 怎样认识我国社会主要矛盾的转化 [J]. 经济纵横，2018（1）：1-8.

② 戴庆倩，吴远，朱其锋. 社会主要矛盾新判断的三维解读 [J]. 广西社会科学，2018（6）：51-56.

③ 李火林. 科学认识和把握我国社会主要矛盾的深刻变化 [J]. 浙江学刊，2018（1）：19-24.

④ 周永瑞. 社会主要矛盾转化的新论断是与时俱进的科学判断 [J]. 中国社会科学院研究生院学报，2018（4）：5-12.

在稳步发展中推进我国的信访工作。

第三，要善于抓住主要矛盾和矛盾的主要方面，来探寻信访矛盾和信访纠纷的新特点。社会主要矛盾的改变影响着基层社会纠纷的内容与特点，引发了基层矛盾和纠纷的增多。社会矛盾通过"利益传导—心理扰动"机理，使基层纠纷潜藏着集体行动和群体性暴力冲突的风险。唯物辩证法告诉我们在化解矛盾时要抓主要矛盾和矛盾的主要方面，我们在处置社会纠纷时也要善于抓主要信访矛盾和信访矛盾的主要方面，要有针对性地化解信访矛盾的重点问题，系统解决利益分化和分配失衡的问题，让不同利益诉求主体能够在分歧中得到协调，在不平衡中达成统一。①

2. 研究信访群众的新诉求、新期待

据统计，我国人均 GDP（2017）已经达到 8000 美元以上，大体实现了小康。当人民群众的基本生存需要和物质需求得到满足以后，自然会转向更高层次的情感、交往、精神、价值等方面的需求。对美好生活的向往是民众高层次需要的必然选择。因此，新时代的信访工作要认真研究人民的新的诉求和新的期许。

第一，从社会主要矛盾的需求与供给两个层面来看，供给的乏力导致需求的不足。从供给方面看，我们摆脱了落后的生产力水平，但不平衡不充分的发展状况日益凸显，它严重阻碍了人民的公平感、幸福感、安全感的获得；从需求层面看，人民日益增长的基本物质文化需要已经得到满足，但人民对美好生活的期许远远不止于此，它应有更高的要求之意，这种新诉求包含了公平、正义、民主、安全等各方面的需求。

第二，从美好生活的多样性看，人民的新期许体现了"五位一体"的发展理念，是打造共建、共治、共享社会治理格局的关键。要解决社会发展过程中的高低、快慢、优劣等不均衡现象，就需要秉持协调、创新、绿色、开放、共享的发展理念，推进人的全面发展和社会的全面进步，实现政治、经济、文化、社会、环境五位一体的综合可持续性发展。新时代人民的诉求和期许必然要求我们处理好人与人、人与社会以及人与自然的关系，为可持续发展注入动力，促进人与环境的和谐共处。

第三，要研究新时代的社会不满情绪，建立健全矛盾纠纷的分类化解机制。社会不满具有多重形式，有相对剥夺感引发普遍的社会不满、有社会区隔所导

---

① 孙琳琼. 社会主要矛盾转变与社会经济发展的动态耦合［J］. 河南社会科学，2018，26（1）：32-39.

致的群体性敌视，还有不同领域的利益纠纷导致的不满等，这些都需要我们进行分类处置和化解。首先，对于大众化的普遍社会不满，我们应当建立公开的政治参与制度，完善监督体系，鼓励底层群体政治参与。其次，对于群体性敌视，我们要创新社会整合机制。群体性敌视主要是由于社会流动不畅而引发的地位、身份、职位之间的群体疏离。因此，我们要保持正常的社会流动、改革户籍制度、减少社会排斥和身份区隔，加强对流动人口的救助和保障，实现教育、医疗资源的均等化。对于不同领域的社会不满，我们要创新利益分配机制、权益保障机制。当前，劳资矛盾、环境冲突、征地拆迁等都是不同利益纠纷的体现，利益矛盾的根源是分配不公，所以要建构公平、科学、有效的利益协调机制、诉求表达机制、矛盾调处机制、权益保障机制，加强社会矛盾源头治理，切实维护群众合法权益。

二、新时代信访改革的路径

我国的信访制度是根植于本土化的国情之中的，是中国特色的社会主义制度的重要组成部分，也是实现政府和人民群众之间有效沟通和互动的桥梁。更为重要的是，信访工作对于社会矛盾的解决起到了不容小觑的作用，我们应该在社会主要矛盾转变的背景下，充分利用信访这个平台，对存在的矛盾及时进行化解。

对于信访制度的存在问题，学界一直有着不同的争论，主要有三种观点：一是主张削弱或取消信访制度，理由是信访强化了人治，干扰了法治，造成信访不信法的困境。于建嵘（2015）在《政治学研究》上发表《机会治理：信访制度运行的困境及其根源》一文，认为中国现存信访制度中有着难以克服的困境，在一定程度上破坏了司法救济的权威性。二是主张信访改良论，蒋都都（2017）在《时代法学》中发表《论我国信访制度改革的法治化具体途径——以行政复议制度完善为契机》一文，认为应当在法治内途径中寻求信访制度改革，而不是在现有的法治外建立一个纠纷解决机制。三是信访制度强化论，主要加强制度工作的力度与现实信访工作的专业化。笔者认为，随着民主化、法制化进程的加深，信访制度在未来终将消失，但在现阶段信访工作仍然不失为一种化解社会矛盾的有效方法。虽然我们已经进入了新时代，但我们将长期处于社会主义初级阶段的现状没有改变，社会风险与社会矛盾的增多，更加需要信访的改革来化解。当前如此多数量的群众来信来访，并不表明人民群体与我党、政府离心离德，甚至尖锐对立，而正说明了人民群众对党和政府的信任和期望。① 要破解信访悖论，打破维稳困境，就必须对信访制度进行重大改革，主要可以从功能定位、体制设置和运作机制三方面入手。

（一）信访功能的定位——从"维权"到"维稳"

从我国信访制度的发展历史来看，信访制度的功能是多方面的，它主要表现为民意表达、权利救济和矛盾化解。信访制度在设立之初的主要功能就是民意表达，它也是《宪法》所赋予公民自由表达权的有力保障。当前处于底层的社会群体常常由于缺乏民意表达的渠道而导致利益诉求的受阻，引发了强烈的不公平感和社会不满情绪，这样的情绪潜藏在社会弱势群体中，成为随时可能爆发的不稳定因素。因此，完善信访制度的民意表达功能，建立多元化的权利诉求机制，让群众能够发声是信访工作的首要功能。信访的权利救济功能是指当人民的合法权益受到侵害时，政府通过与上访群众的沟通和协调来帮助维权，在一定的合理范围内给予必要的补偿。信访的救济功能是司法行政救济制度的一个必要补充，它的优势在于信访制度的救济方式比法律救济温和、便捷和灵活，更能满足人民群众多方面的诉求。缺点是救济程序不够规范，救济方式缺乏法律依据，导致信访制度和司法权威之间的边界模糊。信访制度的一个重要功能就是化解社会矛盾，在利益主体多元化的今天，社会问题和矛盾日益增多，而信访功能就在于通过各种方式在矛盾没有激化前缓和矛盾各方的对立情绪，维护各阶层的利益均衡和社会稳定。目前，化解社会矛盾的途径主要有三种，分别是信访、司法和仲裁。司法就是通过法律途径打官司，但手段过于冷冰，缺乏温情，难以有效满足不同利益群体间的心理需求；仲裁是协调民事纠纷的一种方式，但在化解社会矛盾方面仍然效果不明显；从风险社会的背景来看，信访制度在现阶段对于化解当前的社会矛盾有着不可替代的作用，削弱或取消信访制度将可能引发群体性事件增多，严重影响社会的稳定。长期以来，由于过分强调维稳，信访基本救济功能和矛盾化解功能常常被忽视，信访工作难以取得实际成效。当务之急，我们应当重新定位信访的功能，将信访的民意表达、权利救济和矛盾化解三方面的功能进行有机整合，实现"民意能伸张、权利有保障、矛盾能化解"的信访目标，并在此基础上以"信访维权"来实现"信访维稳"。"维稳"并不是信访制度唯一的功能和终极目标，它是信访制度各个基本功能得以实现后所必然达成的社会效果。

---

① 童星．中国社会治理［M］．北京：中国人民大学出版社，2018：291-293.

（二）组织体系的架构——从"漏斗"到"椭圆"

目前，我国的信访体制还存在很多问题，比如，多头管理、责权不清、信访不信法等，导致只注重信访量的降低，不注重社会矛盾的根本制度性化解；对于"越级上访"只"堵"不"疏"；调解、协商作用发挥缓慢，信访效率低等不良现象。因此，要重新优化和改革现有的组织结构，创新普通社会矛盾调解的长效机制，对信访系统内部进行横向和纵向的重新规划和架构。

第一，要在纵向上重新配置和划分信访系统功能。我国信访体制的压力型的逻辑与组织系统的构架有着很大关联。从职能体系上来看，总体呈现出"倒三角"的漏斗形，表现为基层信访工作量最大，但处置事件的权力和职能最小，越往上信访处置权越大，但最后还是层层转批到基层来解决，导致基层信访压力巨大，信访工作效率很低。因此，我们要改变原来的"倒三角形"构架，建立"椭圆形"的信访组织结构①，建构"中央—省市—基层（县、乡、镇）"三级信访职能体系。中央属于信访系统的最顶层，主要职能是做好顶层设计，从制度和决策方面预防和化解社会矛盾和纠纷。省市一级应加强自身能力建设，提高化解矛盾、处理社会纠纷的水平。基层（县、乡、镇）逐渐弱化信访处置职能。

第二，要明确各层级组织的职能定位，缓解基层和中央的压力，避免越级和进京上访。中央组织的信访职能是"减生"社会矛盾，而非"化解"社会矛盾。中央层面应当把握好宏观信访制度的规划和政策引导，注重社会矛盾的"减生"——减少生成，一般不直接处理和解决信访个案（特大重大事件除外），从而缓解群众进京上访的压力。周文彰等（2018）提出要率先"减生"政府行为引发的社会矛盾，指出"减生"是治本，"化解"是治标，"减生"侧重从制度层面研究化解社会矛盾的方法。②"减生"社会矛盾需要从中央层面进行宏观的制度设计和规划。省市一级的信访职能主要是处置和化解社会矛盾，为基层减轻压力。省市一级的职权高于基层，对本管辖区域内的社会矛盾和纠纷也有较清晰的把握，且不是信访矛盾的直接利益涉及者，所以更能客观公正地处置社会纠纷。因此，对省市一级要更多地给予人员配置、经费拨付和工作权限方面的倾斜和支持。基层信访组织（县、区、乡、镇）的职能更多应侧重于公共服务的功能，从民生方面减少社会纠纷和矛盾的发生率。对于基层信访

① 童星. 中国社会治理［M］. 北京：人民大学出版社，2018：302.
② 周文彰，孙晨光. 本期特稿：率先化解和减生政府行为引发的社会矛盾［J］. 风险灾害危机研究，2018（1）：1-7.

部门要逐渐弱化其处置问题的职能，鼓励街道、社区代理民众维权，主动向上级部门反映群众的合理诉求。在经济发达地区可以尝试逐步取消街道一级的GDP考核机制，将街道重心转向社会治理和公共服务。在基层组织中，往往存在着信访悖论：一方面，他们是"访民权益的维护者"和"矛盾的化解者"；另一方面，他们又是"访民权益的侵害者"和"矛盾制造者"。这一现象导致信访矛盾化解效果不佳，信访工作饱受诟病。新时代，基层领导干部要明确自己的角色定位，做好"胸怀全局的协调者""访民心声的倾听者""法治的践行者"，只有这样才能积极化解角色冲突，更好地服务信访工作。①

第三，要从横向上协调信访部门与其他公共部门的责权利益关系，赋予信访部门更多的执行权、调查权、督办权等，提升信访工作的专业化水平。颜如春（2011）主张对现有的信访和监察系统进行整合，成立独立的"信访监察局"，通过有关立法工作赋予信访监察局一定的职权，专门受理涉及公共行政管理领域、国家公共事业运营机构的各类投诉，并直接对当地党委和政府负责并报告工作。② 同时还要培育社会组织，孕育社会力量的生长。社会组织的壮大可以很好地为基层政府分担社会风险和公共责任，有利于公共部门与社会组织一起建构风险矛盾共担的责任机制，从而可以作为第三方力量高效地化解社会矛盾。

（三）信访机制的运作——从"矛盾治理"到"源头治理"

新时代信访机制在运行方面要进一步大力推进信访工作的专业化、法治化和信息化建设，处理好信访与司法的边界，强加风险管理和源头治理，在总体上预防社会风险和"减生"社会矛盾。

第一，要将信访纳入法治化轨道，深化改革司法等领域，引导与支持人们用理性的方式表达自己的诉求和依法维护权益，进而有效发挥信访制度应有的功能。要积极推进信访工作的法治化改革，加强与改进"初信初访办理"程序，依法维护上访秩序，完善长效支撑制度。要深入推进领导干部接访和人大代表下访相结合的制度，高效化解社会矛盾。一方面要完善领导接访制度，建立联席会议制度，规范工作流程，将领导接访制度落到实处；另一方面鼓励人大代表深入基层、社区，排查社会风险和矛盾，代理群众合理诉求。

第二，建立健全群众利益诉求表达机制，完善信访工作的救济功能。要建

---

① 邵超．信访工作中领导干部角色冲突与化解［J］．领导科学，2018（14）：20-22.

② 颜如春．完善信访制度研究［J］．行政论坛，2011，18（2）：15-20.

立个性化的利益诉求表达渠道，加强不同利益群体间的协商与合作，针对不同利益群体的需求分类进行化解，完善社会矛盾的分类处置机制，建构信访工作的分类治理体系。

第三，要完善信访监督体系，积极推进网络信访。信访制度建立的初衷就是监督和救济，而监督职能对于遏制政府的权力寻租、滥用职权和贪污腐败等行为曾起到过较大作用。因此，我们要不断完善信访的监督体系，建立科学的信访考评体系与责任追究机制，不仅考核领导干部处置矛盾和化解矛盾的能力，更要考核地方领导的风险防御能力和矛盾"减生"能力，将风险问责纳入地方干部考评体系。网络信访是新时代发展的必然趋势，也是新生事物，需要在实践中不断完善。网络信访与传统信访相比，有着天然优势，它可以减轻信访部门来人来访的现实压力，避免集体上访、越级上访的行为。同时网络信访还能提高信访办事效率，对信访案件实行动态实时监控，实现"阳光信访"。网络信访也不是万能的，它虽然可以吸纳多方民意，却不能处理涉法涉诉问题，这些需要在司法程序中解决。因此，我们要对网络信访进行制度创新、方式创新和功能创新，充分利用微信、微博、自媒体、互联网直播等平台，增加网络信访的社会容纳度和支持度，促进实现网络信访的可持续性发展。

第二节　建立健全社会保障制度

党的十九大提出社会主要矛盾转变的重大论断，并把民众的美好生活建构作为不懈追求的目标，这对新时代我国社会保障体系的建设有着深远的意义，它为建设有中国特色的社会保障体制构筑了新的蓝图，为全面建设新时代的社会保障制度铺设了宏观路径。主要矛盾转变了，人民的美好生活诉求变化了，社会保障制度也必然要与时俱进、不断完善。新时代的保障制度建设必然是以满足人民美好生活需求为目标的主体工程，以增进人民福祉为根本目的。社会公平感的增强、社会矛盾的化解离不开社会保障体系的建立健全；社会保障制度为应对社会风险，化解社会矛盾，增强民众的幸福感、获得感和公平感提供了物质支持和精神支柱。建构以"美好生活"为核心的中国特色社会保障体系是建成社会主义现代化强国的重要制度保证。

一、社会风险与社会保障

保障与风险历来就是相互关联、如影随形的。保障的基本概念是伴随着人类社会各种风险的产生而不断发展的，保障是对风险的保障，预防和应对风险是保障的基本功能，没有风险，保障便失去了其存在的价值。

（一）风险、个体风险与社会风险

风险最初的内涵是与不确定性密切相关的，体现人类在认知上难以预料的结果。经济学中用概率来表示风险，认为风险是造成某些破坏性后果的可能性或概率，风险越大造成灾害性后果的概率也越大。社会学家认为风险是社会的产物，不同时代的风险有着不同的社会背景、文化语境和心理认知。从唯物主义辩证法的视角来看，风险具有以下三个特征：

第一，风险的主客观统一性。风险的客观性表现为风险不以人的意志为转移，是人类社会中所固有的不确定性，尤其是自然界中的风险不论你感知与否，它们都客观存在。同时风险也是主观的，尤其是现代社会以来，很多风险都与人类的行为密切相关，大多是人造风险。风险有自然风险，也有社会风险，它是客观存在与主观认知的统一。自人类社会产生以来，风险就一直伴随左右，客观风险因人类的主观感知而显得有意义。

第二，风险具有实践性。现代社会人们在对风险的探索过程中，不断地制造着新风险，同时也不断地理解、认知和掌控着风险，人类对风险的认识过程也是与风险抗争的实践过程。

第三，风险的普遍性。社会没有永恒和绝对的安全，不同时代不同社会都有风险的存在。人类社会与风险相伴而生，尤其是在工业社会之后，社会领域里充斥着众多风险，而社会保障作为预防和应对风险的主要方式便应运而生。

风险根据其属性可分为个体风险和群体风险。个体风险与个体的生存活动方式密切相关，它是对个体造成损害的潜在可能性。群体风险是对社会群体造成损害的可能性，它具有社会性和公共性，它需要社会群体成员来共同分担和化解。个体风险的产生与个体的社会交往以及"社会化"密切相关，在主体社会化的过程中会引发很多风险，比如，个人的就业、健康、养老等。群体风险与群体的社会互动和"公共化"密切关联，当风险波及社会大众，且单个个体无法承受时，人们便会聚集在一起共同抵御风险。比如，人们共同抵御自然灾害、共同防范流行性疾病等。当群体风险的受众扩大至社会大部分甚至全体成员时，群体风险的公共性便具有较普遍的意义，此时群体风险也就是广义上的社会风险①，它对社会大众具有普遍危害的可能性。社会风险也称"公共风险"，它是与社会全体成员密切相关的风险形态。

个体风险与群体风险、社会风险之间是可以相互转化的。在人类社会早期，人们为了生存需求自发组织在一起，共同抵御自然灾害和野兽侵袭，个体风险（生存）便转换成了社会群体风险（对抗外敌）。随着社会的发展，当越来越多的个体通过契约的方式来应对所遭遇的众多相似或相同的风险时，个体风险便演变成了社会风险。在现代社会里，社会分工越来越细，整个社会是一个相互联系的关系网络，科技的发展在给人们带来便利的同时也让风险渗透到了各行各业，社会个体的关联性越紧密，社会共同体所遭受风险损害的概率就越普及，个体风险转化为社会风险的可能性也越大。比如，当个体的养老问题已经不再是一个家庭，而是社会大部分老年人所共同面临的问题时，个体风险便具有公共性的社会特质。现代社会个体或家庭的生、老、病、死等风险，都可能通过群体方式演变成严重的社会风险与公共危机。②

（二）社会风险与社会保障的内在关系

在"风险—保障"的逻辑路径下，社会保障成为应对社会风险的一种制度化的安排。在不同时代，社会保障都起到了对冲风险、化解矛盾和维护社会稳定的作用。在人类社会早期，很多风险是由个体和家庭来承担的，那时候还没有专业化的社会保障机构。随着生产力的发展和社会分工的细化，社会保障需要交由专业的组织来共同维护各个群体的利益，国家、政府和公共部门理所当然成为首选。在传统的农业和工业社会，社会风险主要聚焦于生存风险、安全风险和生产风险，社会保障的重点范围是疾病、健康和贫困等领域；而在现代社会，社会全球化、信息化、网络化等因素引发风险的复杂性和不确定性，社会保障的领域也更加多元化和系统化，需要建立更加完备和多层次的社会保障体系。

社会保障和社会风险的关系，表现为两层含义：一方面，社会保障是为了应对社会风险而生的，它利用公权力从国家层面来保障个体权益、对冲群体风险，从而达到化解公共风险的目的；另一方面，社会保障本身就是一套系统化的风险管理体系，它是维护社会稳定的重要"兜底网"和"稳定器"。

---

① 广义的社会风险是对社会大部分群体而言的风险，狭义的社会风险是与政治风险、经济风险、文化风险等并列的概念。

② 郑功成. 社会保障学：理念、制度、实践与思辨［M］. 北京：商务印书馆，2000：183-185.

第一，社会保障的起点是个体和家庭，社会保障制度建立的初衷就是国家帮助个体和家庭化解在劳动或生活中遇到的困境和风险。但个体风险与群体风险、社会风险是可以相互转化的，众多的个体风险积聚在一起就成了群体风险和社会风险。个体劳动能力的丧失、失业、疾病等风险会影响每个家庭的生产状况和生活水平，进而蔓延群体和社会，影响社会生产和社会秩序。有了儿童福利基金，儿童们的成长就有了保障；有了养老保险基金，老人的晚年生活就没有了后顾之忧；有了社会救助，遭遇自然灾害侵袭的人们就不再无家可归等，这一切都要依赖健全的社会保障制度来维护不同群体的公共安全。因此，社会保障以保障个体和家庭为手段，进而保障群体安全，达到防范和化解社会风险的目的。

第二，社会保障是防范和对冲公共风险的管理体系，它体现了国家风险治理的职能。从某种意义上看，社会保障是国家从人力和财力上对风险保障市场的一种宏观调控和干预，它对个体和家庭制订风险计划并执行和管理该计划。[①]政府通过主导风险计划为社会成员提供基本的风险保障，并以法律、法规和规则的形式确立下来，以满足全体成员基本生活和基本发展所需。社会保障看似是保障个体安全，其实质是维护群体安全和公共安全。从风险管理体系的角度而言，社会保障管理的风险是宏观的、社会的和公共的。[②] 现阶段我国的社会保障风险体系包含了四个层面，分别是社会救助、社会保险、社会福利和社会优抚。社会救助是通过宏观调控和资源配置的方式，对已经遭受风险、危机损害（如自然灾害）的人群提供物质和精神的帮助，以满足其基本生活需要；社会保险是通过让社会成员购买保险的方式，对丧失劳动能力以及未来可能发生的风险损失进行经济补偿，如失业保险、养老保险、医疗保险等；社会福利是公共部门针对不同人群的风险所提供的社会福利项目，如老年人福利、儿童福利、残疾人福利等；社会优抚是对一些特殊贡献的个体和家庭（军人）所提供的基本风险保障。社会保障作为一种风险管理体系，还体现在应对风险的基本功能方面，社会保障的风险应对功能主要表现为四方面：一是维稳功能，以维护社会的稳定性。社会保障的这一功能与信访相似，它是社会保障的首要职能。如果社会成员遭遇生存危机，连基本生活都得不到保障，必然构成社会的不稳定因素，引发社会失序。因此，社会保障必须以社会稳定为首要前提来帮助个体和家庭应对风险的不确定性。二是宏观调控功能。国家将社会保障作为一种

---

① 何文炯．社会保障与风险管理［J］．中国社会保障，2017（10）：33．
② 曹春．公共风险与政府社会保障责任［J］．财政研究，2013（3）：13-17．

供给制度，对社会资源进行配置和再分配，尤其在经济领域，社会保障通过宏观调控，对冲经济风险，调节公平与效率的关系，促进现实经济的可持续性发展。一方面，社会保障通过调节国民收入的分配和再分配，缩小贫富差距，维护社会公平；另一方面，社会保障通过资金筹集、管理和运作，调节社会总供给和总需求，实现生产要素的自由流动和有效配置。三是社会整合功能。社会保障通过社会救济、福利和保险等措施，维护社会成员的公共安全，以此来增加民众的公平感、幸福感和自信心，实现政治、经济、文化和社会的协调发展。随着保障制度的不断改进和完善，社会保障制度也从消极被动的补偿、救助走向积极主动的预防、预控，并通过整合社会各方力量，维护社会的稳定和谐。四是风险共担功能。社会保障作为风险管理体系，通过一般捐赠、税收、设立基金等多方渠道，对社会成员进行风险计划、风险控制和风险保障。我国在计划经济时期实行的是"国家—单位"保障模式，表现为政府负责、单位包办的全面风险保障。① 进入市场经济时代，我国保障制度转型，采用和实行"国家—社会"的保障模式，表现为政府主导，企业、个人风险分担，全民覆盖的多层次、社会化的保障体系，这种模式实现了社会个体、群体、组织间的互助互惠和风险共担，有效地减轻了国家和个体的负担与压力。

二、新时代社会保障的新风险与挑战

在进入风险社会以后，社会风险呈现出多元化、复杂性和共生性的特征，传统的社会保障制度已经很难应对新时代复杂多变的新风险，我国现有的社会保障制度面临着新的挑战。从工业社会进入后工业社会后，我国经历着社会转型和体制转轨，传统的现代的、国内的国际的社会风险不断被释放出来，经济转型、社会变迁，社会分层、阶层分化，导致各种新风险层出不穷，成为现代社会保障制度的新挑战和重要课题。

虽然现代的社会风险很多是由传统的风险衍生而来的，但在风险社会的时代背景和社会主要矛盾转变的前提下，现代的风险呈现出新的特质，这对我国社会保障制度建设也提出了新的要求。传统的社会保障主要是应对自然灾害、工业生产所引发的失业、伤残、疾病等生存和安全风险；而现代的社会保障需要应对的是众多不确定性的复杂风险，这些风险大多是由社会结构、社会关系以及社会交往方式的变化而产生的。传统的社会保障的人群大多是产业工人和

---

① 郑功成. 从国家—单位保障制走向国家—社会保障制：30 年来中国社会保障改革与制度变迁 [J]. 社会保障研究，2008（2）：1-21.

弱势群体，保障内容和保障对象相对单一；现代的社会保障的人群异质性较强、差异性较大，想要满足民众对美好生活的多元化诉求，社会保障的范围和内容应更加丰富。传统的社会保障由于生产力和经济基础的不发达，一贯重物质保障，轻精神保障；现代的社会保障是一个涵盖经济保障、精神保障和服务保障的综合风险管理体系，以此来满足广大群体多层次的风险诉求。传统的社会保障应对的风险相对分散和独立；现代的社会保障应对的风险具有共生性、并发性、渗透性和系统化的特点，表现出牵一发而动全身的"蝴蝶效应"，社会破坏性极强。

改革开放40多年来，虽然我国的社会保障制度取得了很多成绩，但仍然存在很多制度性的欠缺和服务方面的不足，构成了现代社会保障的新挑战。笔者认为现代我国社会保障制度在失业、养老、医疗等领域将面临新的风险和挑战。

三、建设中国特色社会保障制度的新路径

新时代为建设中国特色的社会保障制度拉开了新的序幕。我们要从社会风险出发，认真研究当前新的社会矛盾，考察人民对美好生活的多样性诉求，打造现代社会保障体系的新格局。

（一）明确功能定位

党的十九大报告明确提出："要建构城乡统筹、权责清晰、全面覆盖、保障适度、多层次完备的社会保障体系。"[1] "城乡统筹"体现了社会保障制度的公平公正性定位，要打破地区分割，让人民获得平等的权益保障。"全面覆盖"是社会保障的普惠性定位，社会保障具有共享性，要覆盖到每个社会成员。"权责清晰"体现了社会保障权利和义务相统一，个人、家庭、政府、企业、社会风险责任共担的职能定位。"保障适度"是指社会保障水平高低适中，太高易滋生"懒人福利"，太低又不能满足人民基本需求，引发社会风险，因此社保要与社会经济发展水平相适应。"多层次"表明社会保障体系是一个包含社会保险、社会救助、社会福利、社会优抚为主体，并以商业保险、慈善服务为补充的多层次的风险管理体系。同时社会保障体系的功能定位还需要从三个层面展开：第一，在中央层面要做好社会保障的顶层设计和宏观决策，处理好国家、市场和社会三者的关系，对社会保障制度的发展目标和功能定位进行科学部署和规划。

---

[1] 习近平. 决胜全面建成小康社会 夺取新时代中国特色社会主义伟大胜利 [N]. 人民日报，2017-10-28.

第二，各职能部门要分类对社会保障的重点领域做好合理的资源配置和功能定位。加快推进养老保险、医疗保险、失业保险等领域的资源优化配置，实现社会保障整体功能的结构优化。第三，地方基层部门要具体细化项目要求，结合地方实际情况优化体系结构，合理分配责任，保证社会保险公正、有效、持续地运行。

（二）实现多元共治

现代的社会保障制度必然是国家、社会、市场三领域相互协同又合作共治的多层次的社会保障体系，只有让政府、社会和家庭合理分担社会风险与保障责任，才能实现社会保障制度的可持续性发展。社会保障作为公共性纯度较高（覆盖全社会成员）的公共品，必然需要由政府主导来进行宏观资源的配置和调控，以确保社会保障的公共性和公平性。政府要做好顶层设计，推动社保立法，分配风险责任。个人、家庭、企业和社会团体要积极配合、充分参与社会保障政策的执行过程。一方面，个人、家庭和其他社会组织要履行相应的缴费义务和责任；另一方面，要对社保基金的运作起到有效的监督职责，确保社保基金真正用之于民。社会保障制度要实现多元共治就必须要处理好效率与公平、市场化与公共性、个人利己主义与集体共享主义的关系，既要防止政府独揽而带来的财政赤字和垄断风险，也要防止过度商业化、市场化而导致的社会公平的丧失；既要用商业保险、慈善服务来弥补单位保险、机构保险的不足，又要培养民众的风险防范意识，提升民众的风险辨别能力和自我保护能力。同时，我们要树立以"美好生活"为目标的新社会福利观，从被动式的"救济""补偿"转向个体能力的激活和"家庭赋能型"的社会服务，通过提升个人和家庭的自身能力来提高自我保障的能力水平，从而推动整体社会保障系统的良性发展。

（三）建构完备体系

新时代中国特色的社会保障制度必然是一个庞大的、功能完备的、全覆盖、多层次的社会保障体系，只有完善的社会保障体系才能满足人民对美好生活的多层次的社会需求。全覆盖要求全体社会成员都必须纳入社会保障体系，是社会每个成员应该充分享有的基本权利；多层次要求我们必须协调好社会保险、社会救助、社会福利之间的关系，满足人民多样性的需求，将社会保障全面落到实处。在医疗领域，医疗保险必须落实到全民参保、层层推进，让人民没有看病难的后顾之忧，人人都能享受到医保待遇。同时还要发展商业医疗保险，满足更高购买能力者的健康需求。政府部门要进一步优化医疗资源、均衡医疗配置，实现多元化医疗服务供给模式。医院部门要创新医疗服务方式，利用互联网、物联网和大数据的优势开展网络远程医疗，提高医疗服务水平。在养老领域，要将适龄的老人全部纳入基本养老保险，确保老人晚年人人都能享受到养老金。要协调好用人单位、劳动者和政府三者参保的关系，实行职责分担、风险共享。要提升社区养老、居家养老的服务水平，建构多层次、多样化的高龄老人服务照料机制。要鼓励民间资本、社会资本投入社会养老事业，积极探索新的养老模式，实行家庭照护、机构照料、邻里互助、心理疏导相结合的养老方式，实现真正的老有所养、老有所乐、老有所依。对于特定人群和弱势群体的保障制度也要多维度覆盖每个成员。对于失业、工伤人群的社会保障要覆盖所有职业，要发挥失业保险和工伤保险的长效机制，对长期未发生工伤的企业组织给予一定奖励，对失业人群开展技能和再就业培训，最大限度地减少工伤和失业风险。对于残疾人、妇女、儿童等弱势群体，要将社会福利覆盖到每个个体，完善残疾人福利事业，优先保障妇女儿童的权益。要进一步完善低保制度、加快保障住房建设，针对困难户、低保户、无房户等群体建立长效的社会救助机制，解决低收入困难群体的基本生活需求。此外，现代人民的多层次需求不能仅仅停留在物质层面，更多地应该体现在精神文化层面。我们应从"美好生活"的多元化诉求出发，将现代性的社会保障观与中国优秀传统文化有机统一在一起，并结合我国本土的价值观、家庭观、贫富观、社会观等，形成包容式的"东方社会保障模式"。①

社会聚焦：非法集资——一种新型的社会矛盾
——以 T 市打击和处置非法集资为例

非法集资已经成为继征地拆迁、劳资矛盾后，集中凸显的一种新型的社会矛盾。非法集资行为也是一种群体性的金融犯罪行为，具有涉案人员广、资金额度高、追踪时间长以及处置难度大的特点，其危害性严重地影响到社会经济的发展和金融秩序的稳定。如何有效打击和遏制非法集资活动成为政府和学术界关注的热点问题。近年来，受国际和国内诸多不安全因素的影响，在地方，我国的非法集资活动呈现出频发、高发和多发的势头，打击非法集资的形势不

---

① 林闽钢. 以"美好生活"为核心的新时代社会保障论纲［J］. 内蒙古社会科学（汉文版），2019，40（3）：30-35.

容乐观。笔者通过对 T 市①打击非法集资工作的调查，总结分析了 T 市在打击非法集资活动中遇到的难点和障碍，并从深化体制改革、防范金融风险、完善处置机制等角度给出了相关的对策建议。

一、T 市打击和处置非法集资工作现状

非法集资活动不仅危害金融市场，而且还严重影响社会秩序的稳定，尤其是近年来，在国际国内不安定因素的影响下，我国的非法集资呈现出高风险性和高危害性。T 市对打击和处置非法集资工作高度重视，成立了打击和处置非法集资工作领导小组，先后出台《T 市处置非法集资信息共享暂行办法》和《T 市打击和处置非法集资工作考核评比细则》。先后处置了 J 港房产非法集资案、鞠某某非法集资案等一批具有社会影响的大案要案，有效打击了非法集资和金融诈骗犯罪分子的嚣张气焰。

随着经济下行压力的逐渐加大，新型行业的不断涌现，一些不法分子进行非法集资的手段更加隐蔽，并且打着各种创新的旗号不断向新的行业、领域蔓延。总体来看，T 市打击和处置非法集资形势仍较为严峻。

（一）矛盾风险值高、激化"阈限低"——发案总量高位徘徊

虽然非法集资属于近年来出现的新型社会矛盾，但其发生频率高且社会影响力越来越大。所谓风险值较高是指该矛盾发生规模和发生频率都较高且社会危害较大。所谓矛盾激化"阈限低"是指该社会矛盾很容易被激化，尤其是在环境变量的影响下，矛盾可能瞬间被激化。T 市非法集资的案发总量一直高位徘徊也正说明了这一点。近年来，T 市部分行业进入低迷期，资金链进一步紧缩。一方面，银行借贷的趋紧客观上刺激了民间借贷的活跃性；另一方面，一些行业资金链的断裂导致无法还本付息，引发民间潜在的非法集资活动被激活，以非法吸收公众存款、集资诈骗为表现形式的涉众型经济犯罪活动时有发生。

如表 6-1 所示，从立案情况来看，T 市非法集资类案件从 2008 年起总体呈现上升趋势，并且一直在高位徘徊。2008 年立案 14 起，同比上升 100%，2009 年立案 26 起，2010 年立案 39 起，2011 年立案数虽有所减少，但发案总量为 21 起，仍处在高位，2012 年立案 54 起，2013 年立案 44 起，2014 年立案 45 起，2015 年立案 59 起，2016 年立案 60 起。

从案值情况看，部分案件涉案金额巨大。比如，2012 年立案侦办的 54 起案

---

① 文中出现的所有地区名称和公司名称均为化名。

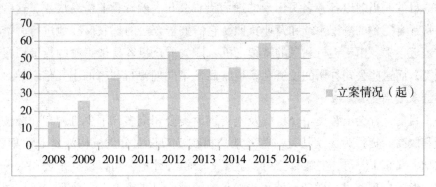

表 6-1 T 市非法集资类案件立案情况

件中，涉案值达 7 亿元；2014 年的立案中有 2 起涉案金额过亿元。从涉案人员看，此类案件受害群众众多，案件涉及人员从数十人到上百人不等。

（二）矛盾"场域固着"显著——地域特点比较明显

所谓"场域固着"是指矛盾常常嵌入在特定空间以及特定的人群之中。从近几年的发案情况来看，T 市该类案件高发地区比较集中，呈现比较明显的地域特点。

T 市非法集资案件高发地区主要集中于 HQ 地区、DN 地区、ZG 地区及 XQ 地区等。以 HQ 地区为例，此地区曾经有近 90% 的家庭参与打会、标会，沉淀资金多达十多亿元，部分会员甚至以此为生，形成了"以会养会"的恶性循环。

这些地区具有明显的地域特点：中小企业较多，经济相对发达，但由于当前宏观经济环境不景气，多数银行对运行困难的企业压缩贷款规模，甚至"只收不贷"，使得一些中小企业很难及时获得银行信贷支持，部分中小企业囿于资金压力，不得不转向典当、民间高利借贷、担保等融资途径。同时，这些地区在历史上就有民间集资活动的传统，随着人民群众经济收入不断提高，且其手中闲置资金缺乏投资渠道，一旦得到高息"吸储"的诱惑，就将手中的"闲钱"盲目投入，从而为非法集资活动提供了大量的资金来源。

（三）矛盾的社会伪装性高——外表迷惑性强

非法集资的社会隐蔽性较强，具有高度的社会伪装性。一般非法集资的组织者千方百计地钻国家法律和政策的空子，他们鼓吹共同致富，以编制高额回报的虚构"投资项目"为诱饵，利用群众的贪婪心性和盲从心理，骗取投资者的信任。非法集资的伪装性更多地体现以貌似合法的经营活动来掩盖其违法犯罪的目的。当前以各种名头出现的虚假借贷公司、融资企业纷纷成立，这些公司常常有完备的登记手续和营业执照，它们披着合法的外衣疯狂地进行融资敛财。近年来，由于银行利息的持续走低，广大群众很容易被高额的投资回报所吸引，而这些公司许诺的投资利率通常高出了同期银行利率的十几倍，导致众多群众上当受骗。

目前，社会上各类中介机构及投资理财类公司众多，不少机构存在非法集资和放高利贷行为，尤其是一些外地公司在 T 市设立分支机构涉嫌非法集资，比如，北京 J 公司、宝鸡 L 公司、宁波 F 公司等外地公司以设立子公司或分公司的形式在 T 市进行融资，涉嫌非法集资活动。以 T 市 L 公司为例，该公司系宝鸡 L 公司在 T 市设立的子公司，目前以总公司业务发展急需资金为由，面向 T 市 L 区中老年人群借款，年化利率 24%，已吸收资金 400 万元左右，涉及投资客户 140 人左右。

（四）矛盾的风险渗透力强——社会危害性加剧凸显

非法集资的社会渗透力较强，引发大规模群体性事件的可能性越来越大。一方面，由于非法集资类案件发案时往往已形成较大损失，且受害群众中部分低收入者承受能力低；往往会引发大规模群体性上访事件，引发社会不稳定因素。近年来，T 市已发生多起群众因民间融资无法收回而闹访的事件。另一方面，一些黑社会势力将集资放贷作为敛财的重要手段，部分非法集资类案件引发了非法拘禁、绑架、故意伤害等次生犯罪。据不完全统计，2011 年至 2015年，T 市发生的由于非法集资引发的非法拘禁事件 8 起、故意伤害事件 2 起，其中比较有影响的是 G 区公安机关查办的 K 黑社会团体案件和 D 黑社会团体案件。

二、T 市打击和处置非法集资工作面临的难点和障碍

尽管 T 市各级相关部门对非法集资活动的打击力度很大，但非法集资大案要案时有发生。通过实地调研，我们认为非法集资活动与其他社会矛盾相比，有其自身的特质，使 T 市的非法集资打击活动面临着新的难点和障碍。

（一）打击非法集资的难点

1. 风险潜伏性强，反弹力大

非法集资手段的隐蔽性决定了风险的潜伏性较强，很多线索短时间内难以被发现。或者即使被发现，它又会以另一种方式继续潜伏，风险的弹性较大。早在 1999 年，中国人民银行就归纳了 4 种主要的非法集资形式，分别是：变相

发放证券融资、物权地产的分割融资、民间借贷集资和商品营销类的融资。2007 年，国务院发文将非法集资的形式扩展为 12 种类型。目前非法集资活动形式多样、隐蔽性高、欺骗性强，T 市的非法集资活动常常与产品销售、市场传销、互联网理财、网络期货等虚拟经济形式交织在一起，造成非法集资活动的线索收集困难，取证过程艰难。T 市很多非法集资的参与人和受害人存在"击鼓传花"的心理，不到"人财两空"一般不去主动报案，极大地增加了非法集资案件的侦破难度。

2. 风险"吸附性"强，积聚速度快

所谓非法集资的"吸附性"强是指非法集资可以吸附家人、熟人以及朋友的加入，而且"吸纳"的速度极快，瞬间就能形成跨地区、跨国界的联合网络。但这种网络关系又不具有牢固性，使得公共部门对其调查取证较困难，无形中又增加了社会风险和社会不稳定因素。

从 T 市爆发的非法集资案来看，非法集资一开始大都从关系亲密的人群来发展人脉和拓展关系网络。比如，亲戚、朋友、亲人、生意伙伴等。熟人的亲密性更有利于非法集资关系网的吸附和扩展。由于熟人关系信任度较高，导致资金借贷的程序简单易操作，很多的借款连基本的借条、收据等凭证都没有，本身就埋下了安全隐患。有一些借贷虽然有凭证，但只是手动记账，仅仅草草记录了集资时间、集资金额和经手人，缺乏程序上的规范性。在调研中，我们发现 T 市非法集资的一些参与人在案件事发后甚至连自己的集资金额都不甚清楚，在无凭证、无票据的情况下，无形增加了公安机关查处该类案件的难度。此外，T 市还有一些网络诈骗集团（HQ）将服务器设在海外，利用互联网进行跨地区的国际作案，此类案件涉及区域广、作案隐蔽性强，导致公安机关调查取证难度极大。

3. 风险流动性强、控制力弱

非法集资的另一个特点就是风险流动性大、时间持续长久，引发案件处置难、追账难，造成公共部门对该风险的控制能力较弱。风险流动性主要是指非法集资的组织者往往异地作案且涉案时间跨度大，很多犯罪分子利用互联网进行跨国交易，使很多资产流失海外，导致公安组织介入的滞后性。一方面，很多资产在查封时与集资总数差额巨大，给案件的追踪带来很大的难度；另一方面，非法集资的组织常常携款潜逃、迅速转移（"跑路"）或肆意挥霍资金，在案发时就已经资不抵债，给参与者带来惨重的经济损失。风险的控制性弱主要表现为非法集资的参与人在遭受血本无归的损失后，常常陷入"追债无门""集体性维权无望"的困境，大多选择非理性的集群行动来维护自身利益。T 市很多老年群体的退休金和养老金被非法集资团伙席卷一空，在遭遇"受骗—忧虑—转嫁—愤怒"的心理历程后，纷纷聚众闹事、频频群体上访，激化了社会矛盾，引发了风险的不可控性。

（二）打击非法集资的障碍

1. 体制性障碍——"羊群效应"

当前我国市场经济体系还不完善，尤其在金融体系问题较多，金融抑制问题一直存在①，造成了短时间内很多私营企业和个人非理性地从事非法集资活动成为当下的一种"理性选择"的现象，这就是公共选择理论所谓的"羊群效应"。一方面，我国在经济转型期常常采用适度从紧的金融政策，对资金的投资规模、发放数量、借贷金额方面进行了严格控制，客观上造成了金融市场活力的缺乏；另一方面，我国金融市场相对单一的金融体系和金融机制引发金融市场的滞后性，造成融资渠道的狭窄和融资方式的单一。"投资难、融资难"成为当前民营企业发展的瓶颈，加之融资手续烦琐，据调查，T市很多中小企业在贷款无门的情况下只能铤而走险，以非法集资的方式来扩宽融资渠道。许多群众难以抵制"高额回报"诱惑，也纷纷疯狂地加入非法集资的群体当中，陷入"乐队花车"式的逻辑谬误。

2. 机制性障碍——虚假"杠杆效应"

所谓"杠杆效应"是比喻人们希望通过杠杆的小投入来获得大回报的心理预期，然而这种效应在非法集资领域却是一种虚假的存在，因为该行为本身就属于非法、违法行为，涉事人必然要自食其果。尽管各级政府已经初步建立了打击非法集资活动的组织体系和相关运作机制，但在实际的打击过程中存在机制性的障碍，难以形成机制的组合力。一方面，打击非法集资的主管部门常常职能交叉、政出多头、职责不清，导致事件处置过程中相互推诿，推卸责任；另一方面，各级监管部门的资源分散，缺乏共享，难以形成共防共治的整合力。尤其是地方金融管理部门长期以来处于被动应付的状态，在面对新生事物时很多管理者缺乏监管经验，引发监管资源的碎片化，造成政府监管的失灵和金融市场的失范。

3. 法律性障碍——"规则模糊"

当前对非法集资"非法性"的法律界定不是十分清晰，而"非法性"对罪与非罪的认定起到关键性作用。1999年，中国人民银行颁发《关于取缔非法集

---

① 纪军令，朱力．何以根治非法集资类社会矛盾［J］．探索与争鸣，2016（11）：83-87.

资活动的通知》，认为非法集资的非法性主要在于其组织没有审批权限，或者越权审批。我国《证券法》认为，凡是不适用《证券法》的筹资行为属于违法，这是从狭义的角度来定义集资行为。非法集资活动由于没有直接采用债券和股票发行的方式进行融资，自然要予以取缔。2010 年，最高人民法院发布《非法集资刑事案件司法解释》，规定非法集资的"非法性"主要在于"以合法的形式掩盖其非法的目的"。非法集资组织未经授权，向不特定的人群进行大数额的筹资，并承诺给予高额利息，严重扰乱金融市场和金融秩序，属于违法犯罪行为。然而在实际的司法实践中，很多法规和规章对"罪"与"非罪"的规定比较模糊，非法集资虽然违法但又难以构成刑法罪，导致非法集资组织者的犯罪成本较低，刺激了该类犯罪的频发性。同时非法集资活动与私募行为的边界模糊不清，导致非法集资常常把自己打造成"合法私募"的形象来骗取群众的信任，加剧该风险的社会发酵。

4. 思想性障碍——"路西法效应"

所谓"路西法效应"原来是形容天神也会沦为魔鬼，说明不要毫无限制地去挖掘人性贪婪的一面，因为没有制度的有力制约，每个人都将在诱惑面前低下高贵的头。非法集资也正是利用了人的贪念。他们鼓吹只要投入少量的资本，就能"钱生钱""利滚利"，轻松获得高额利润。在利益的驱动和各种形式的引诱欺骗下，群众的防范意识下降，常常做出非理性的行为。在对 T 市的调研过程中，我们发现受骗上当的不仅仅是广大群众，一些党政事业机关的工作人员和退休老干部（120 人）也参与了该类活动，当自己钱财被骗以后甚至将亲朋好友也卷入其中，造成了极坏的社会影响。在一段时期里，T 市政府为了解决中小企业融资困境、积极获取招商引资的重大成果，不加分辨地引入境外企业。正是抓住了地方政府的这种心理，一些境外的集团（非法融资企业）摇身一变成了政府部门的座上宾，地方政府还主动为参与非法集资的企业、集团"站台"，客观上成了非法集资集团的"保护伞"，为大规模群体性事件的发生埋下了隐患。

三、T 市打击和处置非法集资工作的对策建议

打击和处置非法集资工作是一项复杂的系统工程，需要建立综合的风险防范体系和社会矛盾化解制度，要努力从源头上预防和减少非法集资风险事件的发生。一方面，要堵歪门邪道，加大对该类案件的打击力度；另一方面，要开启正门，有效拓宽合法投融资渠道，逐步建立"疏堵并举、防治结合"的综合长效治理机制。

（一）实时监测风险源，分类化解风险隐患

化解矛盾的最好方法就是在矛盾爆发前及时发现存在的安全隐患，将危机扼杀在萌芽中。因此，要针对性地实时监测非法集资的苗头和风险源，分类化解风险隐患。打击和处置非法集资犯罪行为具有特殊的敏感性、政策性和社会性，要坚持受害群众利益最大化、社会负面影响最小化、行为主体正面教育深刻化的原则，分类处置各类风险。对已移送法院的非法集资案件加快审理，对已移交公安机关的案件加快侦破，同时做好舆论引导和社会稳控工作，防止引发群体性事件。对暂未定性的涉嫌非法集资活动加强监控，尤其要针对P2P平台、房产中介、投资理财、新型养老等非法集资高风险行业加强监测预警，定期组织上门进行风险提示，引导企业、群众增强法制观念和规范意识，一旦发现苗头性问题立即提早介入积极化解。对一些涉嫌重大非法集资案情的要及时召开"打非"领导小组会议集体讨论，制订相关应急预案和处置方案，妥善化解相关风险，确保社会稳定。

（二）完善治理机制，加强跨部门联合协作

要进一步完善打击和处置非法集资联动工作机制，构建起行业主管部门监管、媒体监督、社会举报三位一体的非法集资违法活动预防体系，完善信息共享、联合排查、风险处置、综合考评机制。工商部门要把好工商企业注册登记关，加大对无证经营、超范围经营、违规发布广告等违规行为的监管和处罚力度；金融监管部门要加大对非法金融业务的查处力度，对可疑的大额资金往来加强监控；公安部门要加强线索摸排，对一些苗头性案情要提前介入，争取打早、打小。要定期开展专项风险排查活动，对相关涉嫌非法集资案情实行联合执法，保持高压态势，提高打击非法集资的权威性和威慑力。

（三）深化体制改革，有效拓宽投融资渠道

一方面，要积极引导各金融机构针对普通百姓开发适销对路的理财产品，大力推广小微企业私募债、"开鑫贷"等收益较高、运作规范的创新理财业务，不断拓宽民间资金投资渠道，推动民间资金更好地支持中小微企业和"三农"发展；另一方面，针对中小微企业和"三农"融资难等突出问题，要深入开展小微企业转贷方式创新试点工作，探索设立中小企业融资周转基金，鼓励商业银行开展基于风险评估的续贷业务，切实减少企业高息"过桥"融资。要鼓励银行在风险可控的基础上加强融资工具创新，通过简化企业贷款手续，进一步缩短审贷时间，更好地为中小企业及"三农"提供优质金融服务。

（四）加强思想宣传，建立常态化的风险防控体系

要强化日常宣传，坚持持续宣传，充分运用网络、微信、微博等新兴载体，开展多层次、全方位的宣传活动，逐步建立常态化的风险防控体系。宣传教育活动要落到实处，要进机关、进工厂、进学校、进社区、进乡村，重点围绕非融资性担保、投融资中介、私募股权投资、网络借贷、农民专业合作社、农民资金互助社、养老产业、房地产行业等重点领域，有针对性地开展政策法规宣传，加大投资者风险警示教育，增强公众"理性投资、风险自担"的意识，着力营造良好的舆论氛围，教育社会公众增强风险意识和辨别能力，自觉远离非法集资，从源头上遏制非法集资的蔓延。

风险扩散与危机多元治理机制

社会风险在扩散过程中，会进一步激化社会矛盾，进而引发社会冲突，导致群体性事件和公共危机的发生，影响社会的稳定。此时社会治理的最大诉求是社会认同。为满足人们对美好生活"认同感"的诉求，需要在对社会冲突层进行疏导的基础上，探析社会风险的扩散方式、风险扩散的内外部环境，建构"危机多元治理模式"。

第七章　风险扩散与社会认同

风险扩散是风险进一步演化的形态，社会风险的"感知—滋生""积聚—叠加""扩散—传递"的演变过程，预示风险的强度和破坏性越来越强烈，引发社会冲突和群体性事件的可能性也越来越大。由于风险本身的复杂性和不可控性等特征，加之社会异质性的增强和社会认同感的缺乏，社会风险在扩散过程中会进一步加剧社会矛盾和激化社会冲突，使其在更大的空间内具有扩大和分散效应。风险聚集到一定程度容易与各种环境因素耦合在一起，在更广泛的社会空间和社会系统里蔓延和扩散。一旦扩散不能得到有效控制，便引发群体性冲突，导致公共危机的产生，严重影响社会稳定。

第一节　社会风险的扩散与演化机理

"扩散"一词原本在生物学中用来解释分子的空间转移和渗透能力，后来被广泛用于自然界和社会系统中事物演变的方式和形态。所谓社会风险的扩散（祝江斌等，2006）主要是指，由于社会风险（事件）本身的复杂性、多变性和不可控性等因素，而在更大的地域空间内扩大分散，以及由此风险事件而引发了更深程度的衍生事件和次生事件，或者由于透过风险表象而引发除了当事人以外更多的人关注反思，进而改变人们行为方式、价值观念的现象，从而使风险事件原有性质发生根本性变化的过程。① 由于公共性是社会风险事件的基本特性，如果事件不能得到有效控制，那么它将在社会公共空间扩散和蔓延，极易引发社会失序。从社会风险扩散的定义来看，我们不能单纯地只从风险来谈论风险。社会风险与突发公共事件、社会危机事件、公共危机事件是密不可分的。社会风险是社会系统遭受潜在破坏的可能性，而突发公共事件、公共危机事件则是社会系统受到显在危害的现实性。从社会风险到公共危机是一个风险演化过程的连续体。同样，我们也不能将风险扩散与风险感知生成、风险积聚叠加等风险演变形式割裂开来。从风险感知到风险积聚、再到风险扩散，其本身也是一个连续体。积聚、叠加、扩散是风险的演变形式，而风险事件和公共危机则是风险积聚、叠加和扩散的现实性后果。

"演化"是指一种事物、现象或系统是如何动态地生成、发展和演变的。社会风险的演化也是一种动态的过程表达。社会风险在其积聚、叠加和扩散的过程中与外部环境相互耦合在一起，从而在时间序列上呈现出不同的形态，最终从社会风险演变为公共危机。所谓"机理"更多地可以从系统论的角度来理解，它是指一个事物（或现象）的"内在规律性"的表达。鉴于不同类型的社会风险（事件）其演化路径是不同的，而且有些演化机理尚有待于不同领域里的专家进一步深入研究和发现，故本书只剖析社会风险感知生成、积聚叠加和扩散传递等演化形式中的一般性规律和共性特质。由于风险扩散必然会引发灾害性的突发公共事件和公共危机的后果，因此社会风险的扩散演化机理与公共危机的扩散演化机理，是同一问题的两方面。

对于社会风险（事件）扩散过程和演化路径，有很多不同的视角可以分析。本书以时间维度为坐标，选取了三种视角：一是系统态演化分析（系统论视角）；二是危机周期演化分析（危机管理视角）；三是社会态演变（社会风险维度的社会学视角）。

一、社会风险的系统态扩散与演化（无序—混沌—自组织临界）

从社会危机性事件来看，很多公共危机都源于很小的社会风险，但随时间

---

① 祝江斌，王超，冯斌. 城市重大突发事件扩散的微观机理研究［J］. 武汉理工大学学报（社会科学版），2006（5）：710-713.

的推移呈现出叠加性、放大性、扩散性以及连锁性。如果外界没有任何力量去控制风险的蔓延和扩散，社会风险便会不断积聚、扩散，从无序、混沌向自组织临界演化，即"无序性—混沌态—自组织临界"式的系统演化过程。

（一）社会风险的无序和混沌

1. 无序性

在社会风险的生成期，人们常常会用无序性来形容风险事件的偶然性和突发性。无序性主要表现为不稳定性、突发性和不规则性。无序是相对有序而言的，有序性是客观事物存在和运动中表现出来的稳定性、规则性和重复性因果关联。人类理性的功能主要在于抓取对象世界中的有序性以形成关于世界的规律性的认识，而对于无序性则是难以对付的。因此在风险事件发生初期，由于在主观上出乎人的意料，所以人们常常感觉到手足无措，表现出无序性。比如，"非典"初期，由于人们对于这种新型病毒不了解，感到无从下手。还有一些突发式的风险事件，如飓风，由于人们没能及时预测发生的信息，也会感到事件发生的偶然性与无序性。

我们认为，在风险事件发生初期，虽然有偶然触发的因子，但更多地体现为人们主观认识上的无序性。它可能是人们主观上的疏忽大意没有察觉，也可能是受人类技术水平和认识能力所限，但这种无序性存在于更深层次的规律性之中。从这一点上来说，无序不是绝对的。很多风险事件看似偶然，实属必然。从系统哲学的角度来看，偶然性受制于必然性，偶然性是必然性的外在表现形式和补充，凡存在偶然性的地方，其背后总隐藏着必然性。有些风险事件或现象现在认为是无序的，将来的认识则未必如此。随着社会风险的逐步扩散，人们会越来越关注它的发展，从而总能从一些偶然性与随机性中找出内在的联系，对其认识也更加理性化。因此，社会风险事件虽然具有偶发性，但仍有其内在规律可循。我们把这种存在于确定性中的表面无序性称之为"混沌"。

2. 混沌状态

在科学研究中，混沌是介于有序和无序之间的状态，它并非无序也并非有序，是有序中包含的无序。哈肯指出，"混沌可以定义为产生于确定性方程的随机性"。① 我国学者郝柏林认为，"混沌是非周期的有序性"。虽然人们对混沌现象早已司空见惯，但对于究竟什么是"混沌"，目前尚无统一的定义。不过，混沌现象的奇妙之处就在于它把"表观的无序"与内在的决定论机制巧妙地融为

---

① 哈肯. 协同学导论［M］. 张纪岳，等译. 西安：西北大学科研处，1981：70-83.

一体。普尔指出，混沌是一个相当难以精确定义的数学概念，但是它可以被描述为"确定的随机性"。混沌可以表现为以下的数学特征：

（1）内随机性。虽然混沌的发生具有随机性和发展后果的不可精确预测性，但仍然存在于确定性的系统方程中。正如社会风险事件的发生后果常常不能精确预测一样，危机的发生却存在于确定性的联系之中。

（2）对初始值的敏感性。混沌态与有序态的不同之处在于，它具有局部不稳定性，随着进入的初始位置的不同而"差之毫厘，谬以千里"，即所谓对初值的"敏感性"。蝴蝶效应正是这种敏感性的表现。对于风险事件，一次原生性的小风险就能引起连锁效应和大的危机也是这个道理。

（3）非整数维。说明对混沌的描述不能用规则的几何学来描述。通常人们认为事物的几何图形的维数总是整数的。例如，点是零维，线是一维，面是二维，体是三维等。整数维的几何图形只能描述规则、光滑的几何图形，但是现实世界中大多数事物不是很规则的，这就需要把整数维的概念推广到分数，即非整数维数，这对于我们认识复杂性的社会风险很有帮助。

（4）无限嵌套的自相似几何结构。把混沌现象的几何结构看成洋葱头，不过在混沌状态下系统的每一部分都有类似的结构，而且一层一层剥下去以至无穷，表明混沌具有某种结构不变性。

（5）混沌是一种"奇异吸引子"，在相空间或状态中间中某个区域，它的特点是能将相空间中其他区域出发的轨线吸引过来。[1]

用混沌来解释风险事件是因为社会风险在演化过程中所呈现出的复杂性和非线性的特征。从非线性的视角来看待事物之间的联系，正是混沌学的主要方法。在风险事件和危机灾害中常常表现出随机性、突发性、不均匀性特点，使得一些相对简单的理论和手段失去作用。社会风险事件就是具有多维、非定常、多尺度、非平衡、非线性以及耗散性为特征的复合系统[2]，其中任何一个要素中的子要素发生微小的变化都可能使事件迅速演变成大的灾害和危机，从而引发整个社会系统的混乱。

（二）社会风险扩散的发展趋势——"自组织临界"

风险事件、社会危机最初大多以一种突发性、非线性、复杂性的形态呈现在我们面前，但随着其影响范围的扩大，其内在要素之间以及与周围环境之间

---

① 卢佩. 混沌学传奇［M］. 孙建华，译. 上海：上海翻译出版公司，1991：148-159.

② 董华，张吉光. 城市公共安全：应急与管理［M］. 北京：化学工业出版社，2006：78-82.

不断地进行着物质循环、能量转换和信息传递，并借助突发因子相互耦合在一起，形成系统驱动。在系统的动力作用力下，逐步从一种我们看似无序和混沌状态的驱动下走向自组织临界值。这种现象在自然灾害系统中表现得最为明显。普里高津认为，处于非平衡态的系统能够产生耗散结构，其实就是一种开放性系统，它能够不断地从环境中吸取物质、能量特别是信息（负熵，有序性），来维持自身的有序性和自组织性。人类社会系统就是一个耗散结构，它只有不断地与外界进行物质、能量交换才能维持下去，使自身具有活力和自组织能力。这种交换一旦停止，就会出现危机。当社会系统处于有序的有机运动中时，其自组织程度也较高；社会系统的自组织化程度越高，说明社会系统越和谐。

　　所谓自组织临界值，其实就是指系统在趋向自组织的一种临界状态。自组织临界（self-organized criticality）是由美国布鲁克·海文（Brook-heaven）国家实验室的物理学家贝克（Per Bak）和唐超（Cao Tang）等人在1987年提出的，是一个关于具有时空自由度的复杂动力学系统的时空演化特征的概念。[①]他们认为，自组织临界往往产生于弱混沌系统中（不稳定的混沌系统），在这种临界状态下，小风险会导致一场大灾难。在复杂的动力学系统中（包括灾害系统），如果没有外界干扰，便自发演化成自组织临界状态，此时系统的动力行为不再具有特征时间和特征空间尺度，而是表现出覆盖整个系统的时空分布。他们通过沙堆模型说明自组织临界状态的存在，进而认为，像金融危机、股票市场、恐怖暴动等复杂性事物都会在一定条件下到达自组织临界状态。这对于我们研究社会风险事件的演化有很大的启示。

　　对风险事件、危机系统、灾害系统而言，系统内部诸要素在特定环境下相互耦合形成动力驱动，系统也会朝自组织方向发展。这说明危机系统在一定条件下会趋向自组织临界状态。由于危机系统本身的不稳定性，所以只能是自组织临界值。对整个社会而言，这种危机系统自组织趋势的增强，意味着整体社会系统自组织程度的减弱。当群体性危机事件或灾害演化到自组织临界值时（复杂度最低点的时候，也就是负熵最大或者说熵最小时），其爆发力和突发性是最大的，此时对社会系统的破坏性也是最大的，甚至会使社会系统整体丧失自组织能力。当然，很多社会风险事件在扩散过程中，由于自身的不稳定性、脆弱性和人工控制力的增强，常常没达到这种临界状态就丧失了演化动力，出现演化中止，也就不再扩散了。

---

① 颜泽贤，范冬萍，张华夏. 系统科学导论：复杂性探索［M］. 北京：人民出版社，2006：48-53.

二、社会风险的周期态扩散与演化（潜伏期—突发期—高膨胀期—缓解期—消退期）

从时间维度来分析社会风险及其风险事件，最直接的方式就是按照不同时段和周期来划分。虽然社会风险事件发生的时间、势态有一定的突发性和不确定性，但并不是说风险事件的发生是毫无缘由、无章可循的。社会风险事件和公共危机的爆发是系统的内在矛盾由量的积累发展到质的飞跃的过程。公共危机事件作为社会风险演变过程中的质的突变，在爆发前是风险孕育和积聚的过程。当风险积聚到一定的程度时，通过一定的诱因促成便有了风险事件，而对风险事件不加控制、任其扩散就会酿成更大危害的社会危机。

自然灾害类的风险事件常常有一定的周期或准周期，而社会领域的危机事件由于本身的复杂性，常常很难预测，不过仍有规律可循。但不论怎样，社会风险事件从孕育、发生直到衰退结束，都有一个演化的时段，从而可以抽象出不同演化分期。

（一）演化分期的不同理论

1. Fink 的危机阶段理论

斯蒂文·芬克（Fink，1986）借鉴疾病的发展过程曾提出过危机的阶段分析理论：第一是危机潜伏期，第二是危机突发期，第三是危机蔓延期，第四是危机解决期。芬克的这种危机阶段分析理论的特点在于，它提供了一个综合性的循环往复的过程。他曾举过一个很形象的例子，危机的过程就像一个用锅煮水的过程，从慢慢烧水的"潜伏期"到水烧开至沸腾的"突发期"。之后，或者把锅取走，危机得到解决；或者经过"危机蔓延"后，锅底被烧掉，危机也得到解决。这与国内学者牛文元提出的"社会燃烧理论"有形似的地方。牛文元把社会系统的有序和无序、平衡与失衡、稳定与暴乱，同自然界的燃烧现象进行了类比，非常形象地描述了危机事件的产生和发展。这也说明了突发事件的发生有其自身的燃点和沸点，或称之为临界点，它是社会风险积聚到一定阶段而产生的质变结果。

2. Turner 的灾害阶段理论

Turner（1976）在调查三类灾害基础上，依据灾害的影响和后果对灾害的发展进行了模型描述。[1] 模型以人类社会对灾害的反应措施的不同作为对灾害阶

---

[1] 佘廉，吴国斌. 突发事件演化与应急决策研究［J］. 交通企业管理，2005（12）：4-5.

段的划分标准，将灾害的演化过程分为七个阶段：理论上事件的开始点、孵化期、急促期、爆发期、蔓延期、救援和援助期、社会调整期。Turner 认为，灾害的演化过程一般经过以上一个周期，减灾和应对需要依据每个阶段的不同采取相应的措施。但当时 Turner 并没有对灾害的成因进行深入的分析，只是将灾害的起因归于事件"理论上开始点"。1992 年，Turner 构建了灾害的前阶段理论。Turner 认为，灾害在发生前阶段具有各种诱因，这些诱因在前阶段相互作用和耦合，最终导致了大规模事故或灾害的爆发。

3. burkholder 的紧急事件演进阶段理论

1995 年 Burkholder 依据人道主义紧急事件的发展过程，提出了紧急事件的三个阶段模型。这三个阶段分别为：急性的紧急事件阶段、晚期紧急事件阶段、后紧急事件阶段。模型描述了不同阶段紧急事件的状态，提出了必须依据紧急事件的阶段特征，设定不同的目标和采取不同措施来平息紧急事件。

4. Ibrahim-Razi 的灾害分期理论

Ibrahim-Razi 的灾害分期理论来源于对马来西亚 1968—2002 年间七个灾害年的调查报告，该模型将灾害发生之前分为七个阶段：错误产生阶段；错误聚集阶段；警告阶段；纠正或改正阶段；不安全状态阶段；诱发事件产生阶段；保护防卫阶段，最后导致灾害爆发。① 该模型基于组织系统内部各因素的相互作用机理，期望通过分析各类因素在灾害孕育期的相互作用，来避免事故的发生。

（二）社会风险事件的演化分期

上面的分期理论是从危机的起源、发展、突变，直到危机的解决等不同角度的动态考察，这对研究社会风险事件有一定的借鉴意义。一般来说，一个完整的社会风险事件也有其发生、发展的过程，大概可分为下面五个阶段：潜伏期、突发期、高膨胀期、缓解期、消退期。

潜伏期是风险事件的潜伏阶段，不容易察觉。在这一时期，随着社会风险的累积，事件处于风险积聚的量变的过程中，发生突发事件的可能性不断增强。在此阶段，尽管风险的孕育有隐蔽性、随机性、无序性、难以准确预测的特点，但其都会或多或少地表现出某些征兆出来。② （如地震爆发前自然环境的异常变化，群体性突发事件爆发前的集会、相关人员的异常活动等）

---

① 佘廉，吴国斌. 突发事件演化与应急决策研究［J］. 交通企业管理，2005（12）：4-5.
② 吴国斌，王超. 重大突发事件扩散的微观机理研究［J］. 软科学，2005（6）：4-7.

在突发期，风险由潜在的可能性变成了现实性，并以破坏性的事件呈现在公众面前，由不为人知到引起人们的关注。此阶段时间不长，但感觉很长，事态常常会引来越来越多的媒体关注，是社会群体开始承受事件所带来的损害的阶段。

高膨胀期是风险不断扩散、蔓延，损害程度不断加剧的时期，事态不断升级。这一段时期，风险事件极可能演化成公共危机，甚至就是以公共危机的形式表现出来，并可能伴随次生、衍生灾害，社会价值观、社会心理和社会秩序受到极大冲击和破坏。

在缓解期，危机事件得到控制，损失慢慢减少，但没有彻底解决。这一过程时间长短不一，有形的损失容易恢复，但心理创伤的恢复需要时间。如果事件是发展到公共危机状态之后再进入缓解期的话，这段时间就会相对很长。

在消退期，公共危机事件得到完全控制，人们开始回归正常的社会秩序、恢复生产、重建家园。

三、社会风险的社会态扩散与演变（社会风险—突发公共事件—公共危机）

从社会态视角来分析社会风险事件，属于社会学的研究范畴，它有利于从源头上防范社会风险，遏制公共危机。社会风险的社会态演变遵循的是"风险—危机"连续统一的逻辑构想。风险的社会态演变过程其实就是"社会风险—公共危机"的转变过程。将社会风险看成一种社会现象与过程，是对社会风险的一种最朴实直观的表达，也是揭示风险的社会演变规律的主要方式。

"风险""事故""灾害""危机""突发事件"等概念都是用来阐述一种社会现象或者一种社会状态的。要揭示出风险的社会态的演化过程，就需要对社会态呈现的风险事件（风险的现实后果）进行内涵和外延的梳理。与风险事件相类似的概念很多，事故、灾害、危机这些词汇也都是对损害性风险事件的一种社会形态的表达方式。由于社会风险、公共危机、灾害、灾难、突发事件、紧急事故等概念之间存在相互转化和重叠的关系，因此，笔者将通过分析"社会风险—公共危机"的演化过程来揭示出这些概念在逻辑上的"勾联"。

（一）概念的梳理与逻辑呈现

1. 社会风险与公共危机

现代社会将风险意识发展到风险科学，最主要的动力就是减少风险带来的危机，即风险防范意识。风险是社会遭受破坏的可能性和不确定性，危机是社会遭受客观危害的现实性和确定性，风险的人为性使其扩散到社会的方方面面，并可能造成不同领域中的危机后果，由此类推，社会风险是因，公共危机是果，它们的关系如图7-1：

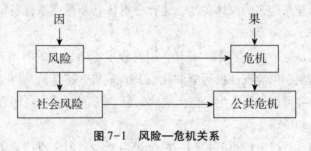

图7-1 风险—危机关系

2. 突发事件与突发公共事件

一般人们很少区分突发事件与突发公共事件的差别，因为在公共危机的话语下，突发事件本身就是指突发公共事件，但两者还是有一定区别的。

突发事件也就是突发事故，它是指在特定的时间、地点和环境下，突然发生的事故。其特点是突发性、不确定性和一定的损坏性。突发事件可能是一般的事故，如交通事故，对此公安局有一整套的处理程序，一般情况下不会变成突发公共事件。突发事件有私人领域的，也有公共领域的，但随着事态的发展，私人领域的突发事件也可能延伸和危及公共领域。突发事件可能造成特定的个人和家庭的伤害，但随着范围和危害程度的扩大，也可能会引发公共突发事件，甚至公共危机。因此，突发事件与突发公共事件在一定的条件下是可以相互转化的。

突发公共事件是突发事件的社会态表达，是从公共性角度来阐述事件的。一般而言，突发公共事件源于社会风险。突发公共事件是指在公共领域内发生的，并对公共设施和公众产生不良影响的事故。因此它不只是一个人、一个家庭的事情。其特点是突发性、不确定性、公共性和严重破坏性。突发公共事件是公共危机爆发前的征兆，因此它是社会风险向公共危机演变的中间载体。

3. 公共危机——社会风险演化的高级阶段

社会风险在演化为公共突发事件的过程中，如果处理得不及时，很容易引发公共危机。当然并不是所有的公共突发事件都会引发公共危机，只有当公共突发事件没能得到有效的扼制，突破了自身的临界点，其破坏性和公共危害不断增强时，才会产生公共危机。如何界定突发公共事件的临界点，笔者认为可以从三个纬度来看：第一，事件发生的频率，事件发生的规模、程度和影响的范围；第二，事件是否引发了次生、衍生事件；第三，从价值层面看，事件是否对社会正常的价值和秩序系统产生严重的威胁。

对于公共危机，虽然许多学者提到，但对其界定仍然很模糊。有学者认为，公共危机就是一种产生了影响社会正常运作的，对公众的生命、财产以及环境等造成威胁、损害，超出了政府和社会常态的管理能力，需要政府和社会采取特殊的措施加以应对的紧急事件或紧急状态。本书也比较倾向于这种界定。张成福认为，从系统论的角度来看，危机表现为系统遭受干扰而失去平衡的状态，或称为"系统失衡"。① 薛澜认为，危机是相对于一个社会系统的基本价值和行为准则架构产生了严重威胁，并且在时间压力和不确定性极高的情况下，必须对其做出关键决策的事件。②

笔者认为，公共危机是由社会风险、公共突发事件发展而来的，并对一个社会的基本价值、行为准则、社会秩序产生严重的威胁。由于时间紧迫和高度的不确定性和破坏性，公共危机需要以政府为核心的公共管理系统做出决策来加以解决。公共危机的特征是突发性、高度不确定性、公共性、紧迫性、高度破坏性、信息的不充分性等。比如，美国的"9·11"恐怖袭击，印度洋的海啸、禽流感等。可见，公共危机极大地影响了公共利益，常伴有次生、衍生灾害，导致公众的生理和心理的伤害，而公共危机的处理往往也需要公众的高度参与。

突发事件、公共突发事件和公共危机三者之间的特征如表7-1：

表 7-1　突发事件、公共突发事件和公共危机关系

突发事件	突发性、不确定性、损坏性（不涉及社会价值层面）
突发公共事件	突发性、不确定性、公共性、破坏性、信息的不充分性（对社会价值、心理层面有一定的影响）
公共危机（社会风险演变的高级阶段）	突发性、高度不确定性、公共性、紧迫性、高度破坏性等，并引发次生、衍生事件（对社会价值、心理和秩序产生严重威胁）

以 2003 年在我国发生的"非典"为例，起初，"非典"只是一个突发事件。一开始"非典"属于未知传染病，如果卫生防疫体制完备，这种突发事件不一定成为公共事件。由于卫生防疫体制不完备，一直到出现小规模流行的时候，

---

① 张成福. 公共危机管理：全面整合的模式与中国的战略选择 [J]. 中国行政管理，2003（7）：6-11.

② 薛澜，张强，钟开斌. 危机管理：转型期中国面临的挑战 [J]. 中国软科学，2003（4）：6-12.

才引起了警觉，这样突发事件就变成了公共事件。但是在转变突发公共事件之后，政府应对较为滞后，一开始并没有采取有效的应对措施，加之信息不充分，从而使一个地方性公共突发事件酿成了全国性的公共危机，暴露出来很多制度方面的问题。后来政府采用问责制和一系列强有力的回应，才抑制住了"非典"危机的蔓延，最终降低了公共事件的危害，但最后付出的实际代价实在不小，在社会上引起了恐慌，社会价值和秩序受到了严重的威胁。

由此可见，从突发事件、公共突发事件到公共危机，其影响范围是层层递进的，对社会系统的破坏程度也是逐步增强的。通过上面的分析，我们可以将风险、社会风险，突发事件、突发公共事件，危机、公共危机这六个概念逻辑串联起来。

从风险到危机有个转化的过程，风险与危机的关系是因与果的关系，风险是因，危机是果，同样，社会风险是因，公共危机便是果。从风险到危机的转化需要经过一个载体——"突发事件"，才能从潜在的可能性转化为现实的危机。可以说突发事件是从风险到危机转变的中介。而社会风险则需经过公共突发事件，才能转化成公共危机。从风险到突发事件，有个风险酝酿和积聚的过程；从事件到危机，有一个事件扩散和蔓延的过程。社会风险是社会潜在遭受破坏的可能性，而公共危机是显在地受到危害的现实性，但社会风险与公共危机都是主观与客观的统一。因为社会风险既有风险感受，又是客观存在的；同样，公共危机既有主观的危机感知，又造成了客观的危害结果。如图7-2：

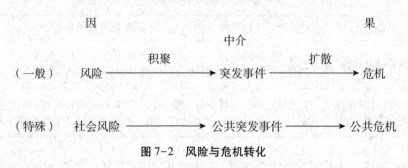

图7-2 风险与危机转化

我们知道，突发公共事件的突发性更多的是一种主观上的意外性，其实在事件发生之前，社会系统中的各种矛盾、冲突相互作用，已经有了一个社会风险分布、酝酿和积聚的过程，加之触发因子的作用，在一定条件下才有了风险事件的爆发。而随着事件影响范围的不断扩大，次生事件、衍生事件陆续出现，社会恐慌不断加剧，整个社会系统越来越不稳定，从而出现了公共危机。如果公共危机不能得到有效扼制，那么整个社会系统就会陷入瘫痪，那将成为一场灾难。

因此，从社会风险到公共突发事件，从公共突发事件到公共危机，在时间维度上是一个连续体，如图 7-3：

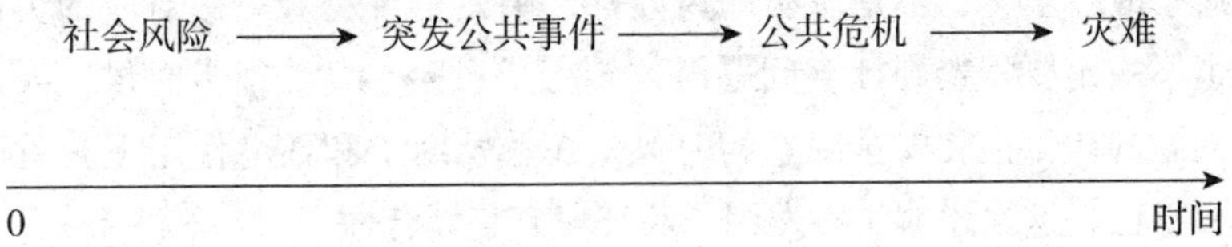

社会风险 ——→ 突发公共事件 ——→ 公共危机 ——→ 灾难

0 ——————————————————————→ 时间

图 7-3　社会风险在时间维度上的社会态演变

（二）从社会风险到公共危机的演变过程

从上述对基本概念的分析来看，从社会风险到突发公共事件的爆发有个风险分布、风险积聚酝酿和风险触发的过程，如果对风险任其发展，最终必然酿成事件，甚至演变成危机。因此假设在没有任何因素阻断的情况下，从社会风险到公共危机的演变一般可以分为两个阶段：第一，从社会风险到突发公共事件；第二，从突发公共事件到公共危机。

1. 从社会风险到突发公共事件的转变

从社会风险到突发公共事件有个风险酝酿、积聚叠加和风险转化的过程，而突发公共事件就是风险积聚叠加的后果。在这里，突发公共事件其实就是一个社会风险事件，是社会风险从潜在的可能性、随机性和不确定性，变成了社会现实性。社会风险是一种抽象的表述，而突发公共事件则是侧重于一种现实的危害。

系统论告诉我们，任何事物都有一个从量变到质变的过程。以城市为例，风险在城市中表现为城市社会风险，这种风险之所以会造成恶性事件，常常和风险的性质、风险的分布、风险的环境以及触发因子有很大的关系。风险的性质是指风险的类型，比如，自然风险、生产安全风险、经济风险、文化风险等，不同类型的风险其强度、破坏度是不一样的，就是同一种风险也有不同的风险度。风险的分布不同，风险所处的环境不一样，风险转化成突发事件的可能性也不一样。

同样，推动风险转化成风险事件的，还有触发因子的作用。触发因子大致可分为自然触发因子和人为触发因子两种。比如，爆炸，可能是在安全隐患没有察觉的情况下，物质自燃的结果，这就是自然触发因子与风险结合的结果；也可能是人为操作的失误，那就是人为触发因子造成的。

　　以城市中的社会风险为例（如图7-4），风险经过酝酿和积聚会形成很多城市社会问题，这些问题如果得不到解决，在环境和触发因子作用下，就常常会爆发突发公共事件。比如，城市交通拥挤问题长期不能得到解决，就常常引发重大交通事故。当然，不是所有的风险都和突发事件有着一一对应的关系，有些风险也不一定要积聚到社会问题时才转变成风险事件。很多时候，人们还没有发觉问题的严重性和安全隐患的时候，在触发因子和环境作用下它就已经酿成了危机事件，这也说明了触发因子和环境有着耦合性。

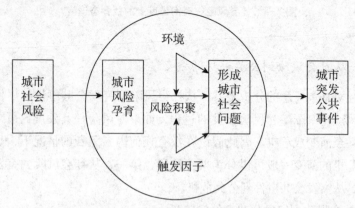

图7-4　城市社会风险孕育过程

　　2. 从突发公共事件到公共危机的演变

　　突发公共事件从发生到结束有个演化和逐步扩散的过程。在这个过程中，事件由小变大、由少变多，从社会物质层面到社会价值层面，事件的破坏性和影响范围逐步扩大，从而形成了公共危机。所以笔者认为，公共危机是从突发公共事件演化而来的，是社会风险演化的高级阶段。所有的公共危机都是突发公共事件，但不是所有的突发公共事件都是公共危机。由此可见，在从突发公共事件向公共危机的转变过程中，社会风险的扩散和蔓延起到关键作用。同样以城市为例，城市突发公共事件在转变为城市公共危机的过程中，其扩散的动力主要源于致灾因子、受灾体与孕育环境在城市时空下的相互影响。虽然不同种类的突发公共事件，其扩散动力有具体差别，但就总的事件而言，影响其扩散动力的因素主要有下面五个①：

　　（1）城市突发公共事件（致灾因子）的性质

---

① 祝江斌，王超，冯斌. 城市重大突发事件扩散的微观机理研究 ［J］. 武汉理工大学学报（社会科学版），2006（5）：710-713.

在城市突发事件演化中，致灾因子的性质是影响扩散动力的关键因素。不同的致灾因子的扩散能力是不一样的。比如，自然灾害的扩散能力较强，影响区域往往是大面积的，而且极易变异和连锁扩散为其他类型的突发事件，如地震可能引发水灾、火灾、爆炸等灾害，导致有毒物质贮存设施的破坏，以及水坝、堤岸的损坏等；而城市安全事故的扩散面积一般比较小，一般是局部的危害。

（2）城市突发事件（致灾因子）的强度

城市突发事件中，致灾因子的强度也是影响其扩散程度和速度的要素之一。同一种突发事件，不同强度，其扩散程度大不一样，比如，八级地震可能引起一个城市的毁灭，而二级地震及以下的地震基本不对人类造成危害。

（3）城市中作用对象（受灾体）的脆弱性

城市中突发事件的发生不可避免，但其危害的程度与扩散范围却与作用对象的脆弱性直接相关。受灾体本身的脆弱性包括设施的脆弱性和人的脆弱性。设施的脆弱性是针对硬件设施抗突发事件破坏的能力，而人的脆弱性则是针对社会中的人抗突发事件破坏的能力而言的。城市中人们是否具有防灾意识、是否懂得防灾知识和具备防灾能力，是抑制事件扩散的一种重要因素。

（4）城市中的环境因素

影响突发公共事件的环境因素主要包括自然环境和社会环境，它能够加速或延缓事件的扩散速度，其作用不可小视。比如，火灾在大风的环境下，会扩散迅速，灾情严重；流行病毒在人群聚集地点更加容易扩散、蔓延等。

（5）城市应对体系的脆弱性

一个城市中完善的应对体系可以有效降低突发事件的损失，是控制事件扩散的重要途径。城市重大突发事件的发生并不可怕，可怕的是没有事先预警和事后紧急应对无效。我们需要建立有效的预先防范和事后应急的控制体系，以有效降低突发事件的扩散，从而尽可能地降低损失和危害。

从时间上看，城市突发事件的扩散与演化动力在不同演化阶段也有所不同。具体表现为：在突发公共事件发生初期，其扩散的动力主要来源于致灾因子的性质；在中期，扩散动力主要来源于致灾因子内部能量释放与其破坏城市载体时形成的合力；事件后期的扩散动力来源于事件、次生事件、衍生事件与环境相互耦合作用。借用 S 形曲线来表示，如图 7-5①：

---

① 吴国斌，王超．重大突发事件扩散的微观机理研究［J］．软科学，2005（6）：4-7.

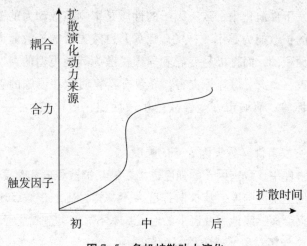

图 7-5　危机扩散动力演化

综上所述，从无序、混沌到自组织临界；从潜伏期到突发期、高膨胀期、缓解期和消退期；从社会风险到突发公共事件再到公共危机，这三个层面的剖析都是在时间维度上展开的，都是对社会风险的动态演化分析，是对同一个问题的不同方面的表述（如表 7-2 所示）。

表 7-2　风险时间维度演化分析

	系统态演化	无序—混沌—自组织临界
时间维度分析	周期态演化	潜伏期—突发期—高膨胀期—缓解期—消退期
	社会态演变	社会风险—突发公共事件—社会危机 （感知生成—积聚叠加—扩散渗透）

需要指出的是，在从社会风险到公共危机的社会态演变过程中，风险感知生成、风险积聚叠加、风险扩散渗透等演化形式贯穿于这一演变过程之中。为了便于理解，我们对"感知—生成—积聚—扩散"进行了时间流上的先后设定，即这些演变形式存在时间序列上的先后性，但在实际的风险演变过程中，由于风险的复杂性和不可控性等多重因素的影响，生成、积聚、叠加和扩散等演变形式也可能同时同步发生。风险性事件的系统态演化过程和演化周期是假设事件在没有外力阻断和人为控制的情况下而演变的结果，因此源头的风险防范就显得更加重要了。在潜伏期里，如果我们能够发觉无序中的有序性，对危机事件的风险预警能尽量及时准确，就可以避免很大的损失，甚至可以将某些风险事件扼杀在萌芽之中。在事件爆发后，如果能应对及时、组织有力，就可以很好地避免事态的蔓延、扩散，避免自组织临界和公共危机的发生，将损失降到

最低。因此，从社会风险到公共危机事件演化的每一个阶段并不是都要一一经历的，如果公共部门的应急机制运作高效，完全可以在时间上减少危机性事件发生的周期，从而减轻政府的应急压力。我们对风险事件的治理过程就是要阻断事件演化中的任一环节，实行动态综合的系统治理。

第二节　社会风险扩散中的外部环境

突发公共事件不同于一般的事故，它有其特定的构成要素，并表现为时间上的蔓延与空间上的延展。在社会空间里，突发公共事件不断地与社会环境进行着物质、信息与能量的交流，不断地与环境进行着互动。在社会环境要素中，社会心理、社会信任和社会传播与突发危机事件之间的互动最为直观，它们之间相互影响、相互制约，加速了事态的恶化。

社会环境是灾害事件的外部要素，它对灾害和突发公共事件的影响是不可忽视的，它能加速和延缓事件的生成和演化。尤其是对于次生灾害和衍生灾害的形成起着重要的催化作用，许多突发事件被放大而产生的连锁效应都与环境系统的不稳定性有着密切的关联。对突发危机事件来说，社会空间以及空间里的系统都可以看成突发事件的外部环境，因为突发公共事件一旦爆发就会从正常的社会系统中分离出来，成为阻碍社会系统正常运行的一种强干扰要素。从这个意义上来说，社会系统本身就可以看成是突发公共事件的外部环境。由于不同的突发公共事件产生于不同的环境系统中，因此，环境对突发公共事件的生成、演化和扩散有着重要的影响。

突发事件的外部环境从广义上来说，可分为自然环境与人文环境。自然环境更多地体现为地理位置、自然资源和气候条件等，这些因素常常关系到不同类型的自然灾害在该地域发生的可能性大小和发生频率的多少。人文环境主要表现为社会治安状况、经济发展水平、社会文化和社会心理等。如果说自然环境表现为一种硬环境，那么人文环境更多地体现为一种软环境。一个稳定的人文环境能够降低突发公共事件的发生和扩散，同样不稳定的环境（社会冲突加剧、社会政治信任度下降、社会治安混乱、经济动荡等）会加速突发事件的传播和扩散。

系统哲学认为，任何要素与要素、系统与系统、系统与环境之间都存在着或多或少的联系，但它们之间的关联度是不一样的。我们通过分析美国的"9·11"恐怖袭击、切尔诺贝利核泄漏、日本地铁的沙林毒气事件、韩国大邱地铁纵火事件，美加大停电事故、印度洋海啸以及我国的 SARS 等一系列的公共危机，深刻地感受到，在突发公共事件的外部环境系统中，社会信任系统、社会心理系统和社会传播机制与突发公共事件的互动最为直观。一方面，社会信任系统的失范、社会传播机制的失衡以及社会心理系统的失调都将促使社会风险的积聚、突发事件的增多和社会危害性的增强，从而加速了从社会风险到突发公共事件的转变；另一方面，突发公共事件的发生、蔓延和扩散又进一步破坏了社会系统的稳定以及各子系统之间的平衡，加剧了信任危机，造成传播失真和心理恐慌。因此它们之间相互影响、相互促进，形成一种恶性循环，严重破坏了整个社会系统的稳定性。

一、突发公共事件与社会信任系统的失范

信任在任何社会都非常重要，它是社会秩序得以维护的重要媒介，是一种重要的社会整合和控制机制，是维系社会系统稳定的重要凝聚力量。社会信任系统按不同的社会领域分为：政治信任、文化信任、市场信任等；根据不同的群体又可分为：大众信任和专家信任等；根据不同区域又表现为：乡村人际信任和城市人际信任。社会信任系统如果出现严重失范，会造成整个社会系统的震荡，甚至是崩溃。

所谓社会信任系统的失范，是指社会信任系统中各子系统之间功能的失衡。在一个稳定的社会系统中，各个社会信任系统中的子系统之间应当发挥正常的社会功能，并且保持必要的平衡。功能失衡主要表现为两种状态，一种是信任缺失或没有信任，另一种是过分依赖某种信任。其实，不信任或者过分依赖某种信任都是不利于社会稳定的。

（一）信任系统失范容易滋生社会风险，引发突发公共事件

不论是社会信任缺失，还是过于依赖某种信任，都会导致社会整合和控制的失败，增加社会运行的不确定性，从而滋生社会风险，导致公共危机的发生。

第一，信任缺失主要表现为信任丧失和信任危机。在社会交往中有两种主要的信任，一种是人际信任，一种是制度信任。这两种信任应当发挥各自的功能，互为影响、相互补充。人际信任产生于相互熟悉的基础上，以特殊的亲情（如血缘关系、亲缘关系、朋友关系、地域关系等）为基础，以道德、人伦等非

正式制度做保证。① 比如，最亲密的家人之间的信任，这种信任源于人的天性，亲人之间是最少猜忌戒备的。制度信任是以制度为基础和保证的信任关系，制度越完善，信任度越强，冒险性越小。制度信任以制度、主要以法律制度为后盾。在传统社会，人际信任占主导地位；在现代社会，制度信任占主导地位，人际信任为补充。现代社会是一个高度程序化和制度化的社会，各种非人格化的、超越具体情境的种种程序或制度构成了整个社会的基本框架。工业化进程的加速使经济活动的范围不断扩大，人的社会流动性也越来越频繁，人际关系变得更加复杂多变，人与人的交往变得更具匿名性和易变性。通过制度信任，人与人可以在相互之间并不了解的基础上进行一系列的工具性的沟通和交往。在社会关系中人际信任与制度信任都是必不可少的。人际信任为制度信任的发育提供良好的基础，制度信任为人际信任提供一个稳定的环境。

虽然在不同时期，这两种信任有着主次之分，但都是社会不可缺少的，都应该发挥各自的功能。然而，在当今社会，这两种信任都没有有效地行使功能，主要表现为人际信任的丧失和制度信任的不足。人们常说，都市里人情冷漠，亲情淡薄，人与人之间越来越缺乏信任，甚至连夫妻之间也经常设防，社会成了"陌生人社会"，这就是人际信任丧失的表现。制度信任不足，常常表现为对市场规则的不信任、对政府组织的不信任、对社会体制的不信任等。在商场上，市场规则遭受破坏，坑蒙拐骗横行，制假售假泛滥。在政治方面，部分官员的贪污腐化、权力寻租。在制度上，社会保障不力，法律不健全……这一系列制度的不完善都造成了信任危机。这种信任危机不仅扩展到社会系统的不同层面和领域，而且不同层面和领域之间也正在形成恶性的互动循环，导致整个社会的信任水准呈快速下降趋势。② 目前，严重的信任丧失正在损害我国的经济发展、政治安定和社会进步，对整个社会安全构成了严重威胁。

在社会转型期，新的完善的制度信任系统还没有完全建立，而人际信任却逐步丧失了。这些都无形地增加了社会风险，很有可能导致严重的社会危机。人类社会的城市化进程，使城市社会体系的复杂性不断增强，这本身就意味着社会风险的增加。良好的社会信任是一种削减城市复杂性的重要机制，也是一种规避风险的重要手段，而严重的信任缺失，非但不能削减社会复杂性，反而会在现代社会固有的复杂性之外增添更多的复杂性，从而增加社会风险，导致

---

① 吴锋，赵利屏. 信任的危机与重建 [J]. 湖北大学学报（哲学社会科学版），2002（4）：55-59.

② 冯仕政. 我国当前的信任危机与社会安全 [J]. 中国人民大学学报，2004（2）：25-31.

政治、经济、社会领域中的突发事件频繁发生。

第二，过分依赖某种信任。在社会生活中，人们只依赖于一种信任也是很危险的，这样会导致信任的失衡，容易产生过分信任和盲目信从。比如，大众信任与专家信任之间就应该保持相对的平衡，过分地依赖任何一个单一的信任系统都是不可取的，它们之间应该相互补充、相互平衡。大众信任也就是人际信任，是依靠熟悉建立起来的信任；专家信任是依靠专家的知识、信誉和能力而建立起来的信任。过分依靠人际信任是有危险的，现实生活中"宰熟"就是明证。但一味地依靠专家信任也是不可取的，因为专家也不是完人，也有犯错误的时候。连吉登斯也说过，单一依赖专家系统也是有风险的。人际信任是对专家信任的必要补充，两者要保持平衡。

比如，近年来，我国农村环境群体性事件日益增多，当地居民透过反映、陈情等制度化手段解决未果，降低了对政治系统的信任，而乡村网络的密结与高度的人际信任却强化了集群行为的动员，最终导致了人们集群行为的产生。可见，政治信任的降低，而人际信任的增强，最终导致了非理性冲突。由此可以看出，只依赖于某种信任也是有风险的，随着风险的积聚和扩散，极易引发社会危机。社会信任系统的失衡，本身就是社会风险增加的重要因素，从而加速了社会风险向突发公共事件和公共危机的转变。

（二）突发公共事件的爆发又加剧了信任系统的不稳定

危机发生后，常常加剧了信任系统的失范，甚至原本稳定的信任系统也会产生信任失调。比如，在突发公共事件爆发后，由于时间紧迫、信息闭塞，加之没有应对此类危机的经验，政府的第一反应常常极为迟钝，更没有相应的应对机制。这时候的政治信任度就会下降。特别是一些当地政府，出于地方保护主义和声誉的考虑，在处理危机时有意隐瞒，阻塞信息渠道，甚至愚弄民意，造成了公众对政府的不信任，政治信任度在危机情境中呈急速下滑趋势。

二、突发公共事件与社会传播机制的失衡

在从突发事件到公共危机的演化过程中，社会传播机制同样起着重要的作用。在现代社会，传播机制的失衡主要表现为在传播主体、传播渠道、传播对象之间传播链发生断裂。① 在这里，政府是传播主体，大众传媒是正常的传播渠道，广大公众是传播对象。社会传播机制的失衡，主要体现在信息传播失真、

---

① 陈福锋. 透视危机事件传播链的断裂 [J]. 传媒观察，2003 (4)：23-25.

媒体功能缺失和沟通失灵三方面。由于政府、媒体、公众三者缺乏良性的互动，让谣言有机可乘，造成社会性恐慌和混乱，加剧了突发公共事件的传播和扩散，影响社会稳定。

（一）传播主体——信息传播失真

由于突发公共事件的发生具有突发性和紧迫性，因此，对信息的获取和传播就显得尤为重要。在事件爆发时，信息传播的正常渠道常常被堵塞，而政府就首当其冲成为突发事件信息的传播主体，是信息源。政府处于信息金字塔塔尖、掌握最完整信息，在突发性事件的信息传播中发挥着巨大的作用。

面对危机时，公众对信息的需求会迅速上升，公众迫切需要准确信息来消除事件的不确定性，政府部门如不及时向社会发布权威信息，非权威信息就会乘虚而入，填补"信息真空"，从而对危机处理造成消极影响。非权威信息是危机状态下的集合产物，具有极强的破坏力，主要包括：人为制造、虚构的谣言，随意夸大的流言、传闻，以及政府或信息处理部门尚未公开发布、真伪难辨的"小道消息"等。① 这些非权威信息会影响政府信息部门及时获得和传播真实信息，延误采取正确措施的时机，给政府的科学决策制造障碍。长期以来我国地方政府习惯于以行政干预的方式来解决危机事件，其实在高度信息化的今天，这种做法早已不合时宜，这样做的结果只会导致政府将信息主动权拱手相让，降低了公共部门的公信力。因此，在危情时刻，政府应该向公众发布正确、可靠、权威的信息，并用现代化的传播设备使信息迅速传达到公众面前。只有这样，才能够重塑政府形象，从而防止危机的进一步恶化和蔓延。

（二）传播渠道——大众传媒功能缺失

在突发事件向公共危机的演化过程中，媒体功能的缺失和传媒的不良运作，会引发社会的恐慌，甚至引发其他类型的危机。传播的渠道主要有人际传播、大众媒体传播以及网络传播等，其中，大众传媒是最普遍的一种，也是连接政府和大众的主要传播渠道。然而，大众传媒功能错位，加速了突发事件的蔓延和扩散。我国的大众传媒长期以来习惯于和公共部门保持高度的一致，这虽然有利于创造良好的舆论环境，但也容易出现"一边倒"的情况，弱化了大众传媒监测、监督社会环境的功能。主要表现为：直接转载、发布政府公布的信息多，自己调查、采访得来的信息少；代表媒体自身观点的新闻评论少，出现的

---

① 华艳红. 论社会危机中的传播失范：由 SARS 事件和禽流感事件说起 ［J］. 浙江广播电视高等专科学校学报，2004（2）：10-13.

大量信息缺乏分析和引导。此外，媒体往往为了抢热点和吸引人眼球，常常会夸大事实和虚拟事件，呈现出非理性的一面。

（三）传播对象——沟通的失灵、流言四起

由于传播主体的信息发布失真、主要传播渠道阻塞，导致了政府、媒体与公众之间沟通失灵，而流言谣言便在人际传播中有了土壤。公众往往处于信息传播金字塔的底层，很难掌握全面的信息，尤其在危机发生时，公众由于信息缺乏，无法对事件做出合理的判断，而正常的信息传播链条若再断裂了，公众则只能从人际传播中寻求零碎的信息。在不确定的危机环境里，公众被搁置在真实信息的"真空"里，于是各种来自民间的传言都可能被急需补充信息的公众接受。人际传播的最大缺陷就是信息容易失真，在传播过程中会发生扭曲变形，越来越背离事实本身，从而流言四起，引发社会慌乱。当公众无法从权威信息渠道获取信息时，常求助于手机短信等缺乏可控的第四媒体。据调查，2013年大规模禽流感发生时，我国市民关于禽流感的消息80%是从手机短信和互联网上获得的，互联网为谣言的产生起了推波助澜的作用。此外，2002年发生于京津地区的艾滋病病人"扎针"的虚假信息也是流言推波助澜的结果。可见，在突发事件发生后，由于政府、媒体与公众沟通的失灵，流言会乘虚而入，进一步恶化事态的发展，不利于对事件的控制。正是政府、媒体、公众三者之间缺乏良性的互动和有效的沟通，才造成了三者之间传播链的断裂和传播机制的失衡，最终加速了突发事件演变成为公共危机。

三、突发公共事件与社会心理系统的失调

突发公共事件从潜伏到爆发，会造成社会心理的失调，而社会心理承受能力的失调又进一步加剧了事件的演化与扩散，因此它们之间是相互影响的。在突发公共事件的生成和演化过程中，社会心理的失调主要表现为：在社会风险积聚时刻，谣言的传播导致社会的焦虑、恐慌，不利于风险的化解；在突发公共事件的爆发与扩散期，社会性骚乱甚至暴乱的心理不利于危机的应急与控制，容易引发群体性的事件，无形之中加剧了危机的蔓延。从这个意义上说，只有那些引发公众集体性焦虑与恐慌，流言或谣言盛行，甚至导致骚乱或暴动的危机事件，才称得上是真正意义上的公共危机事件。也只有公共危机事件才能引发群体性的社会心理失调。在社会心理的层面上，公共危机事态主要给公众带来以下三方面的影响：

（一）社会性焦虑与恐惧

焦虑是危机发生后市民的普遍心理反应，它是人们对于所处的不确定危机情境而产生的不愉快的情绪反应，是令人焦虑的紧张状态。焦虑会表现出一系列的身心反映，比如，易激怒、怀疑、担心、感到不安、虚弱、神经紧绷等，而且一直伴随着一种对未来威胁的预感和混乱的紧张情绪。

恐惧，是公众在面对危机状态时，对现实的或想象的威胁做出的逃避或不合作行为的一种心理反应。恐慌产生的原因是复杂的，通常表现为某种危险引起个体认为无法克服而又试图回避它所产生的消极情绪。当人们认为突发公共事件具有危险性、自己会受到伤害，但自己却又没有能力去克服时，就会产生恐惧。恐惧初始存在于个体中，但会弥散于人群或社区，具有一种心理感染性，易形成"恐惧氛围"。恐惧是比焦虑更严重的心理障碍，而焦虑在特定的危情下会转变成恐惧。一般来说，引起恐惧的导火索往往是某些耸人听闻的流言或谣言。在特定的危急情景下的非权威信息会使得没有思想准备的公众陷入迷惘和惊恐，直至上升成为群体性的恐慌。① 比如，食品安全危机发生后，恐慌会迅速蔓延开来，很多消费者会产生过度防备的心理，不仅拒绝消费带有安全隐患的食品，而且连带性地拒绝消费其他食品，造成食品市场的跌宕起伏乃至全面萧条。②

（二）对流言与谣言的盲目信从

流言与谣言是社会大众中相互传播的关于人或事的不确切信息。在面对突发公共事件时，公众常常不能准确获知或无法获知信息，只好想方设法通过各种民间渠道去搜集，这时流言与谣言就有了传播的空间。对于谣言，人们一般是宁信其有不信其无。由于个体缺乏判断或以他人的判断为准，于是，大众极容易盲目信从和轻信谣言。在这种情况下，防范谣言的唯一方法，就是政府应该在"第一时间"辟谣，及时、客观地将事实真相公布于众，以科学的、权威的政府声音，消弭没有任何事实根据的谣言。

---

① 马颖，胡志."非典"危机对建立社会：心理干预系统的启示 [J]. 中国农村卫生事业管理，2006（5）：48-49.
② 青平. 食品安全危机中的消费者心理引导 [J]. 商业时代，2004（35）：69-70.

（三）骚乱与暴乱

非理性心理的一种最极端的行为表现就是骚乱和暴乱。① 骚乱与暴乱是很严重的社会心理问题，常常是集群性的心理与暴力行动的结合。一般在面临重大公共危机事态时，会发生骚乱和暴乱。如政治危机、民族冲突、战争等。英国学者罗杰·马修斯（Roger Matthews）对暴乱（riot）与骚乱（disturbance）进行了比较。他认为两者之间的相似之处在于：暴乱和骚乱都是集体行动——集体抗议（collective protest），都是涉及群体的暴力行为。两者之间的差别在于：暴乱的群体会使用物力或者武力威胁来进行对抗行为；骚乱则没有这样的行为，骚乱的典型表现是对恶劣的情境的集体抗议，比如，非法集会、消极怠工、停止劳动等。可见，暴乱比骚乱破坏性更强烈，骚乱通常是爆发群体性事件的主要心理来源，如果骚乱不能得到有效控制，暴乱、内乱甚至政变就都有可能发生。

在危机情境下，骚乱和暴乱的心理状态很可能是由焦虑和恐惧的心理状态转化而来的，并伴随着集体的暴力和破坏行为。因此，骚乱与暴力对社会系统造成的破坏力是巨大的，一方面，骚乱与暴乱源于重大公共危机事件；另一方面，它们又使得公共危机状态更趋于混乱与无序，给社会秩序和人们的生活带来重大危害。

此外，对于不同的危机，人们的心理感受也是不一样的。比如，对于车祸和空难这两个不同的突发事件，人们的心理感受是不同的。人们对空难的心理恐惧程度要远大于车祸，虽然遭遇车祸的统计概率要远大于空难。因为空难的结果是致命的，而车祸造成的损害可能是致命的，也可能不是致命的。人们对于不可预见、知之甚少和自己很难掌控的社会风险与突发事件，心理的恐惧程度较大，这里有个风险的社会放大过程；而对于可以预见的，知之甚多的以及可以自我控制的社会风险、突发事件，心理感受则相对稳定。由此可见，对于可以预见和容易控制的突发事件，在演化为公共危机的过程中，社会心理对其影响不大；而对于陌生的、难以预见的和难控制的突发事件，在转变为公共危机的过程中，社会心理对其影响较大，心理的失调时常发生，极易形成群体性暴乱，从而加速了危机事态的恶化。

对于同一种危机，在其不同的发展阶段，人们的心理感受也是不同的。在

---

① 戴健林. 论公共危机管理中的社会心理调控 ［J］. 华南师范大学学报（社会科学版），2006（3）：117-122.

危机发生初期，人们常常会感到震惊、恐慌和不知所措，于是产生了恐慌心理。在危机扩散期，如果事件不能得到有效的控制，恐慌会加剧，骚乱和动乱可能会随之而来。如果危机能逐步得到控制，人们会对危机有更为理性的认识，并试图控制自身的焦虑和情绪紊乱。在危机消退和恢复期，人们会渐渐恢复心理上的平衡，虽然有些负面情绪会持续一段时间，但经历过危机后，人们的心理会更加成熟，通过适当的心理干预，会重新恢复自信，当然这也要视具体的危机情境而定。

综上所述，社会信任系统、社会传播机制、社会心理系统与突发公共事件之间是相互影响、相互制约的。突发公共事件引发了信任危机、传播失真和心理恐慌；而社会信任的失范、社会传播的失衡和社会心理的失调，又加剧了事件的扩散和蔓延，使社会状态趋于更加混乱与无序，给社会造成了巨大危害。

其实，不仅危机事件与社会心理、社会传播、社会信任之间是互动的，而且社会信任体系、传播机制与社会心理系统之间也是互动的。社会心理是社会信任的基础，社会信任本身就是一种心理信任。社会信任通过传播机制来稳定社会心理，而社会心理通过传播机制进一步巩固了社会信任。可是，在危机来临时，社会信任、社会心理和社会传播之间的良性互动被打破了，三者中的任何一方遭受干扰，都会波及和影响另外两方，从而变成一种恶性循环，极不利于社会的和谐。因此，危机管理的目的就是使它们三者之间保持良性的互动，只有这样才能够减缓从社会风险到公共突发事件的转变，防止公共危机的发生。它们之间的互动关系如图7-6所示：

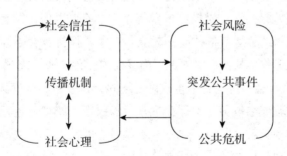

图7-6 社会风险环境互动

第三节　社会风险扩散中的社会认同

一、风险扩散中的主要治理诉求——社会认同

社会风险在扩散过程中，易激化社会冲突，加剧社会矛盾。社会风险扩散具有时空的扩展和渗透效应，表现为在更广阔的社会系统里的分散和蔓延。由于风险的突发性、非线性和难控性等特质，风险常常与各种环境要素耦合在一起，形成叠加式、放大式和连锁式的扩散路径，极易引发社会群体性事件的发生，对社会稳定构成严重威胁。

风险之所以能在社会系统中蔓延和扩散、进而形成冲突和对立，主要原因在于不同群体间缺乏社会认同，所以此阶段社会治理的主要诉求是社会认同。社会认同是社会成员共同拥有的价值观念、信仰和行动取向的集中体现。① 由于现代社会的流动性加速了社会排斥和社会疏离、人与人之间社会认同感很低，从而为社会风险的扩散提供了有利的空域，也为群体冲突和公共危机的发生埋下了隐患。

（一）社会认同的功能——社会整合与"维模"

社会认同具有社会"维模"的功能，它是建立社会稳定与社会和谐的基础，在缺乏认同感的社会里，社会系统将无法进行可持续的良性运作。社会认同是社会冲突层"模式维持"（维模）的前提条件，它可以保持社会冲突层内部模式的稳定性，缓解冲突层各群体间的对立与抗争，保持社会不同群体间的良性互动和可持续性运作，从而应对外部不确定性的社会危机。"维模"即"潜在模式的维持"②，在社会系统运行中止或修复期间，其原有的规范认同、价值认同和制度认同等准则能够被很好地保存下来，以保证系统恢复运行后正常功能的发挥。从传播学视角看，所谓"维模"是指社会系统对于外来的利益观念和价值意识的一种自我保护功能。当外来价值观有利于本地社会系统发展时，便很容易与本土的文化价值观念融合在一起；当外来意识形态对本土文化构成威胁和破坏时，社会"维模"功能便发挥作用，抵制外来文化意识的侵蚀。

社会认同也是社会信任系统得以有效运作的关键。信任具有社会整合的功

---

① 李友梅．重塑转型期的社会认同［J］．社会学研究，2007（2）：183-186.
② T. 帕森斯．社会行动的结构［M］．张明德，等译．南京：译林出版社，2003.

能，它是社会系统均衡发展和有效"维模"的必要条件，也是促进社会认同、消除社会冲突的黏合剂。社会认同与社会信任相辅相成，社会认同有利于社会群体间达成"友好合作"的信任关系，而社会信任关系的建立又进一步促进了社会认同感的达成。社会认同的"维模"功能主要体现在三方面：第一，社会认同能够保持社会系统总体价值观念的有机性和完整性，是社会系统内部各子系统相互依存、相互整合以及模式维护的最有效的手段；第二，社会认同可以使不同群体成员在"求同存异、互惠互利"的基础上产生信任感，并达成一致的远景目标，使社会全体成员为之奋斗；第三，社会认同具有文化存续性和包容性，它可以将本民族优秀的传统文化、伦理规范和道德准则很好地保存和维持下来，保持文化的独立性和延续性，同时又具有强大的包容性，对外来的价值观念、意识形态积极地批判、吸收、扬弃，达到文化融合的目的。社会认同还可以缓解群体间人际关系的紧张，促进团队合作意识，增强社会凝聚力，维护社会的和谐稳定。

（二）社会认同的过程与表现

根据 Henri Tajfel 的社会认同理论，社会认同的过程是从社会分类（social-categorization）、社会比较（social comparison）和积极区分（positive distinctiveness）三方面建构的。① 社会分类是指个体会自动地将自己归为社会阶层中的某一类群体，这是一个自我身份的认同过程，也是自我角色的定位过程。社会分类是指群体成员会通过比较群体间的异质性和差异性，来区分群体的类别，从而更倾向于对自身属于群体的接受过程。积极区分是指群体成员在情感、认知、归属、资源分配等方面对本群体的认可度越来越高，并更加主动地来获得群体的认同感。在借鉴社会认同过程理论的基础上，我们将社会认同的表现分为三个层次，分别是：群体身份认同、社会制度认同和社会价值认同，只有三者之间充分发展、相互补充、良性互动才能起到社会整合的效果。

1. 群体身份认同

群体身份认同是个体对自身所属群体的一种归属性认同。身份认同的缺乏或者身份认同的极端化，都会带来不良的社会后果。一是一旦群体身份认同缺乏或认同模糊，便可能引发很多社会不稳性因素。比如，农民工的城市适应与身份认同问题。很多农民工无法融入城市，也难以回归乡村，他们在市民和农

---

① TAJFEL H. Social Psychology of Intergroup Relations ［J］. Annual Review of Psychology, 1982, 33（1）: 1-39.

民两种身份认同中游离不定，造成身份认同的障碍。再如，水库移民家庭异地安置后的身份认同问题。被迫离开家园的人们其身份认同感和社会归属感的形成也将是一个漫长的过程。二是，群体身份认同的极端化也会引发社会风险。个体对家庭、小群体过分认同和极端崇拜，会造成对社会其他群体和社会制度的不认同，引发群体偏见和群体冲突，典型的就是底层弱势群体对上层群体的不认同与对抗，上层群体利用阶层优势对底层群体的歧视和排斥。

2. 社会制度认同

社会制度认同是社会成员对现有的制度安排、社会规范和规章制度在内心的肯定、认可和接纳。制度认同是比身份认同层次更高的社会认同形式，它也是社会体制合法性的重要依据。当前很多的社会不公平现象，加剧了民众对现有制度的不认同感，引发了众多的群体性冲突事件。因此，我们需要重新审视现有的制度安排，用公平公正的原则来重构现行制度。要将社会信任、社会认同融入制度结构的功能再塑中去，在全社会范围内建立统一规范的社会秩序，为道德、风俗、习惯提供可靠、安全、信任的制度环境。公共部门要承担起公共责任和社会职责，保持信息公开和组织运作的透明度，要加强监管、严格执法，维护社会信用规则和行业伦理规范，提升公共部门公信力和认可度，避免政治合法性危机。

3. 价值认同

价值认同是高层次的社会认同，新时代要构筑社会主义核心价值认同。我们要树立共同的理想信念，以理想信念为引领来建构社会主义核心价值观。将共产主义理想、社会主义信念、马克思主义信仰当作毕生的价值追求，提升社会群体的精神高度，不断增强民族自尊心、自信心和自豪感。要树立道德榜样，强化民众的道德关注，通过舆论引导、文化熏陶、教育宣传等方式凝聚全民族的精神力量，努力践行社会主义核心价值观，提升全社会的价值认同境界。

二、美好生活的"认同感"需要社会冲突层的融合

（一）社会认同与社会冲突层的调适

由于社会群体的多样性和差异性而导致认同的缺乏是造成社会冲突的主要原因。社会不认同主要表现为群体之间的认可度较低、群体冲突层发生强烈的排斥和对抗，群体性事件、抗争事件不断爆发。社会认同的缺乏导致社会成员无法拥有共同的价值观念、信仰和行动取向，造成社会凝聚力的下降，易引发公共危机。风险扩散阶段，人们对美好生活的需求是认同感。群体性事件、抗

争事件的频繁爆发是社会认同感低下的体现。塑造美好生活的认同感需要社会冲突层的调适与整合。

社会冲突论代表人物达伦多夫（R. Dahrendorf）认为社会冲突是不同社会力量之间紧张、竞争和对抗的状态。由于社会矛盾的长期积累，多方力量的行动目标、行动方向不一致形成了相互对抗的状态。齐美尔认为冲突有很多种类型，有群体间的也有个体间的，有以手段为目的的，也有以目标为目的的。① 科塞（Coser）提出了"安全阀"理论，冲突如果能通过社会安全阀门释放出去，它将会起到缓解社会矛盾、进行社会减压的效果。② 根据这些冲突论经典论述，社会冲突层属于社会系统的一个组成部分，其内部有着自身的运作规律。社会冲突是社会冲突层的基本表现形态，也是现实社会的常态，绝对没有冲突的现实社会是不存在的。由于社会各部门的异质性和差异化，社会冲突层或多或少表现出不协调、紧张、失调的现象，但只要不影响社会的正常运行并且通过社会疏导可以化解或者缓和，都属于社会运行的常态。正如齐美尔所说，社会冲突有不同的类型，有激烈的严重冲突，也有一些小的摩擦和矛盾冲突，一旦社会冲突激化、发生激烈对抗，将会破坏社会系统的稳定。

社会冲突既有负功能也有正功能，负功能是显而易见的，表现为造成制度化的对抗，影响社会的和谐稳定。同时社会冲突也有正功能，比如，可以通过"安全阀"进行减压，防止整体社会结构的破坏，可以社会预警，让不满的情绪提前得到释放，同时公共部门也会意识到问题的严重性，加快推动社会治理体制改革。"瓮安事件"（2008）、"石首事件"（2009）、"宜黄事件"（2010）、"增城事件"（2011）的相继发生及其演进轨迹显示，社会泄愤事件不仅呈现多发性，还有向社会骚乱转化的趋势。因此，我们更要对社会冲突层进行调适和整合，促进社会的融合。

（二）建构社会认同机制，促进社会融合

我国作为一个多民族国家，有着悠久的历史传承，在此基础上所形成的"一体多元"中华文明是各族人民共同创造的，也是各族价值观念的集大成。由于各民族的风俗习惯、宗教信仰差异，加之社会不同群体的多元化和异质性，想要达到社会冲突层的融合也绝非易事。2003 年，欧盟报告对社会融合做出阐

① 周建国. 人际交往、社会冲突、理性与社会发展：齐美尔社会发展理论述评 [J]. 社会，2003（4）：8-11.

② 王彦斌. 科塞与达伦多夫的冲突论社会学思想比较研究 [J]. 思想战线，1996（2）：1-7.

述：社会融合是一个积极的过程，它能消除社会排斥，化解社会风险，实现公共资源均等化、公共决策公平化，人人都能广泛地享受机会平等和社会福利。①因此，只有实现社会融合才能遏制风险的扩散和公共危机事件的发生。

从社会认同的心理发生机制来看，社会认同是社会价值观念逐步内化于心的缓慢过程②，它可分为三个层次：社会形式认同、社会规范认同和社会价值认同，这三个层次相互影响相互协调，才能促进成社会冲突层的融合。

第一，要维护社会认同的表面层——形式认同。表面层的形式认同是不同价值观念在相互交流和碰撞中逐步形成的，也是群体之间学习和借鉴的过程。尽管一个多民族国家内部不同民族有着各自不同的祖先、宗教、语言、价值、习俗和体制，但我们在长期的交往中已经形成了以汉族为主体各民族共生共融的认同形式——华夏文明。亨廷顿认为，认同对于群体来说意义重大，它具有"天然"的稳定性。③因此，保持社会主权形式上的认同是维护社会稳定的必然要求，世界上只有一个中国，中华民族是多民族共识的共同体。

第二，要修复社会认同的保护层——规范认同。规范认同是指个体、群体对社会行为规则的自觉地接受，它是个体和组织通过模仿、学习、消除认知障碍、逐渐达到思想上的趋同的过程。规范认同具有自觉性、主动性和稳定性的特质，它是个体和群体的自觉行为，是行为主体自主地发自内心的遵从。当前我们要寻找社会认知的共同点，在此基础上制定各行业的行为规范和道德准则，并在实践中将这些规范"内化于心、外化于行"。

第三，要构筑社会认同的核心层——价值认同。价值认同是高层次的，它是在形式认同和规范认同的基础上，经过长期的社会实践，使人们拥有共同的文化理念和价值信仰，遵循共同的价值规范，并追求共同的人生理想。当前社会主义核心价值观是根植于个体和群体内心的价值诉求，它指引着社会主义的发展方向，具有强大的感召力和凝聚力。我们要将群体的价值诉求和日常的生活的利用诉求融合在一起，建构较高层次的价值认同。

---

① 彭华民. 社会排斥与社会融合：一个欧盟社会政策的分析路径 [J]. 南开学报，2005 (1)：23-30.

② 李友梅. 重塑转型期的社会认同 [J]. 社会学研究，2007 (2)：183-186.

③ 塞缪尔·亨廷顿. 变化社会中的政治秩序 [M]. 王冠华，等译. 北京：三联书店，1989：170-180.

第四节 社会风险的扩散形态与治理方式

一、社会风险的时间态扩散形式

社会风险在扩散过程中，容易与各种环境因素、触发因子等耦合在一起，在更广泛的社会空间里形成蔓延与渗透。一旦危情不能得到控制，便会引发连锁式扩散，次生、衍生事件不断，谣言四起，造成整个社会系统的强烈震荡，严重危害社会系统的稳定。社会风险的扩散是社会风险向公共危机演变的重要推动力，是从量变到质变的一个过程。如果事件不能得到有效阻断和有力控制，那么社会风险将在公共空间里深度嵌入和四处渗透。

风险事件演变形式的多变性导致了社会风险扩散形式的多样性，由于风险扩散的结果必然是风险事件、公共危机事件的爆发，因此，社会风险扩散的形式大多以不同类型的突发公共事件的形式呈现出来。

（一）从风险事件持续时间的长短看，大致可分为突变式和渐变式

突变型是指一些突发公共事件，尤其重大突发公共事件爆发力在瞬间产生，强度较大，但整个事件从发生到结束持续的时间并不长。① 比如，地震、爆炸、特大交通肇事等。如图7-7：

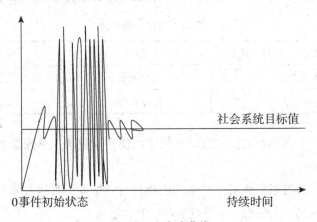

图7-7 突变式曲线

---

① 袁辉. 重大突发事件及其应急决策研究［J］. 安全, 1996（2）: 1-4.

从图7-7可以看出，突变式事件对系统形成强烈的干扰，引发系统的强烈动荡，虽然事件持续的时间很短，但在瞬间造成的冲击力是巨大的，对社会系统的破坏性程度也较高，比如，大爆炸和强烈地震等。

渐变型是指一些突发公共事件从产生到结束不是在瞬间完成的，而要经过一个逐步蔓延和扩散的中间状态，其引起的损失、伤亡和影响也是逐渐增大，最后才产生质的变化，造成严重的损失、伤亡和恶劣的影响。比如，火灾、旱灾、从群体事件到大规模暴动、流行病传播、环境污染、有毒气体泄漏等。如图7-8：

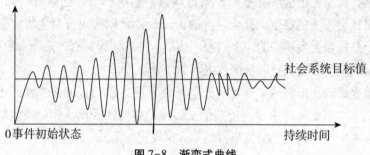

图7-8　渐变式曲线

由于渐变式有一个相对蔓延的时间状态，因此从产生到衰退的时间相对较长。危机管理学家罗森塔尔曾从事件发展和终结的速度来区分风险性危机事件，他将渐变式与突发式进一步地细分，形象地归纳为四种形态。① 如表7-3所示：

表7-3　危机形态划分

突发公共事件（危机事件）	突发式	渐变式
快速终结	龙卷风型	腹泻型
逐渐终结	长投影型	文火型

第一类：龙卷风型危机，这类危机来时快去时也快，就像龙卷风一样，如劫持人质危机。

第二类：长投影型危机，这类危机往往突然爆发，虽然时间持续不长，但影响深远，如马丁·路德·金被刺事件引发的危机。

第三类：腹泻型危机，这类危机往往酝酿时间很长，但爆发后结束得也快，

---

① ROSENTHAL U. Managing crises：Threat, Dilemma, Opportunities［M］. Springfield, Illinois：Charles L. Thomas Publisher ltd, 2001：6.

如刚果（金）的千人大屠杀事件。

第四类：文火型危机，是来得缓慢去得也慢的危机。这类危机开始缓慢，逐渐升级，结束也有一个过程，就像文火一样，如巴以冲突。

其实，突变性与渐变性是相对的，不是绝对的，与人们对事件的把握和了解程度也有关系。比如，强烈地震虽然给我们的感觉可能是瞬间的和突发性的，但地壳、地层之间的不稳定性变化也是一个渐变的过程，只是这些渐变过程人们一般无法察觉。同样，造成新奥尔良灾难的卡特里娜飓风实际上就应该看成是渐变性地发生，因为在它登陆之前就已经被人观测到了。不论渐变式还是突变式突发公共事件，如果不加控制，其最终结果都会导致社会系统的强烈震荡，甚至崩溃。尤其是在城市系统中，城市系统的脆弱性使得渐变式突发事件常常引发突变式事件，突变式事件也可能引起渐变式事件，形成连锁群发性事件。比如，由爆炸（瞬间）造成火灾，而火灾的蔓延（渐变）又可能引发电灾（瞬间大规模停电，也和电力网络系统的脆弱性相关），电灾还会引起其他的灾害等。

（二）从事件产生的先后顺序看，又可分为原生性的、次生性的和衍生性的

原生性突发公共事件是致灾因子直接造成某类受灾体的破坏与伤亡，如地震、洪水，这些起主导作用的突发公共事件被称为原生性突发事件或直接灾害。次生突发事件或称间接灾害，是由原生性突发事件所诱导出来的事件，如地震引起房屋倒塌，而房屋倒塌又间接引起火灾的发生，火灾又造成了别的灾害，在这里，火灾就是次生性的突发事件。衍生性事件或衍生灾害，是致灾因素破坏了社会的结构物、功能，物资流和信息流，造成了人群和组织的伤亡和瓦解，直接或间接造成社会生产、经济活动的停顿，由此导致的经济损失。如大地震的发生使社会秩序混乱，出现烧、杀、抢劫等犯罪行为，使人民生命财产再度遭受损失。

二、社会风险扩散的主要形式及其治理

风险事件的发生形式是多种多样的，除了有自然灾害、事故灾难、公共卫生事件、社会安全事件之外，一些新的复合型公共突发事件也时有发生。引发风险事件扩散的原因也很多，有自然的、社会的，心理的、制度的、科技的等。社会致灾因子的多样性，决定了风险事件发生形式的多样性和复合性。虽然每个风险事件发生的原因、发生的形式、传播途径存在着很大的差异，但我们仍然可以借助隐喻和类比的抽象思维方式将它们的主要扩散方式概括出来，总结

出一般性的规律。透过我国的"非典"、禽流感、南京汤山特大中毒事件、重庆开县井喷事故、衡阳火灾坍塌事故、松花江水污染、太湖水危机、山西洪洞特大矿难事故……笔者根据以上事件的类型、扩散路径和扩散时间等因素,通过归纳总结,认为社会风险演变为公共危机的主要扩散形式有七种:积聚促发式扩散、深度蔓延式扩散、区域位移式扩散、异质转化式扩散、连锁式扩散、回循式扩散和辐射式扩散。面对这些多样的扩散形式,我们应当有针对性地采用特殊的控制和治理方式。

(一) 积聚促发式扩散与预防式治理、规避

积聚促发式的扩散属于单个事件扩散,事件爆发的方式是瞬间的、突变式的,也就是我们上面提及的突变式风险事件。这一类的风险事件一般持续的时间不长,但其强度和杀伤力都很大。比如,激烈的大爆炸、地震、瞬间的坍塌事故等。短时间内,事件给社会系统造成的震荡是巨大的。此外,有些事件虽然结束得很快,但后期对人们心理的影响是长久的,从这个角度来说是一种事后的扩散。如日本广岛原子弹爆炸事件,虽然时间很短,但后期产生的影响深远。

对于这样一种一旦爆发就来势汹汹,强度极大的突发事件,我们唯一能采取的手段就是预先治理与规避。第一,我们要加强对社会风险的监控和预警,要尽一切可能排除所有的风险源和安全隐患,对任何蛛丝马迹都不能够放过。因为这类危机一旦发生,我们根本就无法控制,比如,地震、爆炸、房屋桥梁的瞬间坍塌,在灾害发生时就已经为时晚矣,人们完全处于被动状态,伤害不可避免。对此,应对手段的第一步就是预控。第二,在预警的基础上,要采取规避措施。比如,在预测到某地区将有地震发生时,人们就应当及时地采取疏散群众、转移财产等规避灾害的措施,在灾害来临之前将人员全部转移到安全的地带,从而最大限度地减少人身和财产的损失。此外,在预警之前,我们也不是无事可做,还要做好具体防范措施,比如,为了减少地震来临造成的损害,除了预测,还可以通过提高城市中建筑物的抗震能力来减灾。也就是说增强承灾体的抗灾能力。城市中承灾体的承受能力增强了,灾害造成的损失就自然会减少。

(二) 深度蔓延式扩散与单项过程治理

深度蔓延式扩散也属于单个灾种的扩散。风险事件发生之后,随着时间的推移,其损害的对象逐步扩大,但没有引发其他类型的突发事件。也就是说没有其他致灾因子的介入,只是受灾体的数量随时间不断增加。比如,随着火势

的蔓延，伤亡人数和财产损失越来越多，如果火灾没有引发其他的次生事件（火灾可能引发煤气爆炸、也有可能引发社会性的动乱等），就属于这类扩散方式。南京汤山特大中毒事件也属于这种扩散方式，该事件没有引发其他类型的突发事件，只是中毒的人数越来越多。

这类扩散是缓慢式的，并随着时间进程，影响区域持续扩大，灾情也越来越严重。由于此类扩散并没有引发其他类型的突发事件，因此，只要集中资源对单个灾种进行过程治理，我们称为单项过程控制。

第一，要集中资源研究这类灾害的运行规律、成因和传播方式，以便于防范和预警。比如，火灾，就要研究哪些因素可能引发火灾、火灾持续蔓延的条件有哪些、火灾的传播途径等。再如，毒气泄漏，要研究毒气的成分、毒气对人体危害和对生物体的影响等。

第二，由于此类突发事件发生后并不是瞬间的，有一个相对缓慢的扩散期，因此我们有时间采用过程控制。比如，对事前、事中、事后分别进行控制。

在过程控制中，先期处置是很重要的，也就是说要尽可能一开始就将势头遏制住，不能等到势态严重了才控制，因为那时损失已经很严重了。比如，先扑灭了小火源，就不至于酿成大的火灾。如果先期控制不能奏效，就要接着对事件的蔓延期、高潮期分别加以控制，直到事件逐步衰退。

（三）区域位移式扩散与隔离治理

区域位移式扩散主要是指风险事件从一个时空扩散到了相隔很远的另一个时空。比如，"非典"从一个城市扩散到另一个城市，禽流感从一个地区传播到另一个地区。这是从空间角度来分析突发公共事件的。对于这类扩散要采取隔离治理，将其控制在一定范围内，不至于在另一个时空里传播，如下图7-9：

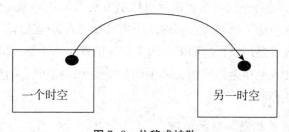

图7-9 位移式扩散

第一，要找出"传播源"并进行研究。比如，"非典"的传播源就是 SARS 病毒。我们第一步要确认的就是传播源。

第二，要找出传播载体和传播媒介。位移式扩散之所以会发生，主要是借助于传播载体和传播媒介。载体和媒介可能是有机物（人、动物、植物等），也可能是无机物（水、空气等）。比如，感冒病毒的传播载体是人，传播媒介是空气和唾液。禽流感病毒的传播载体是候鸟和家禽，传播媒介是空气或其他。

第三，在确认了传播源、传播载体和媒介之后，首先要防止传播源浸入传播载体，接着要将传播载体与其他传播载体、传播载体与传播媒介隔离开来。比如，在"非典"期间，通过隔离"非典"病人，可以阻断病毒在更大空间里的传播。最后，还要对一些关键的传播点进行治理。由于传播载体和媒介常常都是流动的，所以要对机场、海关、车站、码头等重要关口的关键扩散点进行布控，这样传播源就很难扩散到另一个遥远的国度。很多国家的出入境和海关等部门其实就是承担了这样一个角色。

（四）异质转化式扩散与追踪治理

异质转化式扩散是指原来的突发事件（致灾因子）消亡，而引发了新的其他类型的突发事件（致灾因子）。这两种不同质的危害事件表现为时间上的先后性和因果上的关联性。比如，自然灾害之后引发公共卫生事件，经济危机后引发社会危机，地震之后接着就是海啸。

对于这种一个灾害消亡，又引起另一个灾害的扩散方式，要采用跟踪治理的方式。比如，人们常说水灾过后往往有大疫，洪水之后，疾病流行是很常见的，所以，要采用追踪控制，不是简单把水灾处理完就行了，即事后还要有后续的步骤。

在自然灾害发生后，一般采取三个步骤：第一，追踪救人；第二，追踪防疫；第三，恢复生产。跟踪控制的重点在于要追踪第一个灾害发生过程，尤其要跟踪和密切注视第一灾害消亡以后可能引发的其他风险和新的危机。因此，第一个灾害后的重建工作是很重要的。认真做好灾后重建工作，不但可以防止原先的灾害复发，还可以预防和阻止次生灾害的发生。比如，2008年春运期间发生雪灾，对此不但要做好防雪灾的工作，还要跟踪雪灾，关注是否会引发融雪性灾害的可能性。

（五）连锁式扩散与路径治理

在现代社会，尤其是在城市中，很多灾害是连锁扩散的。连锁式扩散是指原来的突发事件还持续发生，但事件进一步演进，同时引发了相关联的其他类型突发事件的发生。灾害从一个子系统扩散到另一个子系统，接连不断，造成更大范围内的社会危害。

连锁式扩散是多起事件并发式的扩散方式，根据其扩散的路径可分为单链式扩散、树状式扩散和网状式扩散三种，如图7-10、图7-11和图7-12。

1. 单链传递

如图7-10所示，单链传递是指依次发生A1、A2、A3、A4……事件，就像多米诺骨牌一样，A1事件是引发A2事件的原因，A2事件是引起A3事件的原因，A3又引发A4……依次传递。

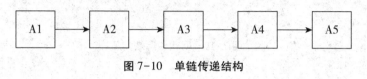

图7-10　单链传递结构

2. 树状传递

在连锁扩散中，很多事件并不是单链传递、单向输出的，而是一个灾种引发几个灾种，一个危机事件引发另一个危机事件，另一个危机事件又引起多个危机事件，是多向输出的，就像树干一样，有大量的分叉，所以又称树状连锁扩散。比如，由自然灾害引发了政治危机、社会危机、经济危机等。在图7-11中，A1事件引起了A2和A3，A3又引发了A5和A6……

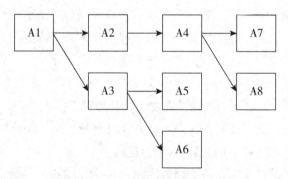

图7-11　树状传递结构

3. 网状传递

如图7-12所示，网状扩散是更复杂的一种连锁扩散。在网状传递结构中，不仅仅一个灾种引发多个灾种，而且一个灾种可能是由多个灾种共同作用而引发的。在图7-12中，A5引发了A7和A9，而A5又是由A2和A3灾种引发的。因此，这类扩散既有多向输出，也有多向输入，形成了纵横交错的因果链条，就像网状一样，又称为网状扩散。

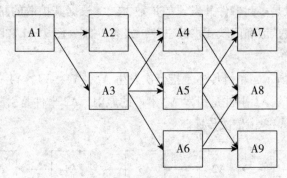

图 7-12　网状传递结构

由于连锁式扩散在运行过程中可以看成是若干个点所联结成的传递路径，因而对其的治理方式可称为"路径控制"。路径控制要把握以下三方面：

（1）对连锁扩散源的控制

很多连锁扩散的灾害是依赖于连锁扩散源的（图7-12中的A1），针对这一连串的灾害，我们首先要做的就是找出灾害源并加以控制。有时候，只需要控制住连锁扩散源就能控制灾害扩散的动力。然后针对每个灾害的传递环节，逐步加以控制。

（2）对扩散的"主相关链"和"关键节点"进行控制

很多连锁扩散虽然错综复杂，但仍然有一个"主相关链"。所谓"主相关链"是指连锁扩散的主矛盾线，它代表了危机扩散的主方向。打个比方，由于经济领域内一系列的突发事件，如国际金融风暴、国内通货膨胀、价格上涨、倒买倒卖、股市崩盘、楼市大跌等引发了社会恐慌、群体骚动，甚至政治危机。对于这样的连锁扩散，我们要把重点放在经济领域，把经济领域内发生的一连串事件作为"主相关链"，对其进行重点控制。

很多连锁扩散的灾害，在不同的线路上传递速度和时间是不一样的，控制的代价自然也不一样。为了能有效地控制灾害，自然需要对灾害的"关键节点"进行控制。俗话说得好，"打蛇要打七寸""牵牛要牵牛鼻子"，控制危机的扩散也是如此，我们要对核心节点进行控制。

那么如何选取"关键节点"呢？

①在连锁扩散中，尤其在网状结构中，一些比较大的节点一般都是比较重要的节点。这些比较大的节点一般产生的危害比较大，它们是众多灾种中威力比较强劲的，破坏性也较强，因此要重点控制。

②比较敏感的节点。在连锁扩散中，有些事故虽然很小，但传播的速度比

较快，引发大灾害的可能性也比较大，可以说是比较敏感的。在传递过程中，对比较敏感的节点也需要额外控制，因为这些节点阈值小、传递速度比较快。

（3）对连锁扩散的已受害节点的修复

灾害传递到多个系统，需要对已经被破坏的系统进行修复。当条件允许的时候，我们可以加固系统的稳定性，增强系统承载体的鲁棒性，也就是对系统的防御措施进行升级。

（六）回循式扩散与震动控制

回循式扩散是连锁式扩散的一个特例，又是比较常见的一种扩散方式。它是指某一灾害事件的爆发能够引发若干其他灾害事件，被引发的事件又对原有事件产生叠加影响，形成共同放大的效应。比如，火灾引发了爆炸，爆炸又使火势更加凶猛；经济危机引发了社会危机，社会危机又加重了经济危机；物价上涨引发了群体性抢购风潮和社会治安的混乱，而社会秩序的不稳定又进一步加剧了通货膨胀。再如，在美国，房市萎靡带来了消费乏力，信贷市场和证券市场异动带来了融资困难，以中小企业为主力的美国经济正在风险厌恶情绪的酝酿中面临前所未有的增长阻力，而增长困境的出现会在带来消费者财富下降和企业生存空间缩小的同时，给房市、债市和股市施加循环型的负面影响。1974 年日本"手纸事件"就是一个典型的回循式扩散的案例。

在连锁扩散中，以两个节点为例，A1 引起了 A2，A2 又反作用于 A1，它们之间是相互影响、相互制约、互为补充、互为因果的关系。从 A1 到 A2，再从 A2 到 A1，形成一个循环回路，如图 7-13 所示：

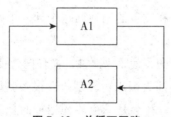

图 7-13　单循环回路

灾害链之间的循环是一种负效应的循环扩散，也可以说是一种放大性的恶性循环。有时候这种循环是在经过了一连串事件后才形成的，有多个节点，可成为大循环。比如，从 A1→A2→A3……→An→A1→A2…… 如图 7-14：

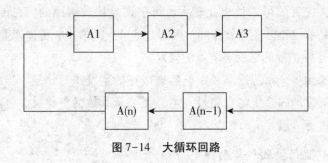

图7-14　大循环回路

如果灾害是在几个子系统中轮流出现危害，并形成循环回路，那么我们可以把危害描述为一个振动曲线，对其进行震动控制。震动控制要把握以下两方面：

1. 控制振动频率和振幅

如果灾害的振动曲线的振幅是逐渐减小的，则这种灾害是可以自然消解的，这类灾害只需要适当投入一些力量，控制、修复被破坏的节点即可；也可以增加灾害的传递难度，使得灾害发生频率减小。

如果灾害的振动曲线是不断增大的，则这类灾害的危害性是非常大的。这类灾害就需要投入较大的矫正力量，而且投入的力量要使振幅逐渐减小，这样才能控制住灾害的恶性传播。

2. 循环破坏和阻断

由于灾害链之间的循环是恶性循环，具有放大的负效应，所以要进行循环破坏和阻断。可以采取以下三种方法：

（1）阻断循环路线，在灾害的循环回路中插入干扰力来切断各节点之间的相互共振。

（2）可以打破循环方向，使本来恶性的循环向着良性的方向发展。

（3）对心理恐慌和传播失衡进行控制。有很多循环式扩散，是由于传播失衡和心理恐慌引发的危机。社会是一个环环相扣的复杂系统。任何一个环节都不可能超负荷工作，如果由于信息的不对称，造成误解、流言泛滥和群体性恐慌，人们涌向某些子系统，必然会造成子系统的瘫痪，这样灾害就会一个接一个地发生。因此要对不良信息和谣言加以控制，对媒体进行监督，用客观、真实、科学的信息，驱散虚假、夸张、歪曲的信息，构建公平、正义的舆论氛围。

（七）辐射式扩散与源面式治理

辐射式扩散是由点到面、呈辐射状的扩散结构。它可能是单个事件扩散，也可能是多个事件扩散。比如，很多放射性有害物质的扩散、核泄漏的扩散，还有一些植物物种的扩散，如水花生的扩散造成水体生态的破坏，都属于单灾种扩散。如果一个事件从一点发生，便迅速在周围引发多起不同类型的事件，在空间上呈现源面形并层层辐射开去，形成一定的辐射空间，这就是多事件的扩散。

辐射式扩散之所以会发生，既与辐射源的性质有关，也和辐射所在的区域及辐射周边的环境有关。比如，在密集的居民区，由于环境所限，火灾不呈现辐射扩散，但在空旷的野外和广阔的森林，又呈现出了辐射扩散的形式。

在对辐射扩散的治理中，包含着对点和面，即辐射源和辐射面的控制，因此又称之为"源面控制"。源面控制要把握以下两方面：

1. 对辐射扩散源的控制

一般辐射扩散的灾害事件都有一个发生源。当辐射扩散的灾害依赖于灾害的源泉时，控制住了辐射源就相当于给灾害釜底抽薪。比如，核泄漏产生的生态环境灾害，就需要对放射源进行调查、控制。只有控制了灾害源头，才能有效地避免灾害的扩散。灾害的源头，往往是一个系统的薄弱环节，这就需要我们对这个地方施加额外的安全保障措施。比如，易发生地震的地方，需要提高对建筑抗震级别的要求；易山体滑坡的地方，需要加固或者房屋建筑需要迁址……

2. 对辐射边界和辐射面的控制

（1）对辐射媒介的控制

灾害的传播途径离不开一定的媒介，对辐射媒介控制得好坏，影响灾害的传递速度和范围。为了及时地控制灾害，我们需要截断灾害的传播媒介。辐射扩散的灾害主要是在空间范围内传播的，所以，任何辐射的灾害都要借助空间上的媒介，比如，空气、水、物品。对辐射扩散灾害的媒介隔绝就能破坏其在空间范围内的传播。

（2）对辐射扩散的边界的控制（隔离灾害的传递）

辐射扩散的灾害在传递一段时间后，有一个辐射半径。可以在辐射半径外围构建一圈隔离带，如森林火险的时候，就常常采用此方式。这样可以阻断灾害继续扩散。

（3）对辐射扩散面的修复

辐射扩散的灾害如果已经传播了一定半径，就形成了一个辐射面。那么就需要对这个半径内被破坏的事物进行修复。如倒塌房屋的修理、人员心理的干预，以及被污染水源的清理等。

以上三种扩散方式不是独立的，是相互渗透的，一种风险事件的扩散路径可能表现为几种扩散方式的综合。同样，应对扩散的不同治理方式也不是孤立的，而是相互联系的，在治理危机事件的过程中往往是多种治理方式结合与并用。在实际处置危机的过程中，我们还需要灵活地将这些治理方式加以综合和创新，不断积累经验，将危机造成的损失控制在最小的范围。

第八章　危机多元治理机制的创新

社会风险在社会系统的不同领域扩散和渗透，引发了群体性事件和社会危机的发生。当公共突发危机事件发生时，仅仅依靠政府单方的控制力和几个公共应急部门的力量，是远远不够的，要达到综合防范风险和治理危机的效果，必须有社会力量的参与和社会支持系统的配合，形成多元治理网络。目前虽然治理网络已经形成，但在实际运作中仍然存在不足，表现为：参与主体多但主动性弱、危机应对强但应急决策弱、应急处置强但危机沟通弱。当务之急是要着重培育社会组织，发挥它们在网络治理中的角色担当，用新科技转变治理结构，创新危机沟通机制，加快应急决策机制建设，提高危机决策的科学性和有效性。因此，要建构政府和其他社会组织之间的良性互动，必须多方行动主体彼此协同、分享公共权利、共同参与公共决策，这样才能防止一方独断，保持协同均衡，维护社会稳定。

第一节　危机多元治理模式的特征

近年来，突发公共事件呈高发趋势，征地拆迁、劳资纠纷、环境群体性事件成为目前最受关注的三大群体事件，并且这些危机事件错综复杂、互相关联，其影响范围、组织规模和社会危害不容小觑。处置好突发群体性事件，不仅可以化解人民群众与政府之间的紧张关系，还可以避免事件带来的负面影响、维护社会的稳定。因此，采用一种有效的危机治理模式和治理方法就显得尤为重要。危机多元治理体系是建立以政府为主导的，企业、社会组织、传媒和人民共同参与的多元主体的危机治理体系，它转变传统的应急管理模式，实现治理主体从一元到多元、治理手段从压力型转向服务型、治理方式从应急向自组织协同，从而能更全面地防范风险和应对危机。

一、从一元到多元治理

（一）一元治理的局限性

危机多元治理模式的首要特征是管理主体的多元化。长期以来，我国在过去的实践经验中，逐步形成了政府统一领导、分类别分部门应对危机事件的传统应急管理模式。当遇到重大突发事件，通常成立由政府分管领导任总指挥的临时性应急机构，负责操控应急处置工作。① 这种应急模式的优点在于，短时间里成立的临时性应急机构有着强大的行政命令和临时动员能力，有着高度的组织性和纪律性。不可否认，这种传统的一元主体管理模式在以往抵御灾害风险的过程中发挥了重要作用，但随着时代的发展和现代化的进程，此种单一主体治理模式的弊端也显露出来。由于突发公共事件的复杂性与多变性，以及危机连锁性和巨大破坏力，常常使这种单一主体的应急方式处于失控的状态，从而不能有效控制事件的扩散。

政府拥有强大的资源控制能力，决定了政府在应急管理中处于主导地位，在社会危机性事件的应对与处理过程中必须扮演重要角色。但由于突发公共事件演变的特殊性和复杂性，使得政府这个单一主体在实际应急处置过程中反而容易"失灵"。一旦社会风险演变成公共危机，所导致的损失将具有波及范围广、影响程度深、恢复难度大等特点，会在相当长一段时间内损耗大量的人力、物力和财力。对此，不仅要在物质上弥补利益受损的人民，更要在心灵上安抚人民的恐慌与不安。虽然政府作为国家权力的执行机关，凭借独特的政治权力，有义务更有资源来处理突发事件，但是我们也应看到政府的效率低、权力缺陷等。政府作为一个更加注重公平的公共组织，更多要考虑是绝大多数人的利益，在处理突发公共事件时难免会出现力不从心的情况，即使有大量的资源但倘若缺乏专业技巧来有效合理地配置资源；即使有强有力的救援队伍但如果缺乏专业化的分工协作，仅仅依靠强制性的行政权力发挥作用，其结果未必是有成效的。

（二）多元治理的必要性

伴随着党的十九大的召开，我国进入新时代，这也是高科技与高风险并存的时代。为适应时代发展的要求，要全面进行社会管理模式的创新，提升国家

---

① 沈荣华. 城市应急管理模式创新：中国面临的挑战、现状和选择［J］. 学习论坛，2006（1）：48-51.

治理体系的现代水平，形成社会多元主体共同参与、管理社会事务的治理格局。要进一步转变政府职能，下放政府权力，把不该由政府管、政府管不了也管不好的事务交由社会组织、企业和公民等主体来完成，这样政府就可以抽身出来更好地提供基础的公共服务，从而最大化地实现多元治理的效能。

多元治理的优势在于发挥各个治理主体的优势，形成国家、社会和市场的良性互动，实现治理的责任性、有效性、合法性和协作性。在当前社会转型和体制改革的重要时期，为多元治理主体的协作共治培育独立自主的社会发展空间以及建构一个良好的发展路径成为当务之急。许多公益性组织、非政府组织有志愿服务的特性，在参与社会治理的过程中更具亲和力，并能及时反映民意、化解矛盾与冲突。因此，要支持多元社会组织的发展，多方面多渠道地培育成熟的社会组织，来更好地参与社会治理、服务公共事业。

长期以来，我国在突发公共事件应对方面，也是实行单一主体、单一灾害为主的管理模式，缺乏统一的多元社会协调机制。这种应急模式在应对单个危机事件方面有一定的优势，但在应对复杂风险事件和公共危机方面则缺乏经验。危机事件的产生是多种因素共同耦合在一起导致的。以环境群体性事件为例，环境问题需要环保部门来解决，群体性社会冲突又需要民政、公安以及司法部门介入。这些部门若职能交叉、职责不明、资源缺乏共享，将使得问责制和预警机制难以有效执行。从环境事件发生的源头出发是解决问题的关键，然而追寻风险源头往往要从主动参与此事件的人群或者从受到环境群体性事件影响的群体着手，也就是要涉及环境事件的酝酿、爆发、应对、恢复等各个环节所对应的每个主体，即政府、企业、社会组织、传媒和大众，因此环境群体性事件的治理必然需要多元治理主体的合作共治。当前突发公共事件的多变性和复合型特征决定了政府、企业、社会组织、传媒和大众都扮演着不同的角色，他们各自在治理过程中始终发挥着不可替代的作用。企业、社会组织、传媒和大众在协同政府组织处理危机事件的同时也发挥着监督政府职权、促进其职能转变的功能。

二、从压力型到服务型

政府作为单一的治理主体，在应对危机时其传统的治理手段大多采用压力型的管制模式。这种模式属于政府行政主体的单方意识行为，存在很大弊端，并不利于危机性的群体事件从根本上得以化解。多元主体的治理模式要求必须转变政府的治理手段，从压力型向协作型、服务型转变。

(一) 压力型传统模式的弊端

压力型的传统治理模式源于"国家—社会"二元分析的框架，政府对社会采用控制与服从、命令与执行的管理手段。在应对危机事件时，国家往往用高压的方式自上而下地命令国家机器对群体性事件进行打压，并用强制的行政命令排除了其他社会组织参与治理的可能性，意图在最短的时间内将群体性事件平息下去。这样的治理手段有着绝对强制的权威性，属于压力型的维稳，但是治标不治本。深层次的社会矛盾只是被行政命令暂时压下去，人民与政府之间的紧张关系不但没有消除反而加深了。这样的治理模式具有以下的弊端：

第一，单一的主体命令易形成长官意识，不利于公众的监督。长此以往政府单一的强制措施将形成独断意识，排斥众多社会组织参与危机治理的过程。这样的结果使政府感觉可以拥有绝对能力和资源来掌控危机，造成盲目自大与独断专行，不利于人民群众和其他社会组织优势的发挥，也缺乏人民群众对政府的监督，治理效果也不尽如人意。

第二，治理手段高压性不利于从源头上化解社会矛盾。地方政府常常将群体性危机事件看成是影响地方政绩的洪水猛兽，希望能通过高压政策在短时间内迅速处理，将社会矛盾快速掩盖下去。这种方式只能激发更多的民愤，反而进一步加深了社会矛盾。

第三，治理成本高。地方政府这种高压型的模式往往导致治理成本过高。在应对复杂多变的群体性事件时，地方政府为了迅速将事件压下去，常常动用公安警力来驱散群体和封锁消息。一方面，动用警力使治理的经济成本增加；另一方面，群众的抵抗情绪更加强烈，政府的公信力逐渐削弱，其政治成本也无形中增加了。

第四，治理效率低下。单一主体治理的政府在危机应对方面常常效果不佳，一方面是政府高压政策让社会矛盾没有得到真正化解；另一方面是政府没有充分利用其他社会组织的优势来分担自己的压力，形成治理效率低下的恶性循环。

(二) 服务型民主模式的优势

多元治理模式必然是服务型的民主模式，其治理方式不是高压而是协作，不是控制而是服务。作为一种崭新的治理模式，多元主体治理努力探寻各个主体间分工与协同的路径，希望能够建构一种回应性、服务型、高度弹性化的治理机制，以实现治理效果的最优化。这种模式的优点如下：

第一，治理主体多元。多元主体可以让公共部门广纳民意，让更多的社会组织能参与到危机治理的过程中，发挥各个组织自身的优势，共同参与危机管理。政府和企业、非政府组织、媒体、人民群众等一起参与公共危机的治理，一方面可以从源头上及早发现风险、及时进行预警；另一方面可以有效地进行危机的全面防范与综合治理，形成政府主导、多元主体互动、公众广泛参与的弹性治理机制。

第二，治理方式不是集权而是参与式民主。政府与其他参与主体之间的关系不再是控制与被控制、命令与服从的关系，它将和其他社会组织在民主协商的基础上共同应对突发事件。政府的主导地位并不代表政府具有操控一切资源和社会组织的权利，政府必须负责任地进行资源的调控与分配，为危机处置工作提供必要的技术、资金和人力、物力的保障。政府需要在合法性原则下，与不同社会群体就危机事件造成的危害性以及如何化解危机等问题进行磋商，在公共利益最大化的前提下进行权衡和取舍。

第三，治理手段不是高压而是分工合作。政府将突破传统的行政治理模式，充分听取广大群众的建议，与企业、非政府组织、传媒、人民群众采用分工协作、互信互利、妥协谈判、民主协商的方式共同化解危机。面对复杂多变的社会危机性事件，政府采用高压、控制的手段已经不合时宜，采用回应性的和相对比较温和的协作方式更有利于危机事件的有效化解。政府可以采用听证、专家咨询、民意调查以及第三方评估等方式来全方位阻断从社会风险到公共危机的演化过程。

第四，治理效率高。首先，这样一种互助协商式的治理模式，充分尊重了民意，赢得了大众的支持，提升了政府的公信力，使得政府处置突发公共事件有了合法性基础，应对公共危机自然事半功倍。其次，社会群体性事件是由群众发起的，其处理的终端自然也要回到群众中去。很多社会政策、制度决策和法律法规的出台其受益者也是人民，最终也都需要人民对其效果进行评价。这种充分广泛吸纳公众参与的治理方式，本身就已经回应了人民的诉求，可以从根本上化解社会矛盾。最后，在这样的治理模式中，各主体间是平等的关系，各个组织各司其职，又相互互补，可以形成效率最大化的协同运作，处置危机事件的效率自然很高。

第二节　危机多元治理系统的结构与功能

危机多元治理体系是一个复杂的系统，对公共危机的治理也是一项复杂的系统工程。人类社会被公认是一个开放的、自组织式的耗散系统，由政府为牵头联合各个社会组织所组成的多元危机应对体系本身也是一个复杂的系统。由于公共危机的非线性、多变性和复杂性等特征，使得政府和其他公共组织都无法完全具备所有的知识、技术和能力来处置好社会危机事件，单一的公共部门的治理模式效率低、成本高，易形成"政府失灵"，需要多元化主体形成协同治理机制，达成自组织秩序的共治模式。①

一、危机多元协同治理体系的构成

阻断从社会风险到公共危机的演化路径需要我们用系统思维的方式进行危机治理。从社会风险到公共危机，分别经历了风险感知生成、风险积聚叠加、风险扩散渗透等演变过程，并在风险孕育因子、风险扩散环境以及社会冲击场等共同作用下引发公共危机事件。因此从社会风险到公共危机的演化过程，其本身就是一个复杂系统，它会随时间与环境的变化而不断变化。这就要求危机应对组织与个人必须要及时调整治理体系和结构以适应这种变化过程，要善于用系统治理的方法来防范风险和应对危机，而多中心治理、多元治理、协同治理本身就是一种系统治理的应对方法。

协同理论是由德国科学家郝尔曼·哈肯（20世纪60年代）创立的新兴学科，它探寻了系统从无序走向有序的自组织行为。协同理论认为，虽然系统形态各异，但总在一定规律的支配下相互吸引、相互影响、相互合作和相互协调。危机协调治理体系是多元主体在公共危机治理过程中相互影响、相互制约、资源共享、风险共担、责任共负的治理系统。它从根本上弥补了单一主体治理的局限性，对解决复杂性的群体性社会危机有着独特的治理效果。

协同治理体系是一个复杂的自组织网络，随着政府职能转变和体制改革步伐的加快，政府将会逐步放权，社会治理格局也会越来越"去中心化"，由政府与市场、社会共同应对公共危机。在协同体系中，各个治理主体共生于一个"去中心化"的组织系统中，各主体之间互惠互利却又相互博弈，形成一个自组织式的利益均衡。由于社会危机事件的复杂性、关联性和不确定性，多中心协同治理与合作共治是应对公共危机的必要路径。所谓协同是指系统中具有异质性的各要素之间相互补充、相互协调，自组织地产生出新的结构和功能，或者从各自的自组织走向更高的有序状态。政府将与其他治理主体在相互制约中共同制定治理规则，相互协商、相互合作，形成自组织化的协同效应，实现整体功能大于部分之和的治理效果。

---

① 张康之. 论社会治理中的协作与合作［J］. 社会科学研究，2008（1）：49-54.

在应对公共危机时，往往需要政府做出快速的、非常规的治理对策，它强调政府的责任和反应能力，但从危机的复合治理来说，它所考验的却是整个社会系统的整体应对能力。在社会系统中，政府因其地位、职责和手段之所在，必然要扮演主控角色，起主导作用。政府可以凭借庞大的行政体系和强有力的控制手段，动用人、财、物和信息等行政资源应对危机事件。但仅仅依靠政府单方的控制力和几个政府应急部门的力量，是远远不够的，要达到综合防范和治理危机的效果，必须要有社会力量的参与和社会支持系统的配合。多元的危机治理系统还包括：传媒、商业机构、非营利组织、社区和公民等，这些力量共同参与治理，可以与政府实现优势互补。它们之间相互配合、协作共治，构成了多元协同治理的应对网络。多元协同治理体系的构成如图8-1所示：

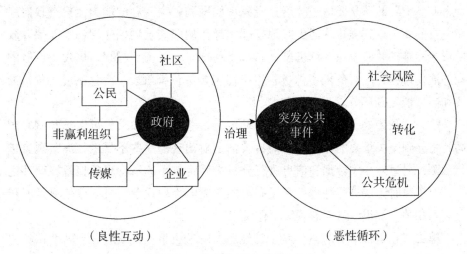

图8-1 多元协同治理网络结构

二、多元协同治理主体的职责与功能

多元协同治理作为一种新的社会治理方式，可以实现公共部门、私营机构与社会组织之间的持续良性互动，体现了一种现代的治理观。多元协同治理体系作为一个组织系统，其治理能力的发挥离不开内部各个子系统的分工和协作。由于社会危机事件在演化的过程中常常与环境相互耦合，并形成多样的扩散形式，因此，协同治理系统内部各个治理主体必须相互合作、协同共治，发挥各自的功能和职责，才能达到综合治理危机的效果。

（一）政府治理职责与功能

政府作为应对危机事件的第一大主体，在多元治理体系中居主导地位，它的功能主要体现在其宏观的组织力和领导力上。政府与其他各类主体能否和谐共处是危机事件能否有效解决的关键。政府需要制定战略规划并引领发展方向，同时还要制定系列规则，让多元主体在发挥各种功能的同时不扰乱正常的社会秩序，这对遏制风险性事件来说尤其重要。由于群体性危机事件牵涉不同的利益群体，一旦爆发会出现群龙无首的现象，如果没有强有力的规则、制度约束，群体性事件所导致的负外部性将会呈爆发式增长。因此政府要制定详细规则，增强组织的执行能力，深化正确的多元治理理念以及构建健全的组织运作体系来推动各类主体齐心协力，为化解公共危机出谋划策。

1. 强化衔接危机事件各个环节的能力

危机事件的化解虽然离不开企业、社会组织、人民群众和传媒等主体的协助，但最重要的还是要增强政府自身发现问题和解决问题的能力。只有政府应对危机的能力得到强化才能更好地发挥主导作用和宏观调控作用，才能提升政府形象和维护政府权威。危机事件本身是一个包含酝酿、积聚、爆发、扩散的动态演化过程，应对危机事件过程也必然包含了预警阶段、应急响应、危机处置和事后恢复等环节。

第一，预警处于危机应对的第一环节。每一个过程如果都可以被预测和预防，将起到至关重要的作用。政府有关部门对出现的一些不好的征兆、现象进行预测，通过对相关数据和信息进行分析之后将较小的不良现象扼杀在萌芽之中；对于暂时无法进行处理但是又有可能酿成灾难的现象通过一些信号及时传至利益相关人那里，从而起到警示作用。

第二，在危机应对阶段，对于已经爆发的危机事件，政府必须转变以往先上报后行动的观念，要具备效率意识、危机意识，要因地制宜地对已经发生的事件进行果断处理，将未来可能产生的损失降到最低。同时政府不同部门、不同等级要职责明确、各司其职，并即刻展开行动。

第三，在恢复阶段要重视对人民群众心灵的安抚和对事件全过程的反思，维持政府形象和公信力的绝佳策略就是赢得人民的信任、杜绝类似事件的再次发生；恢复的不仅仅是物质建筑的重建，更重要的是文化、价值观的塑造与升华。总之，危机事件的每个应对环节都要求政府必须具备强大的组织协调能力、专业的知识储备能力、高效的处置力和开阔的人文关怀能力、在与时间赛跑的同时将损失降低到最小的能力，运用动态系统的思维来处理和衔接不同的应对环节。

2. 承认自身不足并为实现多元治理制定规则

承认政府自身在应对危机事件中的缺陷是深化多元治理理念的前提，只有认识到自身的局限性才能诚恳地寻求多方主体的帮助。很多危机事件的产生在一定程度上是由于政府部门权力的滥用或缺失所致，比如，为了获取职位晋升过于追求局部地区 GDP 的增长而忽视当地民众的长远利益，导致河流污染、植被破坏；危机事件的应对方式过于激进，激化了与人民群众之间的矛盾；面对人民群众合理的利益诉求采取消极不作为的策略，甚至通过高压方式压制民意，结果导致更大规模的反抗等。在政府手足无措时，其他社会组织、企业等主体正好可以弥补这些缺陷，并能够提供更加和缓的方式来处理问题，甚至将事件可能爆发的势头扼杀在萌芽中。与此同时，政府也应该意识到不同的主体之间存在不同的利益诉求，必须制定不同的规则来引导这些主体有序地开展治理行动。政府要下放权力，将独立的决策权、执行权赋予多个主体，实现在处理事件上的权力制衡，让多元主体可以依法行事、科学决策。政府在赋予其主体权力的同时，必须要求它们履行自己的义务。

3. 建构多元主体平等沟通的平台

建立用于多元主体平等沟通的平台是贯彻落实多元治理理念的基础，政府在事件的预警、应对和恢复阶段都离不开对大量的一手信息的分析和总结，这些信息的取得也需要其他社会组织的协助。

第一，政府可以组织听证会的形式允许人民群众、企业、社会组织等发表自己的利益诉求。听证会有直接参与和间接参与两种方式，前者是亲自参加会议表达自己的看法、观点，后者是选择比较信任的有较高威望的人代表自己行使权利和参与利益的表达。

第二，政府要借助信息技术尤其是互联网传播速度快、容量大、范围广等优势，通过政府微信公众号、官方微博以及其他社交软件接收和发送信息，及时回应大众、企业、社团等各主体的疑惑。政府要改变以往自上而下的单一的信息传播方式，变为互动的横向的具有反馈功能的沟通模式，通过线上和线下的双向沟通平台谋取各方利益最大化的均衡，使企业、大众、社会组织等都能体会到政府做出每一个决策的良苦用心。政府要发挥利益相关者的主人翁地位，赢取多方主体对政府的信任度，不断提升政府公信力，实现危机决策的民主性和科学性。

(二) 传媒的功能与治理职责

1. 媒体的功能

在阻断社会风险向公共危机转变的过程中，传媒具有不可替代的功能。

第一，传媒是沟通公众和政府的桥梁。传媒在处理突发公共事件中的沟通作用是不容忽视的，政府将突发事件的发展势态在第一时间内告知大众，其主要途径就是传媒，而公众对于风险与危机的认知在很大程度上也来源于传媒，因此，媒体承担着"上情下传，下情上达"的职能，成为政府和公众信息交流的桥梁。一方面，媒体接受政府管理，媒体对公众的宣传、教育总是直接或间接地反映了政府部门的立场和主张；另一方面，媒体又有别于政府，有着自身的优势，凭借现代的媒体手段，媒体可以在短时间内获得一手资料。在危机发生时，媒体可以通过现场的调查，帮助政府部门迅速、快捷地收集有关突发事件的信息、了解事件发展的动态，对于控制事件起到很大的辅助作用。

第二，传媒有告知公众真相的义务。媒体也有别于商业组织，它不是完全以营利为目的的，告知公众真相是媒体职责所在。在危机发生时，公众对信息的获得常常处于缺失状态，很容易造成社会恐慌，因此，在现代民主社会里，向大众提供真实、可靠的公共信息是媒体责无旁贷的社会责任。及时准确的灾害性新闻报道不仅能够有效消除公众恐慌，还可以让公众对灾害事件保持警惕，增强防御能力。许多与危机有关的信息常常关系本国公民的健康和生命安全，特别是对涉及重大公益的灾难性信息，就更应该及时准确地告知公众。如果媒体刻意隐瞒事实真相或者扭曲事实，流言便会有机可乘，极容易产生失控。

第三，媒体也有监督政府的义务。一方面，媒体有自身的优势，能够引导公众，从容应对危机；另一方面，媒体还可以有效地监督政府，保证政府的信息公开、透明，保障公众的知情权。尤其是一些地方政府，在危机发生后，首先考虑的往往是当地的眼前利益，常常"捂盖子"刻意隐瞒真相，怕家丑外扬，无视公众的知情权，并试图运用权力控制主流媒体对危机事态的发布。因此，媒体必须保持自身的独立性，把公众利益和社会利益放在第一位，履行监督的职责。

第四，媒体也有教育和培养大众危机意识的义务。媒体作为公共传播机构，对公众危机的意识培养有着义不容辞的责任。在和平年代，电视媒体通常热衷于娱乐综艺节目，而对危机的宣传则相对较少，这无形中淡化了公众的危机意识。媒体如果能有意识地宣传危机方面的知识和信息，并穿插在公众喜闻乐见的节目中，寓教于乐，就可以潜移默化地培养和提高大众的危机意识。

2. 媒体在危机来临时必须遵循的原则

第一，时间原则。在突发事件发生后，媒体要以最快的速度获得第一手的资料，争取时间上的主动权。紧迫性和信息缺乏是突发事件的根本特征，面对危机媒体必须快速地做出应急反应，力求在最快的时间里发布最新信息。在危机处理中，时间就是生命。取得了时间上的主动，就可以及时地了解和控制事态的进一步发展、稳定社会秩序、避免由于信息的真空而产生的社会性恐慌。

第二，权威性原则。媒体在发布突发公共事件信息时，必须言行一致，确立自身的权威性和可信度。一方面，通过媒体来发布可靠的权威信息，可以保持社会心理的稳定；另一方面，利用媒体过滤不利信息，可以使舆论向有利于危机处理的方面发展。现如今，有许多媒体为了引起受众的眼球或者为了抢独家头条新闻来提高自身的知名度，常常会发表一些刺激危机事件局势的新闻消息，这样不但不利于危机的解决，反而激化了事态，误导了公众，加剧了社会恐慌。还有一些媒体在危机报道中言行不一致，一前一后发布的危机信息大相径庭，这样会加剧公众的不信任，无任何权威性可言。因此，媒体要规范自身的行为，发挥舆论导向的功能，树立信息沟通的权威性。

第三，真实性原则。媒体必须尊重事实，实事求是地报道突发事件的发展进程。这里的真实性是要求媒体客观地报道突发事件，而不是先入为主地添加个人的情感判断，更不是掺杂水分，甚至扭曲事实真相。有一些媒体对事件没有经过任何的现场调查和核实，也没有相关部门的权威信息来源，仅凭一些小道消息，听到什么就报道什么，凭空论断，造成了恶劣的社会影响。因此，媒体应当认真调查、核实和过滤每一个消息，做到"不炒作、不渲染，客观、真实"地发布消息，使事件朝着有利于社会稳定的方向发展。

3. 政府与媒体通力合作，抓好三个方面建设

第一，要健全信息收集、发布渠道，建立严格的汇报制度。一方面，政府可以通过媒体来获得一些突发事件的第一手资料；另一方面，政府也要规范媒体的行为，进行信息汇总、筛选和过滤，防止新闻机构不全面、不正确的消息误导公众，加剧群体性恐慌。同时，要设立专门发布渠道和明确的汇报制度，及时地上报信息。

第二，要完善各级政府及其部门的新闻发言人制度，及时发布主流信息。对于到达事故现场的新闻记者的稿件要经调查主管部门的审核后方可由政府正式发布。当政府和媒体报道的信息存在出入时，要严格核实，及早澄清事实真相，稳定社会秩序。在各级政府中都要建立与危机相关的新闻发布机制，并与媒体合作发布最权威的信息。

第三，要建立公开、顺畅、权威的沟通渠道，提高政府工作的公信力和透明度，满足公众的知情权。在危机处理过程中，政府需要通过媒体来引导公众，消除社会恐慌，并通过与媒体的合作来防止传播机制的失衡，从而提高自身在公众中的信任度。我国在"SARS"危机后期，政府通过与媒体的交流，建立起长效的公关协调机制，提升了政府公信力，塑造了良好形象。

(三) 企业的治理职责与功能

在现代社会，突发公共事件已经渗透到社会的每一个角落，企业也同样不例外，没有一个企业能够永远与危机事件绝缘，企业的危机常常引发整个社会的公共危机。因此，防范企业突发事件也是治理公共危机发生的一种方式。

1. 许多公共危机的发生源于企业内部的突发事故

企业每时每刻都面临着危机，企业由于管理不善、经营不善、技术和产品质量问题及安全措施不到位等随时都可能引发突发事故，事故进一步扩大，就会波及整个经济领域、政治领域、社会领域，从而演变成公共危机。在我国，有很多企业日常的监督不到位、管理不科学，存在着很多安全生产的隐患又不能及时排查，这些企业成为突发事故的多发地带。

2. 企业是市场的主体，核心价值是追求利益最大化

为了获取更多的利润，企业更多的是追求效率而将公平抛在脑后。所以，企业更容易看重眼前的经济效益而忽视长远的社会效益，比如一些企业通过牺牲环境、破坏人民群众的生存环境来降低自己的经营成本从而赚取更多的利润，这与市场的自发性、盲目性、滞后性关联密切。从近几年发生的环境群体性事件可以看出，很多环境事件、环境危机的爆发与企业缺乏社会责任有关，很多企业在生产过程中缺乏环保意识，负外部效应明显，给当地人民带来了严重的噪声污染、空气污染和河流污染。很多企业没有给予人民相应的赔偿，也没有停止污染的行为，甚至变本加厉地破坏环境，从而激化了人民的抗争情绪，加剧了社会矛盾。因此，企业作为主要的环境污染制造方，有义务履行公共责任。

3. 在公共危机来临时，企业要与政府通力合作，并肩作战

一方面，政府要学习企业的危机管理方式。企业自身的特点决定了企业组织比政府更灵活，尤其是私人企业，可以随机应变地采取应急措施。企业在面对危机时，为了维护自身的企业形象更容易与媒体保持良性的合作关系，这一点也很值得政府部门学习。另一方面，政府也要规范企业的行为。由于企业是以盈利为根本目的的社会组织，政府在应急管理中要获得企业的支持，必须要规范企业的行为，培养企业的公众意识和社会责任感，主要包括以下三个方面：

第一，政府要帮助企业逐步树立奉献社会、承担责任的公共意识。企业虽然是一个自主经营、自负盈亏的组织，但在危机降临时，企业有着不可推卸的社会责任。政府要帮助企业在日常生活中树立以公众为中心的意识，强化社会责任意识，这对企业预防突发事件有着很重要的意义。企业的社会责任感反映了企业的社会价值取向，一个主动承担责任、乐于服务社会的企业必然有着良

好的企业形象，并能够在全社会形成示范效应，激发更多的人团结一致，共同应对危机。在突发事件处理过程中，如果企业利益与社会利益发生冲突，企业要舍弃自身小利益服从社会大利益。

第二，要完善企业的安全应急机制。每个企业都有自身的特点，每个行业也都有自身的行业特征。各企业要根据企业的经营范围和行业规则有针对性地找准本行业安全应急的重点，尤其在"事前预防"中就能发挥积极作用。当前许多重大生产安全事故的发生，与其企业组织（如大公司和大企业等）的事前预警机制不完善、对检查督促的"警示"不够有着直接的关系。

第三，政府要督促企业排查安全隐患，树立风险意识。在企业中，要开展危机教育，排除安全事故隐患，一旦出现危机征兆，要立即从源头上切断。目前，我国很多企业不重视危机管理和危机意识的培养，缺乏应对重大突发性事件的培训实践，防备意识较差。因此各企业要不断完善组织的危机管理制度，培育组织的风险观念。

（四）非政府组织的治理职责与功能

非政府组织大多是以非营利为目的自治组织，它们是重要的社会力量，比如行业协会、学术团体、慈善组织、志愿者组织以及其他社会公益性组织等。非政府组织的特点是反应较快、机构较小、灵活性强。因此，在应对突发公共事件时，非政府组织反应比较迅速，可以在一些政府主体和商业机构无法发挥作用的领域大有作为，如募集社会资金进行救灾和灾后重建，进行灾后社会心理的恢复，超越民族国家的分割，调动相应的国际资源，同时回避社会制度、意识形态的纷争等。

1. 非政府组织在应急过程中的功能优势

第一，非政府组织可以补充政府专业应急力量的不足。由于突发事件具有非线性、紧迫性、模糊性等特点，常常难以预测事件发生的时间、地点。尤其是在发生大规模灾害时，往往会出现政府专业应急人员不够的情况，这时就需要非政府组织积极参与，就地协助政府开展救灾工作，来弥补专业应急力量的不足。

第二，非政府组织机构灵活，比较适合收集相关信息，进行现场引导、人员疏散、心理抚慰和宣传解释等工作。[①] 在西方，如美国政府是有限政府，很多地方政府的权限很小，政府的力量不足以应对大规模的自然灾害，于是非政府组织在救灾中起到了关键的作用。美国的非政府组织在应急救援中是不可忽

---

① 沈荣华. 非政府组织在应急管理中的作用 [J]. 新视野，2005（5）：42-44.

视的力量。每当联邦政府采取重大应急救灾行动时，美国联邦紧急事务管理局的首选合作对象就是非政府组织——美国红十字会。在灾害援救过程中，紧急事务管理局会向受灾地区的红十字会了解灾情，红十字会一方面会同紧急事务管理局的成员在全国的联合办公室进行沟通，另一方面也与当地的政府和州政府紧密配合，共享信息。可见，红十字会在抗灾中发挥了很重要的作用。在美国，有700多个红十字会站点，这些站点平时都会有日常的灾害训练和准备工作，一旦灾害发生，他们会及时进行援救服务。红十字会还为参与救灾的工人提供食物，并与受灾人群的家庭保持联系。美国的红十字会的心理健康服务中心是由经过专门培训的有资质的职业人员组成的。在应对受灾人群的恐慌和骚动情绪时，他们会同当地的心理机构合作，对受灾人群提供短期和长期的心理救助和恢复。

第三，非政府组织可以减少应急资源闲置和政府成本。非政府组织不以营利为根本目的，平时并不需要财政供养，只要加以资源整合、培训演练，就可以成为一支成本不高、平战结合的辅助性应急力量。非政府组织动员的能力也很强，灾害发生后，他们一方面可以第一时间赶到现场进行救助，另一方面可以立刻组织捐款、捐物和动员志愿者，做出及时地回应。而政府由于官僚机构庞大，在事件发生后需要层层上报、层层决策，然后才能采取行动，往往延误了救灾的最佳时机。在西方，一些社会福利性组织发挥着重要的救灾、赈灾作用。社会福利组织在应对突发事件时，其工作重点在于灾后的恢复建设，他们采取募捐、慈善、救助等福利措施，制订完善的福利赈灾计划，帮助灾区人民尽快恢复生产。此外，非政府组织还是进行防灾宣传教育的重要社会渠道。非政府组织比政府更有优势和条件对大众进行危机教育和宣传，从而提高整个社会的应急能力。

2. 我国政府发展非政府组织参与应急救援

目前，我国非政府组织参与应急管理还存在诸多的问题，在应急过程中发挥的作用也有限。我国一直以来都是政府先行，对非政府组织不够重视，非政府组织与政府之间缺乏制度化的联系，所以很多志愿者组织、民间慈善组织发育滞后，应急能力不强。我国的非政府组织在应急功能建设和定位方面还缺乏必要的紧急救助培训，自救互救能力有待进一步提高。因此，我国政府应该逐步培育和发展非政府组织，使之成为应急救援中的一支重要力量，努力做到以下三个方面：

第一，将非政府组织纳入社会动员机制，整合社会资源。政府应当充分发动非政府组织的力量参与应急事务的处置，可以通过政策引导、经费资助、规范指导等多种途径使非政府组织的应急力量得到发展壮大，成为政府应急力量的重要补充。

第二，明确非政府组织在应急过程中的责任。政府可以通过有关应急管理法规、计划和预案明确非政府组织的责任，以及非政府组织参与应急管理的途径和方式，使非政府组织成为应急体系建设的组成部分。

第三，加大对非政府组织的应急培训力度。政府应当在业务指导、救灾经费、应急装备和培训演习等方面为非政府组织参与应急管理提供必要的帮助，不断提高非政府组织的应急技能。

（五）社区和公民的治理职责

社区是社会系统的基本组成单位，担当着社会整合的重要功能，是维护社会和谐的重要途径。我国现代城市的社会结构已经由过去的"单位制"转变为"社区制"，这就意味着由社区组织来承接以往"单位"负责的安全保障职能。在城市，人民群众是生活在社区里的，社区可以通过各种途径、采取多种形式，积极动员各种社会力量，如志愿者组织等，参与到危机处理工作中来。社区和公民的参与，对公共危机的防范和应对有很重要的意义。

1. 社区和公民参与治理的主要作用

第一，社区和公民的参与有利于突发事件的早期预防。社区在防范社会安全风险上发挥着重要作用，它可以通过社区矫正及早地发现问题并及时地矫正个体行为。社区平时通过一定的方式和手段，收集社区的基本资料，对社区居民的认识水平和心理承受力、社区中存在的危险因素和安全等情况有着更为清晰的了解，可以事先做到"底子清，情况明"。目前社区矫正能在相当大的程度上预防偷盗、抢劫、社会报复等风险，对于失范的个体具有重要的重塑作用。

第二，社区和公民的参与可以降低政府应急管理的成本。社区自愿地参与应急管理，并自动地采取某些方案来解决危机，可以大大降低政府的应急成本。灾害事故发生后，时间是最宝贵的，为了防止事态扩大，尽量减轻损失，时间越早越快越好。在实践中，政府专业应急人员到达事发现场，再快也需要一段时间，在这一段时间内，由社区组织、志愿者组织或公民就近开展救助活动，可以起到事半功倍的作用，降低政府的应急成本。此外，公民和社区的参与还有助于降低政府收集信息的成本，在获得社区合作的情况下，政府的应急管理政策也更容易实施。

第三，社区和公民的参与便于开展自救和互助。在突发公共事件处置中，社区可以充分发挥公民自我服务、自我规制和自我救助的作用，实现政府和社会的功能优势补充。在国外，许多非政府组织、志愿组织、企事业团体大都是依托社区来开展工作的，它们较为熟悉所在区域内灾害事故情况，可以开展现场的自救和互救。同时，社区也有义务帮助公民了解社会风险与公共危机管理的制度、运行机制，开展应急管理的相关培训，提高社区公民的风险意识。此外，社区在弱势群体的救助、社会福利的促进上也大有可为。

2. 下放我国公共危机治理的重点

我国公共危机治理的重点应当下放至社区，形成一个政府与社区、公民与社区以及公民与公民之间积极配合、互动合作、相互依赖的危机处置格局，提高全社会应对风险的能力。可以尝试做到以下四个方面：

第一，强化社区风险防范意识，明确社区内不同组织、单位和公民参与社区应急管理的责任和义务。

第二，在政府与社区、公民之间建立合作互助的应急联动机制。有能力的社区可以设立应急管理综合协调机构，由政府、社区自治组织、社区内企事业单位和小区居民的代表共同组成。

第三，对于社区内常发和多发的突发事故应当尽快制订应急预案，并指定专门人员（专职或志愿者）具体负责落实。

第四，对社区应急管理人员进行专业培训，定期地、有组织有针对性地开展社区应急演练工作。

第三节　危机多元协同治理体系的运作机制

从社会风险到公共危机是一个动态化的风险演变过程，因此我们需要建构一套动态化协同治理机制。多元协同治理机制也是一种动态的治理过程，从社会风险到公共危机的每一个演化阶段都需要进行分时分段式的治理①。

一、危机应对处置机制

其运作机制是以突发事件的根本属性为认识基础的，依据社会风险与公共危机的发生机理而建构的一套完备的应对处置机制，它能保证危机治理系统的高效运转和有效运行。主要表现为，在突发事件发生前，应当密切关注社会系统整体运行状况，对社会风险进行及时检测和预警；面对突发事件时，应立即启动突发事件的反应机制和应对系统，并建立处置突发事件的指挥中心，在突

---

① 涂序彦. 大系统控制论［M］. 北京：国防工业出版社，1994：170-180.

发事件协调机构的运作下，确认了突发事件的状态与程度后，适时向公众公布事件真相，向上级部门如实汇报事件发展势态和控制情况。同时，通过各种调查方法的运用，查明事件的真实原因，从而制订应对事件的具体方案，并组织应对方案的实施，在事件平息后进行最后评估等一整套的工作进程。①

从系统论的角度而言，应急运行机制又可分为很多子系统。一般而言，应急运行机制主要包括监测预警机制（子系统）、应急信息联动机制（子系统）、指挥决策机制（子系统）、协调机制（子系统）、分级负责与响应机制（子系统）、公众沟通与动员机制（子系统）、奖惩机制（子系统）、恢复机制（子系统）、评估机制（子系统）、保障机制（子系统）等。

这些治理运作机制（子系统）之间不是孤立的，而是相互联系和动态沟通的，而且每个机制体现着不同的分段反馈形式，同时对应着危机事件不同的演化阶段，从而能有效地应对和动态地治理突发危机事件。预警机制对应着危机事件的潜伏期，属于前馈机制；事件发生后，指挥决策、应急联动和公共沟通机制便进入战时状态；当事态进一步膨胀、恶化时，当地政府要启动分级响应机制和社会动员机制来减少损失，属于反馈过程；当突发事件进入缓解和消退期时，恢复机制要开始启动，进行事后评估、善后处理、惩奖工作等，属于后馈机制。它们之间的对应关系如图8-2：

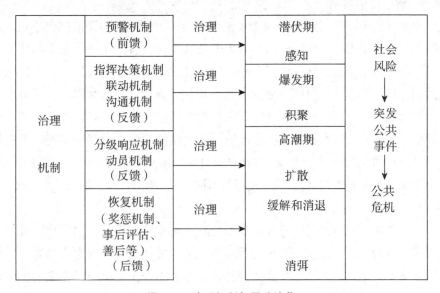

图8-2　治理机制与风险演化

①　高小平．"一案三制"对政府应急管理决策和组织理论的重大创新［J］．湖南社会科学，2010（5）：64-68.

当然，在应对不同种类的突发公共事件时，各种机制又会整合成不同的类型，如发生自然灾害事件应启动自然灾害应急机制，公共卫生事件由卫生应急机制应对，安全事故由生产安全应急机制应对等。

二、危机治理恢复机制

危机多元治理机制的运作是一个动态的系统体系，其中危机恢复机制属于应急后馈机制，它是总结经验教训，防止此类危机事件再发生的必不可少的重要环节。建立完善的危机恢复机制，对危机事件进行事后的反思是非常重要的。危机治理恢复机制是指对突发公共事件的事后处理和恢复机制，主要包括事后的评估工作、善后处理、对受害者的补偿及相关责任人的奖惩等。

（一）危机治理恢复机制的系统构成

突发公共事件不仅给人民群众的生产和生活造成了巨大的损失，也使人们对公共部门的危机治理能力产生怀疑，危机的结束并不代表危机协同治理的结束，在危机平息之后，公共部门和其他社会组织还应该做好危机后处理工作，恢复公众对公共组织的信心，重新提升政府的形象。危机恢复机制主要包括以下五个子系统：

1. 事后评估机制

在突发伤害事件得到控制和逐步消退以后，为了把损失降低到最小化，严防事态再燃或引发次生伤害，需要对突发公共事件处置工作进行全面的评估和总结。为了尽快恢复正常的生活秩序，对已经发生的灾害事故进行科学评估是必须的。各公共主管部门应当会同事发地单位、媒体、社区和群众，对突发公共事件的起因、性质、影响、责任、经验教训和恢复重建等问题进行系统的调查评估，并向政府做出报告。区县政府、相关职能部门在对受灾情况、重建能力以及可利用资源进行评估后，要认真制订灾后重建和恢复生产、生活的计划，并迅速采取各种有效的措施，明确救助程序，规范调控管理，组织恢复生产。

2. 责任追究制度

建立严明的奖励和责任追究制度是防止悲剧重演、提高危机治理绩效的一种现实有效的方法。突发公共事件发生后，要对危机事件展开独立调查、进行惩奖和问责处理，对参加突发公共事件应急处置工作中做出突出贡献的集体和个人给予表彰和奖励；对不作为、谎报漏报、延误时机、组织不力等失职渎职行为，依法依规追究责任，不仅要追究直接责任人的过错，而且要追究救援各个环节中有关单位和人员的责任，同时还要有风险问责。仅仅罢免一个领导人的职务是不够的，必须使"问责制"① 法制化，将领导责任制、风险问责纳入法制的轨道。此外，突发公共事件大都发生在地方，因此，要构建有效的激励机制，既鼓励地方政府联合各个社会组织积极处置、发挥属地管理的职能，也要防止和克服地方保护主义和虚假治理的现象。

3. 学习更新机制

突发公共危机事件结束后，要认真学习和总结经验、建构学习型组织。危机管理机构要不断提高和更新观念、改进政策、完善各种制度和措施来应对多变的社会风险。通过加强危机后的学习，组织可以不断适应外在复杂的危机情境，痛定思痛，变危机为转机，变坏事为好事，从而进一步减少危机的产生，提高突发公共事件的处置水平。

4. 心理干预与恢复

突发公共事件发生后，不仅个体心理，而且群体心理、社会心理和价值观方面都受到不同程度的影响，因此，政府必须要进行"心理救灾"。首先，公共部门和社会救助组织要借用各种心理治疗的手段，帮助当事人处理迫在眉睫的心理问题，恢复心理平衡；其次，公共机构要通过合理的渠道、方式排遣大众的社会性焦虑，消除集体性恐慌，防止群体性心理危机的发生。

5. 善后处置

事件发生后，各级公共部门、应急管理工作机构和有关职能部门要积极稳妥、深入细致地做好善后处置工作。对突发公共事件中的伤亡人员、应急处置工作人员，以及紧急调集、征用有关单位及个人的物资，要按照规定给予补助或补偿，并提供保险及司法援助。政府主管部门必须按照规定及时调拨救助资金和物资。保险监管机构督促有关保险机构及时做好有关单位和个人损失的理赔工作，不断完善保障机制、灾害保险制度。罗伯特·希斯博士在他的《危机管理》一书中提出了危机管理的第五个 R（Resilience），即危机恢复力。② 他认为，危机的恢复要有详尽的恢复计划和完备的恢复流程，恢复过程要有连续性和整合性。可见，事后的恢复机制也是一项系统工程，需要不断完善。

（二）危机恢复机制的效果

虽然事后恢复治理并不能对现时的危机有任何遏制作用，但通过对危机的后期调控，可以修复危机给组织带来的破坏，重新树立公众对公共组织的信心、

---

① 莫纪宏. 重大责任事故中领导责任的法律审视［J］. 北京观察，2005（2）：24-25.
② ［美］罗伯特·希斯. 危机管理［M］. 王成，宋炳辉，译. 北京：中信出版社，2000：446-448.

恢复政府的信誉。同时，通过危机恢复机制还可以预防危机的再次回流和新危机的出现，为新一轮的危机预警做好准备。就不同地区来说，其危机的恢复力是不同的，不同的恢复力和调控力会产生不同的效果。有学者认为，根据事后控制力的大小，大致可产生三种不同的控制效果①：第一种是调控效果明显——危机消失并不再回流；第二种是未达调控效果——危机消失后迅速回流；第三种是介于两者之间的效果——危机消失后逐渐回流。这三种效果可以用三个简单的模型表示。

1. 第一种：危机消失不再回流型

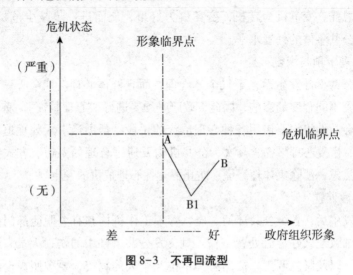

图 8-3   不再回流型

如图 8-3 所示，假设在突发公共事件结束后，公共部门的组织形象和危机的状态都处于临界点，就是组织处于 A 的位子。此时，如果后期的恢复机制有力、调控及时且调控措施完备，那么，组织的形象就会逐渐被重新树立，从 A 到 B1 再提升到 B 点。由于 B 点又是低于危机临界点的，所以危机不会回流，组织会远离危机。这种情况是后期调控有力、控制效果较佳的模型。

2. 第二种：未达调控效果（死灰复燃型）

相反，如果危机结束后，没有采取调控措施或者没有及时调控，或恢复机制很不完善，那么危机可能会迅速回流（突破危机临界点到达 B）和重新燃起，甚至可能引发新的危机，这时候公共部门的组织形象也会逐步下降，如图 8-4：

_____

① 陈先红，殷卉．危机传播控制模型的建构［J］．武汉理工大学学报（社会科学版），2004（6）：790-793.

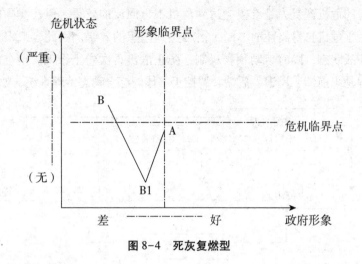

图 8-4 死灰复燃型

3. 第三种：缓慢回流型

第三种调控效果介于前面两者之间，属于危机缓慢回流型。组织处于临界状态"A"点，随着后期调控工作的进行，其组织形象可以得到恢复或重新树立，同时组织也能远离危机状态。但是，由于危机所具有的"未知性"和"模糊性"以及体制本身的原因，此类危机还会再次产生，经由 B1、B2 慢慢到达"B"点，这时政府的形象又会有所下降，需要开始启动新一轮的危机预警和处理工作。比如，一些具有周期性爆发的自然灾害、间歇性发生的矿难事故等。如图 8-5：

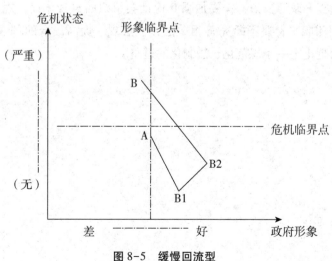

图 8-5 缓慢回流型

理想的危机恢复力是希望能达到危机不再回流的效果，但在实际的治理过程中，由于危机自身属性的不同，很难达到理想的效果。因此，组织要时刻处于危机备战状态，随时启动预警机制，防止危机再次卷土重来。整个危机多元治理过程是集前馈、反馈、后馈、调控于一体的综合动态治理系统，如图8-6：

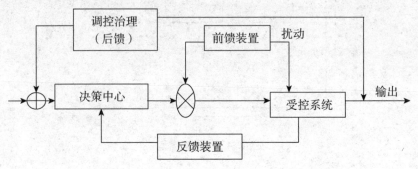

图8-6 前馈、反馈、后馈、调控复合治理系统

综合治理机制要得以有效运作，其前提是多元治理主体之间相互合作，在逐步磨合中实现自组织协同。因此，建构公共部门（政府）和其他社会组织之间的良性互动，必须多方行动主体彼此协同合作、分享公共权利，共同参与公共决策，进行政策博弈，这样才能防止一方独断，保持协同均衡，维护社会稳定。政府、公益组织、媒体、企业、人民群众必须相互协调、合作共治；要健全环境利益诉求机制，优化多元主体的社会治理结构，创新多元化的协同治理模式，不断提升政府公信力；要加强其他社会组织的自身建设，规范各个治理主体的权利和职责；要不断完善相关法律、法规，提高民众的理性参与能力，确保多元治理走上一条规范化、法制化的道路。

当社会风险侵入网络的时候，风险便会在虚拟空间中肆意地传播和蔓延。在这一阶段，风险治理的诉求是社会表达。社会表达感是虚拟社会中公众的主要需求。为了满足人民的社会表达感，需要加强社会交往层的沟通和协调，实现网络治理机制的创新。

第九章　风险网络侵入与社会表达

风险侵入网络也是社会矛盾、社会冲突嵌入虚拟社会的过程。在网络时代里，人民的社会表达需要比现实社会更加的强烈和紧迫。当风险社会遭遇网络社会，风险便以特有的方式在网络空间里侵入、渗透和传播，造成社会表达的失衡。因此，防范风险的网络侵入和渗透效应，维护人民的社会表达感，需要加强社会交往层的沟通和协调。

第一节　风险网络侵入中的渗透效应

当风险社会来临的时候，我们也步入了另一个时空场域：网络风险社会。网络的出现建构了一种崭新的表达方式和交往情境，网络空间的"无边界"和"脱域化"打破了时间和空间的局限，让人们自由地穿梭于自然、现实与虚拟之间，这也给传统的社会治理带来了极大的风险和挑战。在网络世界里，公众的知情权增多了，公众的表达欲望得到了空前高涨，越来越多人通过网络来抒发情感、传递民意、问责政府。网络社会的开放性、互动性、流动性、匿名性等特征，使社会表达成为国家治理的重要诉求，也加速了社会风险在网络空间的传递、渗透和侵入。

所谓风险网络侵入的渗透效应是指社会风险在网络空间里的传播和扩散能力。虚拟社会中，风险的渗透效应比现实社会更加强烈，其传播速度之快、扩散能力之猛，让人始料不及。网络风险在瞬间便能完成现实社会中的风险感知生成、积聚叠加和扩散传播的全部演变过程，甚至呈现出几何式的扩散和放大效应，这也是网络风险比现实风险更加难以治理的原因。风险侵入中的网络渗透效应表现为两个方面：一个是网络技术结构的风险渗透效应，另一个是网络交往空间的风险渗透效应。

一、网络技术结构的风险渗透效应

随着科学技术的迅猛发展，网络技术被广泛运用于社会各行各业。网络技术具有快捷、便利、高效等特征，这些天然的优势使其成为社会的宠儿，但网络技术也是一把双刃剑，在技术创新和升级的过程中不可避免地产生了很多的风险效应，网络技术的本质结构必然增加了社会风险的网络渗透性。

（一）网络结构的关联性和开放性特征引发系统的易损性风险

网络从技术层面来看，它是一个节点相通、信息共享、结构相互关联的开放性的系统。不同人种、不同肤色、不同文化背景的网民都可以通过计算机互联到同一个网络中，开放性和关联性是网络技术结构的主要特性。同时也正是这种开放性和互联性，为风险的网络侵入和渗透创造了便利条件。开放性意味着人人都可以参与到网络中来进行信息的发布和传播，这种无政府主义的状态为垃圾信息的传播提供了可乘之机。当前网上垃圾信息的泛滥和肆意传播造成网络正常社会表达的堵塞，使网络空气浑浊不堪。关联性意味着在网络系统中，不同链接节点和联结线是高度相通和紧密关联的，所以人们又常将这种网络称为"互联网"。互联网的这种关联性从本质上来说是"越时空"和"无地域"的，即全球化的特征。越是封闭的系统，其系统的活力和动力常常不足，而稳定性相对较好，而网络系统是开放的，又是超越时空界限的，其稳定性必然较弱。从系统论的角度而言，系统的分化程度越高、覆盖范围越大，则各子系统之间的关联性也越大，从而系统的总体协调能力也会相对减弱，系统对外界的干扰和刺激也越敏感。当前全球化的网络结构已经形成了一个相互依存、相互联系、密不可分的有机体，任何外部环境或者内部要素引发的小小扰乱，都可能导致整个网络系统运行的紊乱。这种局部扰动对整体有如此"牵一发而动全身"的蝴蝶效应，被称为系统的易损性。网络系统的易损性是其本质的技术结构所产生的必然结果，任何网络联结点上的小小干扰都将导致网络整体协调力的失控。在全球化的互联网系统中，各种国际力量和因素错综复杂、相互影响和制约，使得网络系统的结构韧性不断下降，网络抵御风险的能力也不断降低，形成易损性风险。

（二）网络结构的松散性和天然技术漏洞引发网络攻击性风险

网络建立的初衷就是方便人们进行快捷地表达和交流，不同的计算机通过网络协议被松散地联结在一起，从而让每个计算终端和平台都能够自由地交流和共享相关的信息。网络结构的松散性也是网络结构的弹性体现，它可以让信息源在不同计算机之间进行获取和拦截，但同时这样的一种松散结构缺少防御风险的能力，在缺乏网络伦理和人文关怀的虚拟时空里，每个机器都是无情的，每个计算机终端都可以不受约束地相互发起攻击，而且手段可以极其隐蔽，从而引发整体性的网络安全风险。如果说关联性、开放性和松散性是网络的本质特征，那么这种特性所带来的天然技术漏洞则是引发网络攻击性风险的主要原因。从理论上说，越是开放和流动的系统，越容易形成信息安全的漏洞；越是松散和关联度高的系统，越容易遭受风险的侵入。再完美的应用系统和软件也是存在技术漏洞（bug），关键在于使用的对象。

网络技术的天然漏洞所引发的攻击性风险主要表现为三个方面：第一，黑客侵袭。世界上没有百分之百无缺陷的系统，网络的迅猛发展使再完备更新的补丁都难以弥补其技术的漏洞，这些网络漏洞的存在为黑客联盟的网络侵袭提供了便利。黑客通过网络漏洞大量侵袭世界各地的网络系统，从而达到非法牟利的目的。据不完全统计，全球每年由于黑客攻击所遭受的经济损失就高达数千亿美元，让人不寒而栗。第二，隐私泄露。网络的漏洞为非法者入侵网络，盗取他人的身份信息提供了便利。随着大数据技术的发展，每个人的个人隐私都是大数据中的一个节点，一旦缺乏有效的监管和法律的约束，个人隐私泄露的风险将大大增加。第三，恶意破坏。网络技术的漏洞给一些不法分子恶意破坏互联网系统提供了可乘之机。一些不法分子在虚拟空间里大量散布网络病毒，造成众多网站瘫痪。他们还通过网络漏洞解码出 TCP 协议的序号，对政府、企业和社会组织的网站进行疯狂攻击，以此达到社会泄愤和社会骚乱的目的，极大地影响了社会稳定。

二、网络交往空间的风险渗透效应

网络交往空间的风险渗透效应，是指由于大量的网民在网络社会中的交流互动所引发的风险侵入和渗透的现象。网络交往空间的风险渗透效应主要表现为 三个方面：网络交往的匿名性、网络空间的流动性以及网络主体的多元化。

（一）网络交往的匿名性引发集体的不负责任

现实社会的交往是真实个体间面对面的社会互动过程。这种交往是一种社会化的过程，人与人之间的角色定位也是特定的社会关系的体现。人们必须在既定的社会规范和伦理、道德、习俗的约束下进行现实社会的交往活动。可见，人们在现实社会的交往中是无法"为所欲为"的，而虚拟社会交往的匿名性特征却打破了这样的一种禁锢，让人们可以在网络空间里无拘无束地扮演各种社会角色。网络交往的匿名性释放了人类本我中的自由意识，人们以网络符号、代码（网名）的形式，在真实个体不在场的情境下与他人进行跨时空的互动和交流，随心所欲地营造属于自己的虚拟交往空间。由于网络的匿名性特征，人们可以随意地隐匿自己的身份来躲避社会规制和惩戒，由此引发了集体不负责任的社会风险效应。

第一，人们可以通过隐藏身份的方式来联入互联网，给网络攻击和病毒的传播提供了便利。以代码和符号来替代身体的不在场，给人们的网络越轨行为提供了潜在的可能性，不法分子可以随意传播病毒却又很难及时追踪到其真实身份，给网络安全治理提出了严峻挑战。

第二，网络匿名性引发道德风险和"破窗效应"。在虚拟空间里人们可以随意选择交往对象、各行其是，不用担心自己的身份暴露而影响交往的进行。网络社会中每个个体都是全新的自我，不像现实的熟人社会，每个人交往都无形地受到道德习俗的考验和制约。网络社会交往可以瞬间完成，也可以即刻中止，不用承担任何道德责任，这种"集体无责任意识"的虚拟空间必然加剧了网络交往的道德风险。一旦道德防线被集体不负责的行为所冲破，随之而来的便是"破窗效应"和网络社会全面的道德沦陷。"破窗效应"本是犯罪心理学中用以解释社会失范行为及其动机的一种理论。美国心理学家曾做过一个心理实验来证实"破窗效应"的存在。将两个一模一样的汽车分别置于两个不同的街区，一个放在治安相对较好的中产阶级街区，一个放置在杂乱的贫民街区。放入贫民街区的汽车被卸了牌照，打开车顶，结果很快就被偷了；而放入中产阶级街区的车子没做任何变动，一个多星期仍然完好无损。后来心理学家在车子玻璃上打开一个洞，没过多久这辆放置在中产阶级街区的车子也不见了踪影。可见，如果一个人做出违规行为而没有受到制止和惩罚，便会有更多的人来效仿，甚至做出变本加厉的破坏行径。在网络社会也是一样，一旦个体的道德底线被突破，便会引发集体不负责的行为。

（二）网络空间的流动性引发交往的无序性

所谓网络空间的流动性，是指虚拟社会交往空间的流动性，这种流动性打破了现实社会中的时空界限，使交往空间与每个个体的文化环境、经验认知和生活地域隔离开来，并重塑出新的网络流动空间。在现实社会里，时间和空间是人类交往的基本边界和维度，在特定时空领域下的个体有着自身的文化背景、生活习俗和价值观念，这些都直接影响着人们的人际沟通和社会互动。然而在网络空间里，流动性冲淡了现实空间中的价值经验和历史根源，地域空间的优势被大大缩减，现实社会的功能和权力结构在流动空间里被重新配置，社会规范和价值观念也被逐渐消解。网络空间的流动性特征引发交往的无序性主要表现为两个方面：一是时空的错位引发交往的障碍；二是流动的空间给网络欺诈埋下隐患。

第一，网络空间重新塑造了一个全新的时空场域，网络时空的多维性和压缩性使网络主体能够穿梭于虚拟空间里，自由地扮演多重网络角色，并充分地行使各种网络话语权和表达权。网络社会里的权力分配和社会分层也发生了改变，现实社会里的"科层制"和"金字塔"式的权力结构在网络社会里变成了扁平化的分布，在网络世界里社会权力的分配似乎是平均化的。而社会分层则呈现出现实社会分层"倒置"的特征，越是底层的群众越能吸纳更多的粉丝，越具有话语霸权，从而享有更高的网络殊荣。可见，网络社会里的一切似乎和现实社会发生了时空的错位，导致交往的障碍和无序性。一般而言，在现实生活里时空是不可逆的，每个人只能存在于一个既定的时空里，而网络的出现却打破了人们当下的存在，每个主体在网上可以有多重身份，似乎"既在此处，又不在此处""我是我，又不是我""在同一时空里又存在多个我"。这样一种时空的错位常常使人们不知道"此刻的我"到底身处网络空间还是现实空间。网络空间与现实空间的频繁切换、交织渗透造成社会交往的无序性。卡斯特认为网络空间或网络社会并不仅仅指线上网络空间（cyberspace），还应该包括线下的虽然不在场，但仍然被网络社会影响和网格化的社会空间。从这个角度而言，线下的现实空间有很大一部分也被网络社会渗透并嵌入，如图 9-1：

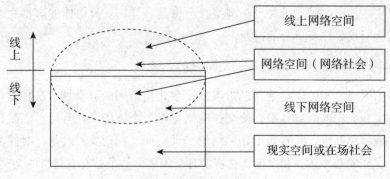

图 9-1　网络空间渗透

根据图 9-1 所示，网络空间的线上交往会对"现实空间或在场社会"产生渗透和影响，而被影响的这一部分空间就是图中虚线部分的"线下网络空间"，比如，网络集群行为的发生，就是线上和线下相互影响的结果。因此，对每个个体来说，实行线上线下、在场和不在场的及时转化与角色切换并非易事，网络的完美性与现实社会的巨大落差常常使网络主体陷入交往的障碍和无序中，这一切还有待网络主体的慢慢调适。

第二，网络空间的流动性给网络欺诈埋下了隐患。网络的流动性还体现在每个主体都很难在网络社会里长久地留下个人印迹，这种隐匿又流动的特性为网络欺诈行为创造了便利，引发网络交往的无序和混乱。网络欺诈有两种表现，一种是欺骗，另一种是诈骗。网络欺骗是由于网络信息的不对称和网络主体的匿名性等特征，导致个体间相互隐瞒身份和欺骗对方的行为，情感欺骗也属于网络欺骗的一种。网络诈骗则属于违法犯罪行为，不法分子通过拍卖、传销、互联网金融、理财等多种方式进行经济诈骗、盗窃、洗钱等犯罪活动。由于网络的流动性，犯罪分子可以通过不同的境外服务器、在不同地区流动、流窜作案，实施网络诈骗活动。更有甚者通过高科技手段，可以旁若无人地入侵国际金融系统、篡改数据、盗取信息和巨额财富，造成国际金融秩序的混乱。此外，大量参差不齐的网络金融组织和网络企业的出现，铸就了网络虚拟世界的"经济泡沫"，进一步加剧了失序性风险的可能性。

（三）网络主体的多元化引发冲突性风险

在网络社会里，网络主体呈现出个性化和多元化的特征。来自不同国家、地区和民族的人们，有着不同的价值观念、文化理念和宗教信仰，他们共存于网络社会之中。一方面，每个个体的独特个性在虚拟空间里得到了充分展示，构成了丰富多彩的网络世界；另一方面，每个个体的异质性差异又无疑增加了网络冲突的风险。

第一，不同的文化理念和思想观念充斥于网络社会，易造成意识形态的混乱和价值观念的冲突。多元文化共存于网络空间虽然一时可以进行不同的自由发声，但却难以形成稳定的理性认知和持续的价值观念。每个人的兴趣、爱好、立场、观念和利益需求的不同，加之每个个体对网络的认同感较低，由此形成了各自不同的道德评判标准。由于缺乏主流的价值观念，一些平庸、低俗的文化占据着网络空间，"无厘头""夸张""恶搞"等后现代的思潮盛行于网络，造成个人虚无主义或集体无政府主义，极易引发价值观的冲突甚至对抗。

第二，网络不良信息的传播严重影响青少年网络主体的身心健康，易诱发青少年的越轨和违法行为。多元化的网络信息既有积极和正面的，也有消极和负面的，由于缺乏网络监管，消极的、负面的、色情的、暴力的信息堂而皇之地登录网络，对青少年的身心健康造成了极坏的影响。当前网络群体呈现出低龄化的趋势，低龄网民常常由于缺乏自制力、辨别力和判断力而沉迷于网络不能自拔，久而久之他们便会迷失自我，甚至对现实社会产生不满或做出违法犯罪的行为。

第三，多元化的网络主体由于难以达成一致意见，易形成"网络极群化"效应。当前网络已成为越来越多人释放情感和社会不满情绪的宣泄口，由于社会矛盾嵌入网络社会，网民通过网络进行互动、跟帖、组织、策划等方式，瞬间便能产生"一呼百应"的集体行动力和聚合力，极易严重影响社会的稳定。

第二节　风险网络侵入中的社会表达

社会表达是社会交往的内在功能的体现，它是社会群体在相互交往、交流、学习、争论、碰撞等互动过程中所体现出来的一种行为方式。网络中的社会表达既有积极的、阳光的、向上的正能量表达，也有消极的、负能量的失范表达；既有较高社会价值的政治表达，也有私人空间的情感表达，还有低俗的色情表达等。① 由于风险侵入和渗透效应，加之网络交往的匿名性、流动性、开放性等特质，使得社会表达呈现出失衡和失范的状态。

一、社会表达的失衡

网络技术的迅猛发展，给现实空间的社会表达造成了强烈冲击，引发了社

---

① 周晓丽. 论社会治理中的网络民意表达 [J]. 行政论坛，2014，21（4）：28-31.

会表达失衡。当前社会表达失衡主要表现为两个方面：社会表达的技术性失衡和社会表达的渠道失衡。

（一）社会表达的技术性失衡

随着数字化技术、大数据的迅猛发展，社会表达呈现出多元化、信息化、网络化、产业化的特点。当今社会，谁拥有了强有力的科技力量，谁将在信息化的社会里拥有话语权和表达权。长期以来，我国在信息化网络技术领域处于"技术缺席"的状态，以美国为首的西方发达国家凭借着强大的技术势力，在媒体、广告、通讯、影视等众多文化产品中拥有强有力的话语权力，在社会表达中占据着支配性的"数字霸权"。受其影响，我国在国际信息化产业竞争中常常处于弱势地位，与西方国家长期存在的"数字鸿沟"成为我国社会表达的"瓶颈"。① 所谓"数字霸权"，是指拥有高科技和数字化技术的国家凭借其技术垄断地位对别国的信息化发展进行制约、限制和打压，甚至将本国意识形态和价值观念强加于他国之上。"数字霸权"是伴随着计算机网络的出现而产生的。数字化技术对一国发展至关重要，它可以带动信息化、智能化，以至达成现代化。美国在计算机领域一直处于世界领先地位，拥有强大的芯片技术和90%的全球顶级域名服务器，是世界互联网系统的裁判员和规则制定者。美国借助互联网技术在实施数字霸权的同时，妄图达到政治霸权和文化殖民的目的。近期中美贸易战升级，中兴公司被美国威胁可能将实施为期七年（至2025年）的技术禁售令，使其瞬间陷入休克状态，该事件充分暴露出我国缺乏核心技术的"硬伤"。而美国对华为集团5G技术的连续打压和封锁，又充分暴露出美国妄图独占世界信息化霸权的野心。由此可见，在社会表达中，是否掌握核心技术起着至关重要的作用。

（二）社会表达渠道失衡

所谓社会表达渠道的失衡，是指由于网络的兴起，导致现实场域的表达渠道与网络场域的表达通道之间存在巨大的差异，现实社会表达的不通畅与网络表达的自由化、多元化、无序性形成鲜明的对比，从而引发社会表达的渠道失衡。在现实社会的交往中，由于缺乏完备的表达渠道导致了社会表达的不畅。当前人们对美好生活的多样性需求与不平衡不充分的社会发展状况之间的矛盾也是引发现实社会场域表达不通畅的主要原因。一方面，公共部门所提供的社会服务并不能有效地满足民众多样性的现实需求，导致民众参与社会表达的热

---

① 罗彼得. 聚焦第四差别中欧数字鸿沟比较研究［M］. 张新红，编. 北京：商务印书馆，2003：3-8.

情越来越低；另一方面，由于缺乏利益诉求机制与公共表达的平台，使得民众的社会诉求没有正常的表达通道和表达路径，导致社会表达的不畅，也进一步加剧了社会风险。当前的主要问题是民众合法的、制度化的表达渠道缺乏长效机制，现实渠道不通、信息不畅，一旦合理的社会表达需求不能得到满足、制度化的通道被长期堵塞，非法的和非理性表达方式便会成为人民的首选，从而造成社会矛盾激化、影响社会的稳定。与之形成强烈反差的是网络表达的兴起，在虚拟空间里社会表达更加的自由和无拘无束，在现实生活中不能表达和无法表达的内容统统在网络上释放出来。当前网络、微博、微信中公众表达的发达，从侧面说明了现实社会表达的不畅，同时也引发了网络表达的无序性，从而加剧了社会风险在网络空间的侵入。

二、网络表达的失范

正是由于现实社会表达渠道的不通畅，才导致了网络信息表达的拥挤和无序。而这种无序性更体现为无边界性的表达失范。网络社会的开放性、流动性、匿名性等特质造成了网络表达的无拘无束和无边界性。在网络表达热情高涨的同时，也形成了网络表达的无节制和非理性情绪，加剧了社会风险在网络空间的侵入。当前网络色情、网络泄愤、语言暴力以及网络谣言的产生都是网络表达失范的表现。

（一）网络表达失范的具体表现

所谓"失范"，从社会学角度是指因规则的缺失而陷入失序和混乱的状态。在网络表达中，由于缺乏伦理规则的约束而造成表达的非理性和无序性的失范现象，这种失范现象会成为社会风险的助燃器，加速了社会风险在网络空间的侵入和渗透。网络表达的失范主要表现为以下五个方面：

1. 攻击性的语言暴力

在网络表达中，缺乏理性的网民常常因为观点不合、意见相左而采用谩骂、侮辱、污秽的暴力语言来相互攻击，甚至用诽谤的方式来诋毁他人的名誉，达到恶意攻击的目的。这样一种语言表达的方式对网络环境造成了极其恶劣的影响，加剧了网络群体间的对立与冲突。

2. 情感式的泄愤与批判

网络主体将虚拟空间作为情感发泄的通道，人们将现实生活中的不满情绪和情感挫折在网络空间里集体释放来寻求心理的平衡。然后这样一种一味宣泄、释放不满的非理性情绪并没有平息内心的愤懑，反而在不受约束的网络空间里被肆无忌惮地传递和放大，增加了网络空间的风险效应。在缺乏伦理规则的网络世界里，人们难以寻求到理性情感的释放通道，使得人们在网络中常常迷失了自我。

3. 低俗的色情表达

有人说，网络是个大染缸，好的坏的都往里装。低俗的色情表达在网络上泛滥已经司空见惯，网络色情网站、成人网站在虚拟空间里大行其道，给未成年网友的身心健康造成极坏的影响。当前网络色情表达呈现出多元化和产业化的趋势，从色情言论到色情音频、从色情游戏到色情小说、从情色广告到色情直播，网络色情表达的方式层出不穷，严重恶化了网络环境和网络空间。

4. 网络谣言

谣言猛于虎，而网络谣言的杀伤力比现实生活中的谣言更可怕。在网络中人为制造、虚构的流言，可以在无限的时空里向不特定的人群进行随意的夸大和传播，其传播的速度和渗透力可以呈几何式的增长，危害性不容小觑。网络谣言的杀伤力不仅仅体现在网络空间，更主要的是对现实社会秩序也造成了影响。每次网络谣言一出，相关部门需要花费大量的时间精力去核实和辟谣，造成了人力财力的浪费。网络谣言一旦被不明真相的群众信以为真，便会对社会心理、公众情绪产生极大的干扰，影响人们的理性判断能力，从而导致社会混乱，影响社会稳定。尤其在公共危机来临时，公众常常不能准确获知或无法获知危机事件的信息，只好想方设法通过网络渠道去搜集，这时网络流言与谣言就有了市场。网络谣言的广泛传播会导致社会性的焦虑与恐慌，引发群体性骚动甚至暴乱。

5. 政治反动言论

我们鼓励人民群众在法律允许的范围内进行合理的政治表达和利益诉求，但不能恶意诽谤、捏造事实来攻击政府的合法性。在网络中，一些不法分子企图通过网络来发表散布反党、反动的政治言论，蛊惑人心，以达到破坏社会秩序，甚至分裂主权、分裂国家的不良企图。网络中反动言论的主要矛头直指党和国家政府，境内的反动组织与境外的反华势力相互勾结，并通过网络来攻击国家的大政方针政策、诋毁党和政府的形象、破坏民族团结，严重影响了国家安全和社会稳定。

（二）网络表达失范的危害性

网络表达失范的危害性是显而易见的，它不仅对个体造成伤害，更对社会秩序造成破坏，影响社会的和谐稳定。当前应对网络表达失范主要采用的是技术治理的方式。所谓技术治理，主要是通过网络后台对网民发表的言论进行敏感词汇屏蔽、堵截和删帖等手段，以此来净化网络语言环境。但这样的方式常常治标不治本，容易激发网民的不满情绪，反而加剧了社会矛盾。目前网络表达失范的危害性主要体现在三个方面：对他人的伤害、对网络空间的污染、对社会秩序的破坏。

1. 侵犯了他人权利

网络表达的失范首先就是对他人的权利造成了伤害。网络中谩骂、攻击性的暴力语言、不满情绪的非理性发泄严重侵犯了他人的自由表达权。尤其是一些诽谤、诋毁和侮辱的言语侵犯了他人的隐私权和名誉权，对当事人造成了巨大的精神伤害。

2. 污染了网络空间

网络中辱骂、污秽的言语越多，则明净、文明的语言表达就越少；网络中非理性的情绪表达越多，则理性表达的声音就越少；低级、媚俗、色情的表达一旦占领网络空间，则高级、积极、正能量的表达便难以成为网络的主流发声。网络表达的失范最终消解了网络功能，使网络演变成一个无序、杂乱的暴力空间。

3. 造成现实社会秩序的破坏

网络表达的失范对现实社会秩序的破坏力也是巨大的。网络表达有着较强的社会动员力，一旦群众受到网络谣言和不良言论的蛊惑，便会对政府的合法性产生质疑，形成"极群化效应"，爆发群体性事件的风险便会大大增加。近年来，我国发生的多起网络群体性事件都是由相关利益群体借助网络表达的动员力，在网上进行民意聚集，并在线下达成一致集体行动的结果。

第三节　社会表达与社会交往层的沟通

社会表达是人民美好生活的基本诉求之一。为了满足人民的社会表达感，需要对社会交往层进行沟通和协调。网络社会表达是人民在虚拟空间的交往之道。社会表达感则是公众心理对表达权利的一种情感体验，是公众发自内心对社会表达的一种渴望。在网络空间里，胡乱表达、模糊表达以及失范的表达方式并不能使公民获得良好的社会表达感，只能加剧网络空间的无序性。

一、对网络社会表达的重新认知

为了创造真正表达的空间和平台，让公众真正享有社会表达感，就需要对网络表达进行重新认知。这里主要包含三个方面：对表达边界的再认识，对表达民主性的再反思，对政治表达的再审视。

（一）网络表达中私人边界与公共边界的再认识

在现实生活中，私人领域与公共领域有各自不同的话题和关注点，私人领域关注个人生活、情感和私密事务，公共领域关注公共问题和公共事务，因此两个领域被严格区隔开来。网络和互联网技术的兴起却打破了这一界限，使得私人领域和公共领域的边界变得越来越模糊，造成了网络交往的困境。在现实空间里，大众想要在公共领域获得话语权是比较困难的，大多数情况下他们参与公共领域的渠道不多。一般而言公共领域的信息由国家、政府以及权威媒体来颁布的，公众只是信息的聆听者、接受者。而网络的出现打破了这种边界，网络营造了社会交往的虚拟空间和社会表达的平台，在公共的虚拟平台上每个个体都可以自己发声，每个人都可以与他人分享生活体验、情感经历，对国家大政方针政策发表自己的评论，从信息的接受者成为信息的制造者和传播者，形成了私人领域公共化现象。网络各大论坛、BBS、微博、微信等成为私人领域公共化的重要场域。当个体通过这些平台来发布个人信息时，这些私人信息便暴露在了网络公共空间里，私人领域和公共领域的界限被打通。

一方面，私人领域公共化可以使公共领域的表达不再那么严肃、单调，增添了公共领域社会表达的活力。在官方媒体中也经常可以看到一些网络新兴词汇的运用，增加了公共部门与人民群众的亲近感。网络私人领域和公共领域的打通造就了自媒体时代的到来，催生了许多新兴行业，比如网红、网络直播等。同时公共领域和私人领域可以共享的信息存量有所增加、信息传播速度更快，传播效率也更高。另一方面，私人领域与公共领域界限的模糊无形中增加了社会风险。这里的风险主要表现为个人隐私的暴露和谣言的繁殖。网络、多媒体和通信技术的发达使很多个人信息可以随拍随发，很多人在不经意间就将他人的个人隐私暴露在公共平台上，使得公众的隐私权难以得到有效保护。同时私人领域信息的杂乱无序性给网络谣言的繁殖提供了便利条件。私人领域的信息常常是庞杂和凌乱的，由于自媒体网络发布的"零门槛"，很多未经核实的虚假信息被发布到网上，并被大肆传播，造成了恶劣的社会影响。

（二）网络表达民主性的再反思

网络表达的兴起激发了理论界对网络民主性话题的探讨，越来越多的人认为网络营造了自由、平等、多元化、去中心化的社会表达空间，推进了中国民主化的进程。网络技术改变了时空的限制，催生了新的参与场域和表达空间，让更多人享有了社会表达的权利。然而网络发展到今天，网络表达的负面情绪和风险效应，使得人们开始质疑网络表达的民主性。网络世界的民主化是不是乌托邦？① 人们对网络表达的认知是不是过于乐观和理想化？网络有没有让我们的社会表达更加包容，有没有使广大人民真正享有表达权？有没有对公权力起到很好的监督作用？有没有真正让中国更民主化？这一切的问题都值得我们去重新反思网络的民主性。

第一，对网络自由的反思。网络是自由的，尤其是对每个参与网络表达的个体来说，网络自由体现在网络主体可以不受约束地进行自我表达，每个人都是信息的制造者、生产者和传播者。一般人都认为网络自由是网络民主性的首要体现，但是否真是如此呢？没有约束的自由是疯狂的、非理性的，同时也是危险的。世界上也没有绝对的民主，只有相对的民主和自由，网络空间也不例外。如果不受约束和毫无节制的自由就是民主，那么这样的民主必然陷入"民主自由化"的危险。网络自由体现民主性需要满足两个基本要件：一是网络自由是有限的自由；二是参与表达的网络主体必须是遵纪守法的理性人。由于网络匿名性、开放性和流动性使得网络表达在虚拟空间自由驰骋，网络表达常常不受限制。而每个参与网络表达的主体都是现实生活中鲜活的个体，他们有独立的个性和意志自由，他们有时是理性的，有时也是非理性的；有时有公德意识和批判精神，有时也有仇恨情绪和群体极化效应，因此，网络自由的绝对民主性只存在理性化的状态之中，网络没有绝对的民主。

第二，对网络平等的反思。网络平等也是网络民主性的重要体现。网络世界是平等的，它体现在参与网络表达的主体不受性别、宗教、出身和社会地位的约束，也不受权威和特权的制约。然而这些只是我们对网络平等表面化的认知，网络技术本身并没有等级化的区分，关键在于使用它的主体。是否现实生活中的弱势群体和普通大众在网络上就摇身一变成了网络的主宰，网络社会中的权力分布真的是现实社会中的完全倒置吗？也不尽然！如果说在网络发展初期弱势群体占据了一定的主动权，但随着网络空间的日渐成熟，强势群体会利用各种资源获取网络的支配权。当今的网络也存在赢家通吃的马太效应，网络巨头和利益集体占领着互联网的天下。"网红"的出现不是偶然，网络的集体行动力和聚合力也不是天然，与媒体、商家、各大利益集体的操纵和推动有着千丝万缕的联系，广大网民在看似拥有平等权的同时不自觉地沦为吃瓜群众。

---

① 马修·辛德曼. 数字民主的迷思 [M]. 唐杰，译. 北京：中国政法大学出版社，2016：8-20.

第三，对网络去中心化的反思。网络是多元的，是去中心化的，似乎这样的网络空间结构就是民主化的体现。网络的去中心化在于网络技术结构逐步消弭了"威权主义"的中心力量，不断弱化核心价值观念和身份认同，倡导个人主义和多元化的思潮。去中心化更强调私人领域的个性化的表达，这种表达生动活泼、更贴近生活，但这种表达也充斥着大量零碎的、无厘头的恶搞，引发了信仰的缺失。大量的私人领域的话题充斥公共领域，不但稀释了公共领域本应该重点关注的公共议题和民生焦点，而且对公共领域的权威性造成了挑战。此外，去中心化造成了网络表达的冷漠、无政府主义和价值虚无主义，没有核心价值观的引领，网络表达便失去了内在的灵魂。

（三）网络表达政治功能的再审视

随着互联网的普及，中国的网民数量不断增多，网络已成为民意收集、公共舆论和政治表达的重要阵地，互联网政治成为公民政治参与的新渠道。目前我国正处于社会转型和体制转轨的重要时期，社会风险不断聚集。在新旧体制交替的过程中，各种社会资源重新集聚、分配和整合，社会结构和阶层重新分化，利益主体诉求也越来越多元化。由于我国政治体制改革滞后于经济体制改革，在资源重新积聚、重新分配的逻辑下，社会问题频频涌现，社会矛盾日趋尖锐，人民群众一度没有了安全感和公平感，众多的冲突和矛盾一时间又难以及时化解，而网络的兴起恰好给公众的政治表达和政治参与提供了契机，公众的政治表达感在网络空间可以得到很好的满足，互联网成为维护公民权利、促进政府改革、监督政府权力、遏制社会腐败的新的推动力，网络维权、网络问责、网络反腐等成为现代网络政治表达的新诉求。

网络政治表达的形式也是多种多样的，有的是发表政治言论，对政府和公共部门提出政策建议；有的是监督政府权力，对政府违规行为进行问责；还有的是进行政治结社和政治动员，来影响政府公共决策的实施。网络政治表达的价值诉求也是多元化的，既有个人利益的表达诉求，也有群体利益的价值诉求；既有对公民权利的维护，也有对政府权力的批判和质疑；既有对国家主权政权的肯定，也有对国家公权力的政治抗争。这些多元化的政治表达方式需要我们去重新审视网络表达的政治功能。一方面，网络政治表达丰富了我国的政治参与形式，让公众有更多的机会参与政治意愿的表达。网络成为公共部门拓宽民意的另一个重要通道，不但可以疏通民意、缓解社会矛盾，而且还可以监督政府不合理的社会治理方式、强化地方政府的社会责任，提升政府的公信力和社会形象。另一方面，公民的政治表达热情固然可贵，但政治表达必须在合理、合规、合法的范围内，而不是一味地批判和质问公共部门的合法性。尤其网络政治动员和政治抗争的兴起引发了非理性的集群行为，他们冲击政府和挑战国家权威，严重影响了安定团结的政治局面。近年来发生的多起网络群体性事件，就是从网络政治动员发起的，这种强大的舆论压力和集体行动的力量一旦被不法分子利用，其后果不堪设想。因此，网络政治表达必须合理合法、有理有节，它不是抗争和对抗，更多的应该体现为政治参与以及公民与国家之间的合作共治。

二、社会交往层的沟通与协调

社会表达是社会交往的重要功能，当前社会交往的途径主要有两种：一种是现实交往，一种是网络交往。随着科技的迅猛发展，网络交往越来越成为人们日常生活中文化表达的主要方式，并且通过网络可以与世界各国人民共享发展的成果，现实中国与世界的互联、互通、互鉴、互融。风险侵入网络中的治理诉求是社会表达，而社会表达是否通畅取决于社会交往层是否和谐。哈贝马斯认为，交往有目的性也有规范性，和谐的交往必然是理性的，它体现了人们共同的价值认同和规范遵守。在虚拟社会中，公众的最大心理诉求是表达感，为了满足公众良好的社会表达感，需要加强社会交往层的沟通和协调。

由于网络表达以虚拟空间为载体，门槛低、成本廉价，动动手指即可以发表言论、跟帖、推送、点赞与他人网络互动等，盲从、追随、非理性的表达很容易在网络上滋生。[①] 社会风险侵入网络场域，其速度比现实社会快很多，加之信息的碎片化、不对称性，网络传播机制的失衡等因素，瞬间就能演变成集体行动的力量。网络时代治理的关键在于如何使社会表达合理、合情、合法。当前虚拟社会的交往逻辑和交往体系尚没有健全，如果缺乏规则的约束和制度的监管，社会交往层的冲突将不可避免。在现阶段，网络表达呈现出现实表达和虚拟表达失衡的状态，在现实表达中由于表达渠道的不通畅，使得表达的诉求不能得到很好的满足；在网络表达中，由于缺乏伦理规则的约束，表现出自由化与无政府主义。因此，对社会交往层和沟通层进行协调是必然性选择。

在网络时代里，社会交往的互动模式已经发生了转变。主要表现为从传统的"中心—边缘"方式转变为"多元化—去中心""开放表达—反控制"模式。[②] 社会交往层的传统交往方式是以"国家—政府"为中心、"社会—公众"

① 胡长青. 社会冲突论视角下网络民意表达维护机制的构建 [J]. 东南学术，2013 (5)：80-84.
② 邵娜. 网络时代意见表达结构及其社会治理效应 [J]. 理论月刊，2015 (5)：146-151.

为边缘的交往模式，并由政府来制定交往规则和建构交往秩序。现代社会的网络交往打破了固有的模式，形成了网络多元化主体参与和非中心化的互动模式。社会表达也不再是国家对社会的控制、精英对大众的霸权，呈现出一种自由表达和反控制。因此，社会交往层的沟通与协调应着手以下四个方面：

第一，保持现实交往层与网络社会交往层的沟通与平衡。正是由于现实社会交往层的不和谐、社会表达渠道的不通畅，才使得网络信息的表达拥挤、堵塞，不能及时消化和处理日益堆积的信息，从而形成了网络表达的无政府主义和非理性行为。因此，现实交往层与网络交往层要保持平衡和通畅。

第二，建立开放平等的交流平台。互联网的开放性和平等性使网络成为收集信息和收纳民意的容器，自由民主地表达成为网络治理的终极目的。由于缺乏畅通表达的制度化渠道，近些年，"躲猫猫""欺实马""跨省追捕""悬浮视察"等网络民意事件的频频发生，削弱了政府的公信力，使政府形象在网络上出现了严重的污名化。因此，建立制度化的表达通道势在必行。

第三，社会交往层协调的主要目的就是要明确自由表达的边界。自由表达权是每个公民的基本权利，但并不是随意表达、胡乱附和，甚至不负责地传播谣言和扰乱社会秩序。网络自由表达必须明确自身的边界，需要处理好社会表达与国家利益安全的边界、网络表达与社会秩序的边界、个人表达与私人权益的边界等。我们需要对私人领域与公共领域的不同边界制定明确的行为规范：明确哪些表达只能局限于私人领域；哪些表达必须在公共领域；哪些表达公共领域和私人领域都禁止，或者都可以。这些规范既需要以法律的形式加以确定，更需要网络主体的自觉和自律。

第四，要打破技术壁垒，争取表达的主动权。技术是社会存在的方式，同时也是文化交流、社会表达的可持续性推动力。我们不能因为核心技术受制于人，从而丧失了社会表达的主动权与竞争力。我们要遵循人类文化演变和技术发展的规律，加强自主创新、打破技术壁垒，扎实推进信息化、数字化经济建设，用"核心技术"来强心固体。我们要优化产业布局，加强影视、广播、出版、传媒等产业领域的知识产权保护，将传统文化的迷人魅力与核心技术的创新力有机结合在一起，打造中国特色的独特的网络文化竞争力。

第十章　网络治理机制的创新

社会风险侵入虚拟空间是时代发展的必然结果，同时也使社会风险被赋予了新的特质。网络群体事件并不是传统街头抗争的简单翻版，加强网络监管势在必行。网络空间虽然与现实社会有着不同的空间结构和运作逻辑，但究其本质是现实社会关系在虚拟空间的延伸与发展。网络不是法外之地，网络空间仍然要受法律法规和伦理规则的约束。我们要创新网络治理机制，加强网络监管的体制、机制与法制建设；要建构互联网的信息公开制度、舆情预警机制，切实地对网络舆论进行合理的规范和有效的引导，提高政府应对网络风险的能力；要优化网络空间治理结构、构建网络伦理文化、制定网络空间规则、营造文明的文化表达空间；要健全网络利益诉求机制，严厉打击网络暴力、网络犯罪、网络恐怖主义的活动；培养网民的理性参与能力，实现政府、网络组织、网络传媒、网络企业和民众的合作共治。

第一节　规范网络监管体系

我国的网络管理体系长期以来面临着责权不一、职能交叉和重叠管理的局面，加快建设中国特色的网络监管体制、机制和法制，营造高效、晴朗的网络环境已成为亟须解决的现实问题。我国政府已经充分意识到了网络信息安全和互联网监管的重要性，将网络监管和网络治理提升到了国家战略高度，提出了网络强国的口号。当前要尽快理顺各监管部门之间的管理职责，积极协调网络运作机制，不断完善网络法制建设，建构主管部门集中统一领导、各相关部门分工配合、社会组织和广大民众协调合作的网络治理新格局。

一、理顺网络监管体制

互联网作为复杂性虚拟空间的存在，在诞生之初就决定了其管理机构必然是跨界和多元的。网络拥有最庞大的海量信息、多元化的信息源，且信息量来自社会各个阶层和方方面面，这些信息在公共空间的发布和传播必然要受到不同职能部门的监督和规范制约。我国的网络监管体制从建立之初到现在，大致经历三个不同的发展阶段。

第一阶段：起步阶段——"形式化管理"。我国网络管理的起步阶段要追溯到 20 世纪的 80 年代末 90 年代初。随着计算机的普及和发展，互联网作为新生事物开始进入公众的视野。互联网的迅猛发展使网络信息安全开始被提上议事日程，国家信息中心在 1987 年设立信息安全处，进行网络安全监管，但这时候的网络管理只局限于计算机系统的安全监管，政府并没有独立的网络安全管理机构，网络监管往往只流于形式化的管理。这一阶段，公共部门和民众的网络安全意识也相对比较淡薄，网络安全管理人才缺乏，网络监管停留在政府传统的管理体系框架内，属于起步和摸索阶段。

第二阶段：发展阶段——"九龙治水"。2000 年以后，我国的互联网监管体系进入初步协调的发展阶段，同时管理弊端也开始显现，形成了"九龙治水"的多头管理体制。2000 年之前，我国互联网主管部门为"国新办"（国务院新闻办公室的简称），负责互联网的网络宣传工作，工信部（原信息产业部）、广电局、文化部、新闻出版总署、公安部等为协作管理机构。2001 年，中共中央、国务院批准成立信息化领导小组，同年组建办事机构——国务院信息化工作办公室（简称"国信办"）。2006 年，由中宣部牵头，汇集互联网行业主管部门共同参与成立了"国家网络与信息安全协调小组"，小组成员包括中宣部、文化部、信息产业部、国务院新闻办、教育部、公安部、广电总局、卫生委、国家安全部、国家食品药品监督管理总局、国家保密局、商务部、新闻出版总署、国家工商行政管理总局、解放军总参谋部、通信部和中国科学院等 16 个机构，其办公设在信息产业部。这样一种多头监管和治理的形式被称为"九龙治水"，虽然各部门齐抓共管，但也容易政出多头，管理分散。比如网络色情、网络暴力由公安部负责，而色情与艺术的界定是由文化部负责；网络影视和广告由广电部负责，而广告的内容和形式多种多样，它还牵涉消费者协会、食品药品安全部门以及卫生部门等，分管的部门太多影响了总体的协作。

第三阶段：统筹整合阶段——"集中领导，协同治理"。由于互联网多头管理的弊端日益显现，2014 年 2 月，国家成立"中央网络安全与信息化领导小组"，由习近平总书记担任组长，国信办为其常设办公机构，同年 8 月国信办被授权独立出来，成为全国互联网安全监管的最高主管部门，我国的网络监管体制开始从多头管理进入统筹整合阶段。① 2016 年 11 月《网络安全法》颁布，并于 2017 年 6 月开始实施。这是我国网络空间的第一部根本性、基础性的实体法。《网络安全法》对个人信息保护、网络安全审查、重大数据评估等信息安全等级制度做出了规定，标志着我们的网络安全治理开启了法制化的进程。2018 年，国家进一步推进机构改革的步伐，网络安全与信息化领导小组更名为"中央网络安全和信息化委员会"，下设"中央网络安全和信息化委员会办公室"（简称"中央网信办"），工信部下属的"计算机网络安全管理中心"也归口"中央网信办"管理，"中央网信办"负责全国的网络安全的总体战略规划和顶层布局。我国的互联网监管体制从"多头治理"走向"统筹协同治理"。

随着中央网络安全和信息化委员会办公室的成立以及《网络安全法》的实施，我国的网络安全体制"多头管理、分散管理"的情况有所改善，但全面的整合工作还需要顶层设计的助力，很多具体的协调工作还要在实践中进一步落实和细化。当前应当将管理权限进一步集中于中央网络安全和信息化委员会办公室，由"中央网信办"来统筹协调各部门进行综合治理。比如，工信部具体负责的互联网监管工作可以进一步交由"中央网信办"来协同管理，公安部的网络安全管理、文化和旅游部的网络艺术管理、工商行政管理总局的网络经营、新闻出版总署的数字出版管理等方面的职能可以进一步统筹、集中和整合到中央网络安全和信息化委员会办公室下，在集中领导的体制下实行"一中心多部门"协同治理，形成联合治理的组合力。这样一方面可以避免"政出多头、职权交叉"的九龙治水格局，另一方面也可以防止陷入高度集权所带来的"一抓就死，一放就乱"的窘境。

二、协调网络运作机制

我国长期以来存在着公民政治参与热情不高、参与的制度化途径狭窄、利益诉求渠道不畅的问题，这也是诱发现实社会矛盾的重要原因。网络社会表达热情的高涨正好可以弥补这样的不足，但前提是必须要协调和规范网络运作机制，建构科学、长效、通畅的社会表达机制，让人民真正享有社会表达和利益诉求的权利。在网络运作机制上，要进一步理清公民自由表达与政府舆论主导之间的边界，建构互联网的信息公开制度、舆情引导机制，切实地对网络表达进行合理的规范和有效的引导，提高政府应对网络风险的能力。要健全网络利

---

① 唐海华. 挑战与回应：中国互联网传播管理体制的机理探析 [J]. 江苏行政学院学报，2016（3）：113-121.

益诉求机制，优化网络社会治理结构，建构多元化的网络社会治理模式，培养网民的理性参与能力，实现政府、网络组织、媒体、网络企业、网民合作共治。

第一，要利用网络推进信息公开、共享机制。信息不对称往往是造成误解和社会矛盾的激化诱因，因此，公共部门要建立健全网络信息的收集和发布渠道，设立严格的网络信息汇报制度。政府不仅要通过传统媒体、报纸和电视来发布重要信息，还要充分利用网络、微博、微信等社交平台来及时公布权威信息，以防止不全面的、不正确的民间小道消息误导公众，激化社会矛盾。同时要完善网络新闻发言人制度，在网上及时发布主流信息，积极推进数字媒体和传统媒体的深度融合①，满足公众的最大知情权。当网络媒体和传统媒体的报道信息存在出入时，要严格核实，及早澄清事实真相，稳定社会秩序。

第二，要建立通畅的媒体沟通机制。媒体是沟通公众和公共部门的桥梁，而网络媒体的出现使媒体"上情下传，下情上达"的沟通职能更加明显和直接。主要体现在以下三个方面：一是网络媒体比较传统媒体更能迅速、快捷地收集相关信息、了解事件发展的动态，充分地保障民众的知情权；二是网络媒体可吸纳各方民意和全方位地监督政府的权力，保证信息的公开和透明，防止权力的滥用；三是网络媒体有告知公众真相的义务，可以有效防止网络谣言的产生。

向公众提供真实、可靠的公共信息是网络媒体责无旁贷的社会责任。同时建立通畅的沟通机制，需要网络媒体遵循基本的原则和行业规范。一是真实性原则。网络媒体必须尊重事实，实事求是发布信息，做到"不炒作、不渲染、客观、真实"；二是权威性原则。作为新兴媒体，网络媒体也要身先士卒，做出表率，确立权威性和可信度。一方面，网络媒体可以通过甄别不利信息和虚假信息来树立自身的权威性；另一方面，网络发布可靠的权威信息，可以发挥舆论导向的功能，维护社会心理和社会秩序的稳定。

第三，要建立多元主体利益表达的网络平台。一个善治的社会需要吸纳不同的声音，需要满足不同主体的利益诉求，而网络正好提供了这样一个渠道。公共部门要充分利用互联网技术，搭建多元利益表达的网络平台，通过平台让广大人民群众的权利受到保护和救济。要完善网络听证制度，充分利用微信、微博、自媒体等平台，让更多的人行使自己的权利和参与利益的表达；要积极推行网络信访制度，对不同利益诉求案件实行动态实时监控，实现网络信访的可持续性发展；要建构网络对话和协商机制，规范网络问责制度，拓宽网络救

---

① 史献芝. 网络治理：防范与化解社会矛盾的一种新视角［J］. 理论探讨，2017（6）：44-48.

济渠道和司法救济路径，最大限度地维护人民权益和保障人民利益。

三、加强网络法制建设

自《网络安全法》颁布和实施以来，我国网络法治化建设开始步入快车道。"国家网信办"也开始出台多项制度和规章为《网络安全法》的全面有效实施保驾护航。目前互联网监管体系的整体法律框架已经搭建起来，但司法解释、内容监管、行政法规和部门规章等方面仍然存在着立法的滞后性；在司法权限方面虽然"网信办"作为最高监管机构，但很多法规之间仍旧重复、交叉，缺乏衔接和配套，因此，中国的网络法治化进程还有一段漫长的路要走。总的来说，我国的互联网法制化建设仍然存在以下不足：

第一，网络法制宣传不到位，公众的互联网安全意识薄弱。虽然网信办、广电部、工信部等部门都已经联合出台了众多互联网管理的规章制度，但公众似乎并不甚了解，大多数网民并不清楚互联网的主管部门，也分不清主管机构与协管机构，在遇到网络安全问题时也不知道该向哪个部门诉求。同时地方各个互联网主管部门之间存在信息不能共享、缺乏统筹和协作的状况，造成网络整体监管效率的低下。这说明我国的网络安全普法工作执行得还不到位，而且公众的网络安全意识普遍比较低。很多公民对网络安全问题持冷漠态度，认为是政府和公共部门的职责，许多公民尚不清楚传播网络谣言和扰乱网络空间秩序需要承担什么样的法律责任，普遍缺乏对网络信息的认知力、辨别力和危机意识，很容易成为不法分子传播散布网络谣言、扰乱社会秩序的帮凶。在网络时代，公众不应该只是网络的消费者和享受者，防范网络风险、应对网络危机、维护网络安全应是每个公民的义务和责任。

第二，互联网安全的法律治理效果不佳。虽然《网络安全法》已经实施，但网络安全的突发事件和案例仍然高居不下，网络暴力和网络群体性事件呈现逐年上升趋势，可见网络法律的执行效果不佳。[①] 近年来，互联网金融诈骗事件、网络信息泄露事件频频发生，也暴露出我国网络安全治理能力的低下。随着网络技术的迅速渗透，很多传统领域的群体性事件的爆发与强大的网络组织动员有着密切的联系，比如近些年来，由环境污染、土地纠纷、征地拆迁和劳资矛盾等引发的群体性事件，其幕后都有网络策划和推动力，正如曼纽尔·卡斯特所认为的，网络空间的影响力已经从线上渗透到线下的很多领域，给网络

---

① 范冠峰. 我国网络信息安全法治的困境与对策 [J]. 山东社会科学，2019 (5)：107-112.

群体性事件的治理提出了严峻挑战。

第三，网络执法队伍滞后。《网络安全法》实施以后，随之而来的问题便是专业监管人员和执法人员的欠缺。《网络安全法》能否得到很好地推行、实施的效果如何都离不开素质优良、训练有素的专业执法队伍。网络执法不同其他的执法领域，对其执法人员的专业性要求普遍较高，执法者既要懂得计算机和互联网领域的相关技术知识，也要懂得网络空间的运作规则和逻辑，还要知晓网络领域的相关法律知识，可见网络执法人员需要既懂法又懂技术的复合型人才。加强网络司法、监管、执法人员的培训工作已成为当务之急。

第四，相关配套法规滞后。《网络安全法》只是规定了网络安全方面的基本立法准则与普通规则，对于具体行业和领域的网络安全问题仍然没有做出详细的立法规定，不同地方法规、规章和规范性条约之间仍旧存在冲突、交叉和重叠的现象，这些都需要做好进一步的衔接和配套工作。比如，网络个人信息安全是对公民权益的基本保护，在这方面的立法还存在滞后性。在《网络安全法》中对网络信息安全只做了一些最基本的原则性的规定（包括对网络运营和个人信息收集方面的规定，还需要配合不同部门的网络信息管理条例才能有效实施，因此加快制定网络信息安全单行法已被提上议事日程。

鉴于此，当前应该进一步完善网络监管的立法体制，形成以网信办为龙头，各部门（公安、文化、质检、广电等）相互协作的协同执法模式，打出联合网络执法的组合拳；要加强网络安全执法的专业队伍建设，提升网络执法者的综合素养，提高网络治理的执行力；要加强网络安全教育培训，提高民众的网络安全意识和法制观念；要进一步贯彻和落实《网络安全法》，衔接好相关的法律法规，维护网络空间主权和国家安全，完善个人信息保护制度，保护公民的合法权益。

第二节　建构网络舆情预警机制

随着社会风险在网络空间的侵入，网络社会也开始不断地向现实社会延展和蔓延，现实社会矛盾渗透网络的同时，网络也影响和改变着现实社会中的人和事。当互联网成为人们表达诉求、抒发民意的重要场所时，网络预警也成了社会矛盾的晴雨表。现实社会的风险、矛盾在网络空间里都能捕捉到它们的踪迹。如今网络已成为风险、矛盾和突发公共事件的交集领域，想要快速有效地收集网络信息、体察民情民意、洞察社会心态、捕捉事件的发展动态，都离不开网络舆情的预警机制。

一、网络舆情预警及其相关理论

舆情常常用来指代"舆论"和"民意"，它源于传播学和社会学领域。随着网络的普及和发展，网络舆情越来越受到关注，网民通过跟帖、发帖、灌水、围观等方式来表达情感、政见和价值观，传递民意和民情。网络舆情的爆发就是从网民发表网络议论开始的，并经过网络传媒的推波助澜，形成了舆情事件。网络舆情事件常常引发社会矛盾的激化和群体性事件的发生，严重影响社会稳定，因此网络舆情预警就显得尤为重要。

（一）网络舆情预警的含义与功能

所谓网络舆情预警，是指网络预警事件发生前，通过对网络舆情、言论和相关信息的收集、分析和监测，对网络舆情事件的发生事态、影响后果和危机损失等做出研判，从而将舆情风险降到最低的危害范围内。舆情预警要求对网络舆情进行系统的等级和指标分类，建立动态的舆情预测和监控机制，并及时做出警情预报。高效的舆情预警机制可以有效应对网络风险和社会群体性事件，为遏制公共危机的发生建起第一道屏障，起到维护社会稳定的作用。网络舆情预警的功能主要体现在以下三个方面：

第一，提高公共部门应对网络风险的能力。俗话说："凡事预则立，不预则废"，网络的民情民意是现实社会民意和舆情的延伸，做好预防和舆情预警有利于公共部门提前做好应对网络风险的对策和措施。网络舆情大多由散落、细小和零碎的网络信息和网络议论所组成，舆情看似微小，但却是现实生活中矛盾与风险网络的具象，如果任由蔓延和扩散其后果不堪设想。在网络时代，互联网已经渗透到每个人的日常和社会交往中，社会群体性的发生已经和网络舆情相互交织在一起，公众的集体行动在网络舆情中都会留下蛛丝马迹，而网络舆情蔓延又会对群体事件的爆发推波助澜。因此，公共部门需要有较强的辨别力、洞察力和抗风险的能力，在千头万绪的网络舆情信息中进行分析、甄别和预判，从而做出科学的预警和决策。

第二，提升公共部门管理的信息化水平。网络舆情预警的首要原则就是高效和快捷。"高效"要求舆情信息必须可靠、真实、保质保量，"快捷"要求必须第一时间内传递信息，以防止事态的恶化。而要对网络舆情做出及时、准确、高效的预警，就需要运用科学、专业、综合的网络技术。当前运用较多的就是舆情预警的信息收集技术、舆情监测技术以及文本分析和挖掘技术。信息收集技术、舆情监测技术更多的是定量研究技术，而文本分析则侧重于定性分析。信息采集是预警的基础，也是网络舆情预警的第一步，在利用大数据和网络爬虫技术（Web Crawler）的基础上，通过网络搜索引擎可以对重要的舆情信息进行收集和分类。网络监测技术是舆情预警的重要环节，当前国际比较流行的舆情监测技术是话题追踪技术，它可以集合成智能算法模型对敏感话题自动进行追踪和探测。文本分析和挖掘技术更多的是通过对网络内容信息的监测，剖析文本中的情感情绪和价值观念方面的倾向性，从而做出网络预警的预判。这些技术的熟练运用都将极大地丰富公共部门的信息管理经验，提升部门信息化的管理水平。

第三，促进各地区和部门的协作。网络舆情的信息量是非常庞大的，信息的来源是多元化的，有个人情感情绪的私人表达，也有社会热点、政策方针的公共评论，还有无厘头、无头绪的网络跟帖和转发。要想在庞杂的网络海洋里甄别出有价值的信息也着实不是易事。网络舆情信息的监管部门也是多元化的，比如，食品安全方面归食品安全监管部门；暴露、暴乱方面归公安部门；色情、艺术文化方面归文化部门等，同时很多舆情信息又是重叠和交叉的，里面包含了多维度的信息存量，任何单一的部门都难以做出全面而科学的预警，这就需要各监管部门加强分工和协作，进行联合协同治理。

第四，维护社会稳定。加强网络舆情预警可以扼制社会群体性事件的大规模爆发，将社会危害和损失降到最低限度。网络舆情预警可以洞察社会矛盾激化和群体性事件爆发的苗头，识别网络信息流动中的社会风险和集群行为的动向，并在第一时间做出科学的预测和警情预报，从而防止事件的升级，起到维护社会稳定的作用。

（二）网络舆情的相关理论

国内外关于网络舆情的相关理论很多，国外更多关注的是舆情传播和舆情演变，而国内则侧重于网络舆情与群体性事件。Daley 和 Kendall（1965）提出了针对谣言的传播模型①，他们将谣言的受众分为三种：传播谣言的人、听谣言的人和未听谣言的人，借此用数学模型来分析谣言的相变，被称之为"DK"理论。之后在自然科学领域，很多人用相变理论研究谣言的传播路径，典型的

---

① WALKER C J, BECKERLE C A. The effect of anxiety on rumor transmission［J］. Journal of
　Social Behavior and Personality，1987，2（3）：353-360.

就是 Potts 模型①。它通过 Potts 自旋模型来研究舆情和谣言的传播。接着，Wilhelm Lenz 从物理粒子互动的角度提出了 Ising 模型，D. Sornette 提出了 Spin 模型②。在舆情演变方面，Deffuant 从系统动力学角度提出了 D 模型③，分析网络舆情传播的个体交互行为及其参照系统。之后，Krause 和 Hegselmann 提出了舆情动力模型——KH 模型，Stauffe 提出了"有限说服力（limited persuasion）动力模式"。美国学者 Lazarsfeld 另辟蹊径从舆情主体的角度提出了"意见领袖"的概念，认为意见领袖在舆情发展方面有着很强的引导力。之后 Reynolds、Terzopoulos 和 Musse 等人将心理因素融入网络舆情的研究之中，探讨舆情和社会心理的关系。

国内对于网络舆情的关注更多是从 SARS 之后开始的，相关理论大部分是针对群体性事件而展开的。韩应新、霍江河（2008）从网络舆情发展变化的视角，提出了网络舆论监督的重要性。④ 匡文波（2009）从网络舆情预警的视角提出了建构长效的突发事件舆情预警系统。⑤ 张维平从舆情传播角度提出建立系统的舆情预警体系（收集、分析、决策、执行四个子系统）。⑥ 曾润喜提出了舆情监测以及预警指标体系的初步建构。⑦ 许鑫、张岚岚（2010）从网络舆情信号的视角来建构突发事件网络舆情预警模型。⑧ 刘樑、沈焱等通过多层次模糊子集建构非常规突发事件预警系统。⑨ 总之，国内研究大多与群体性事件相关，

① JAEGER M E, ANTHONY S M, ROSNOW R L. Who hears what from whom and with what effect：a study of rumor [J]. Personality and Social Psychology Bulletin, 1980, 6 (3)：473-478.

② SORNETTE, WEI-XING ZHOU. Importance of Positive Feedbacks and Over-confidence in a Self-Fulfilling Ising Model of Financial Markets [J]. Capital Markets：Asset Pricing & Valuation eJournal, 2005 (03)：1-43.

③ DEFFUANT G, NEAU D, AMBLARD F, et al. Mixing beliefs among interacting agents [J]. Advances in Complex Systems, 2000, 1 (03)：87-89.

④ 韩立新，霍江河."蝴蝶效应"与网络舆论生成机制 [J]. 当代传播, 2008 (6)：64-67.

⑤ 匡文波. 论新媒体传播中的"蝴蝶效应"及其对策 [J]. 国际新闻界, 2009 (8)：72-75.

⑥ 张维平. 突发事件预警管理体系的构建及运行 [J]. 中国人民公安大学学报（社会科学版）, 2009, 25 (1)：61-67.

⑦ 曾润喜，徐晓林. 网络舆情突发事件预警系统、指标与机制 [J]. 情报杂志, 2009, 28 (11)：52-54.

⑧ 许鑫，张岚岚. 突发事件网络舆情预警模式探索 [J]. 图书情报工作, 2010, 54 (22)：135-138.

⑨ 刘樑，沈焱，曹学艳，等. 基于关键信息的非常规突发事件预警模型研究 [J]. 管理评论, 2012, 24 (10)：166-176.

为公共部门应对突发事件和公共危机提供应急策略。

二、网络舆情与公众群体极化效应

网络舆情之所以与群体性事件密切相关，并能催化社会危机事件的扩散和蔓延，其主要原因就在于网络舆情易引发公众的群体极化效应。所谓群体极化效应，是指在网络群体中，人们一开始还存有不同的意见和观点，但由于社会舆论和群体压力的影响，网民的个体观点在转变为群体决策时逐渐在认知和判断上达成一致，人们在无规则的思想博弈中不自觉地走向趋同和意见统一。这种统一或是盲从、"随大流"，亦或是迫于舆论压力不得不从众，但最终的结果都是走向极端和群体极化。在这一过程中，网络"意见领袖"起到很大的引导和推动作用，他们引领着网络舆论的走向。诺依曼认为网民的独立意见被沉默，产生了多数的一致的趋同行为，他将这一过程称为"沉默的螺旋"（The Spiral of Silence）。一旦网络舆情导致群体极化，便会引发"广场效应"，众多的网民有着同样的表情和"同绪化"的面孔，在网络舆情的催动下瞬间即可爆发集体行动的力量，其社会破坏力不可小觑。

网络舆情引发群体极化的原因主要有三个方面：信息不对称、谣言的诱导和内生性集体行动。

（一）网络信息的不对称

公共部门掌握最完整信息，首当其冲成为信息的传播主体。在群体性事件来临时，公众对信息的需求会迅速上升，迫切需要准确信息来消除事件的不确定性。公共部门如不及时向社会发布权威信息，非权威信息就会乘虚而入，填补"信息真空"，从而对处理危机造成消极影响。在信息不对称、不透明的情况下，不明事态的网民在虚拟空间里公开表达观点和肆意发表意见，形成网络舆情的洪流，引发舆情风波。

（二）网络谣言的诱导

在信息不对称的情况下，非权威信息会迅速占领网络空间。非权威信息是网络风险的集合物，具有极强的破坏力，主要包括：人为制造、虚构、无中生有的网络谣言，随意夸大的网络流言、虚假传闻，以及政府或信息处理部门尚未公开发布、真伪难辨的"小道消息"等。在信息不明的网络空间里，公众被搁置在真实信息的"真空"里，人们往往依靠"群主"或"意见领袖"的指引来获得信息，而"群主"和"意见领袖"也大多是一个网络符号，对网民来说他们的身份也不明朗。于是各种来自民间的传言被急需补充信息的网民接受。

传言最大的缺陷就是信息容易失真，在传播过程中会发生扭曲变形，越来越背离事实本身，从而导致流言四起，引发社会慌乱。网络谣言能够对社会心理、公众情绪产生极大的干扰，影响人们的理性判断能力，从而制造混乱，影响社会稳定。比如，在 2012 年宁波 PX 事件中，事态的扩大化源于网络上的"警察打人"照片的上传，一时间真假消息点燃了各地网民的愤慨情绪，导致一时失控。信息传播失范使公众不能获得准确的有效信息，许多地方政府在环境问题初期，常常缺乏信息公开性、欠缺与大众的沟通，从而让谣言有机可乘，不利于风险事件的早期预警。在社会危机事件爆发后，由于沟通的失效，会进一步恶化事态的发展，不利于对事件的控制。

（三）内生性集体行动

网络群体在本质上有着天然的集体行动欲望，这种欲望会导致群体"聚众活动"的产生。"聚众活动"本身并不一定具有社会危害性，聚众行为是特定的网络人群在特定的地点聚众集合的现象，他们有着共同的价值理念和社会诉求，他们或请愿或游行，都是法律赋予公民的基本权利的体现。"聚众事件"一旦被社会不法分子利用、超出公民权利的范畴，不知情者被盲目煽动，便会形成强大的集体行动力和社会破坏力，扰乱社会秩序、影响社会稳定、造成社会失控，这时的"集群活动"便具有了社会负功能，即成了"社会群体性事件"。帕克认为，集群行为是群体的情绪化的冲动，是个人行动受集体共同影响的结果。戴维·波普诺认为，集群行为之所以会发生，是受社会的普遍影响力和推动力而引发的，它是自发的、无序的和不稳定的。由于信息不对称、网络媒体功能的缺失和传媒的不良运作，加之网络的匿名性和社会动员能力的增强，极易引发社会恐慌和非理性的集体行动，甚至引发其他类型的社会危机。

有学者针对群体性事件归纳出了网络舆情群体极化的演化规律，并将网络舆情的演变过程分为四个阶段，分别是萌芽期、显现期、演变期（上升、裂变、聚合期）和消退期。在萌芽期，社会风险孕育群体性事件的可能性不断增强，开始出现矛头和征兆，网络舆情还处于潜伏期；在显现期，事件发生、媒体报道、网民开始议论；在演变期，随着事态的升级，网络舆情也呈现上升趋势，并不断升级、裂变和聚合，成为社会热点，引发全社会的关注，最终形成社会问题；在消退期，政府、公共部门和专家介入进来，慢慢平息网民情绪，事件逐渐落幕。也有学者将演变周期进一步细化，分为潜伏期、显现期、成长期、演变期、爆发期、消退期和平息期共七个阶段。如图 10-1 所示①：

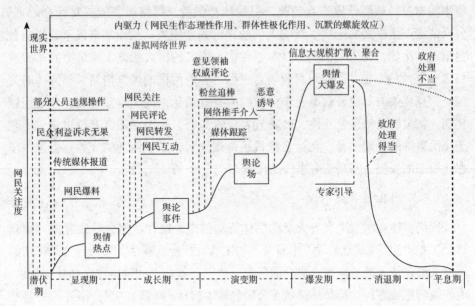

图 10-1　网络舆情演化周期

三、网络舆情预警体系的建构

网络舆情预警体系是一项综合性的系统工程，建构科学的网络舆情预警体系是防范网络风险和应对公共危机的第一道屏障。虽然目前对于建构网络舆情预警体系并没有统一的标准，但舆情预警必须遵循动态监测、指标明确以及分级预警的原则，舆情预警体系一般应包含舆情监测和指标体系建设两个部分。

（一）网络舆情监测

由于网络舆情信息量的庞大、多元和零碎，想要实现高效快捷的舆情监测就必须依靠互联网、大数据以及信息系统的技术支撑。网络舆情监测系统就是集舆情收集、舆情分析和舆情决策于一身的信息处理平台。② 它运用信息收集技术、网络爬虫技术、舆情监测技术以及文本分析和挖掘技术等，通过网络搜索引擎对重要的舆情信息进行收集、分类和监测，其中包括网页自动搜索、敏感词监测、主题词智能分类、话题追踪、智能算法模型等，如图 10-2：

---

① 王朝霞，姜军，高红梅，等. 网络舆情"蝴蝶效应"的预警机制研究：以群体性突发事件为例 [J]. 新闻界，2015（16）：59-64.

② 李彪. 社交网络时代舆情预警的挑战、模式及趋势研究 [J]. 编辑之友，2018（11）：46-50.

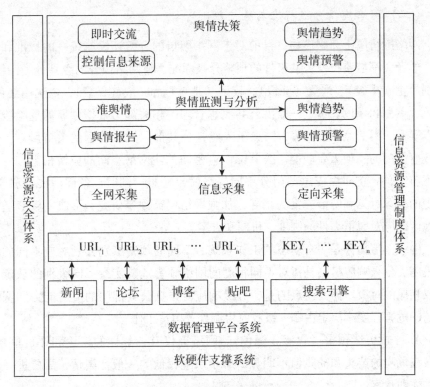

图 10-2 网络预警监测系统

由图 10-2 所示，信息收集是基于计算机软件系统和大数据平台基础之上的，也是舆情监测系统的最基本环节。信息采集之后便是信息处理和分析，是舆情监测过程中最为复杂也是最重要的环节。首先要对海量信息进行归类，将各种舆情信息包括情感热帖、社区 BBS 板块、新闻热点事件、社会思潮、突发事件追踪、谣言等进行分类处理。通过对海量信息的分类、识别和分析，实现舆情监测的精细化。比如，对敏感词的监测和过滤就是采用的文本分析法，通过对事件相关的网络高频词汇进行统计分析，将引发网民不满情绪的敏感词汇通过监测系统进行自动识别，并建立敏感词网络词库。① 其次是根据敏感词和公众情绪的关联度进行分级预警，并启动相应的应急预案。最后是舆情决策，在舆情分析的基础上做出总体的舆情研判，制订应对舆情的对策和方案。

① 李彪. 社交网络时代舆情预警的挑战、模式及趋势研究［J］. 编辑之友，2018（11）：46-50.

（二）网络舆情分级标准与响应机制

网络舆情属于新兴事物，目前对于网络舆情的分级还没有统一的标准和规定，学者大都借鉴突发公共事件的预警分级标准，将网络预警的级别分为四级：特别严重（Ⅰ级）、严重（Ⅱ级）、较重（Ⅲ级）和一般（Ⅳ级），依次用红色、橙色、黄色和绿色表示，一般由公共应急管理的相关部门根据预警的危险级别予以确定。舆情监测、预警、防患于未然是公共部门风险管理的关键所在，也是政府部门的一项重要职能。公共部门应密切关注网络空间的舆情信息，一旦发现苗头，应立即由应急部门分不同等级发出警报。同时，各部门要以科学、合理的决策意见和防治方案为指导，加强网络舆情预警研究，形成一整套适合本地区的应对舆情事件的制度、机制和方案。

网络舆情预警是一个动态的工作系统，不同的预警级别分别对应不同的响应机制。分级响应机制是指对不同程度的网络预警危险实行不同级别的认定并采取相应的对策。需要注意的是，分级响应要根据公共部门的应对能力和网络舆情的危害程度来决定由哪一级政府协调处置舆情工作。

A. 一般舆情预警（Ⅳ级，绿色）。网络上仅有一般性的议论和评价信息，有潜在危险的苗头和征兆但不明显，属于风险较低的一般性舆情，需要进一步的关注和观察。

B. 较重舆情预警（Ⅲ级，黄色）。网络舆情处于生长阶段，网络舆论的质疑声越来越大，随着舆情的慢慢升级，其潜在危险性逐渐显现，需要发出黄灯警示。

C. 严重舆情预警（Ⅱ级，橙色）。网络舆情处于全面爆发状态，引发全民的高度关注，形成社会热点问题，需要政府和专家介入。此时应及时准确地向当地部门和上级部门汇报舆情信息，扼制事态蔓延。

D. 特别严重（Ⅰ级，红色）。网络舆情处于非常严重的状态，危险级别较高，随时可能爆发大规模群体性事件和公共危机。此时应立刻上传下达信息、迅速启动应急联动机制、指挥决策机制、协调机制、分级负责与响应机制来控制事态的恶化，将危害的损失降到最低。

总之，网络舆情预警体系是一个开放性的系统，它借助现代先进信息技术，系统全面地对各种网络风险信息和风险源进行综合排查，并结合各种不稳定因素以及环境因子进行全方位、多层次的判断和预测。整个体系是监测、预警和预控三者的结合，如图10-3：

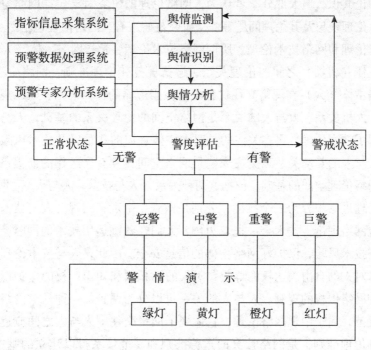

图 10-3 网络舆情预警体系

第三节 网络伦理空间的建构

当前，网络秩序的失范以及网络伦理的缺失已成为网络治理最严峻的现实问题。如何净化网络社会、建设网络空间伦理、重构网络伦理规范体系，已经成为现代国家治理的重要议题。营造清朗的网络空间，不光需要法律、规范和制度的制约，更需要伦理道德的约束。为了满足人民对网络美好生活的伦理需求，需要直面网络伦理的困境和危机，在马克思主义伦理观的引导下，建构新型的网络人际关系、行为规范和价值准则，实现网络幸福感、表达感和道德美感。

一、新时代的网络伦理观

网络伦理是随着信息科技和互联网技术的发展而产生的，新时代的网络伦理观必然要遵循特定的伦理规制和伦理规范。虽然对于网络伦理学并没有完全一致的理论共识，但大部分学者认为，网络伦理的研究对象包括网络空间的伦理关系、伦理现象及其伦理问题等。从研究范畴来看，网络伦理包括两个方面：网络生态伦理和网络技术伦理。所谓网络技术伦理，是指网络主体（人）与信息技术主体（机器）之间的伦理关系、道德规范和伦理准则；网络生态伦理，是指网络主体（人）在网络交往过程中所应当遵循的行为准则、道德规范和伦理关系。人机关系、人与人的关系是网络空间的伦理关系的基础，人与机器的关系体现了技术伦理，更多关注的是对人主体意识的尊重以及技术风险的伦理规制。人与人的互动关系和交往规范是网络空间良性有序运作的前提条件，也是建构网络伦理空间的基础。依据这两种关系（人与技术、人与人），我们可以将网络伦理进一步分为三个维度，分别是微观、中观和宏观。人与技术的关系属于微观网络理论，技术是一把双刃剑，人们在熟练运用技术的同时，还要有效地规制技术风险，保护好网络主体的信息安全。因此，人与技术伦理关系包含了技术对人的自由表达权的尊重，对人的隐私权和知识产权的保护以及对技术风险和网络侵权的规制。人与人的关系可以分为两种，一种是对网络交往的规制和规范，属于中观网络伦理，它体现了网络交往中人与人之间应遵循的行为规范和伦理准则，是网络社会的道德准则和规范体系得以建立的基本保障。将人与人的关系放在信息化、网络化的时代大背景下来看，人与人的关系则上升到了人与社会的关系，它表现为网络伦理文化、网络核心价值理念以及网络伦理精神，属于宏观网络伦理。

美国的伦理协会将网络伦理分为五个方面：可获得（access）、隐私（privacy）、数字化的身份（digital identity）、安全（safety）以及数字鸿沟（digital divide）。可获得（access）是指每个网络主体都有共享网络的权利，具有网络信息的获得权。网络的开放性和普及性决定了网络伦理的包容性和无国界，每个人都有参与网络表达和获得网络信息的基本权利。数字化的身份（digital identity）也是基于网络技术伦理而产生的一种网络身份认同，体现了网络伦理的技术性和认同性。隐私（priracy）保护是网络伦理的基础，只有每个网络主体的隐私权得到保护，网络秩序才能得以维护，网络空间才会更加纯净。安全（safety）本身就是网络伦理的应有之义，它是维护网络秩序，阻止网络盗窃、网络诈骗、欺诈行为产生，建构安全网络空间的必然伦理选择。数字鸿沟（digital divide）是基于网络技术优势所形成的排他性的技术垄断，以及由此形成的网络支配权和网络霸权。数字鸿沟是网络不平等的体现，网络伦理就是要消除数字鸿沟，实现网络主体的公平和平等。

网络伦理关系是现实社会关系的延续和发展，结合网络伦理内涵和学理阐释，笔者认为新时代的网络伦理观是符合时代发展理念的新型的网络道德意识、伦理观念和价值规范的总称，它应当体现为自由、平等、公平、正义的伦理精神。唯物主义伦理观认为人总是自觉或不自觉地在自身所处的社会关系中获得伦理观念，网络伦理观是网络主体的自由意识和行为选择的有机统一。新型的网络伦理关系是网络伦理道德认知与道德实践的统一，人们在网络道德实践中逐步形成了新的道德认同感和伦理共识。新时代的网络伦理观应当具有三个方面的内涵：自由自律、公平平等和安全责任。

第一，自由自律体现了网络主体的自由意志以及自我约束的伦理原则。网络的开放性和包容性，让每个个体都是信息的制造者、生产者和传播者，进行自由地信息共享、网络表达和文化交流，彰显了网络社会的自由伦理精神。但这种自由也不是无节制的自由，是有限度的、有边界的自由，无限度的自由必然导致网络社会秩序的混乱。网络空间没有绝对的自由，只有相对的自由，其中自然也包含了主体自律的成分。网络秩序的有效维护离不开网络主体的行为自律。网络主体只有在尊重他人自由的同时，时刻约束自我的无节制的"自由化"行为，并切实地将网络伦理意识转化为内心的道德信念，才能达到自由人与道德人的统一。

第二，公平平等的伦理关系是网络社会秩序得以有效维护的基本保障。公平平等表现为参与网络表达的主体不受性别、宗族、出身和社会地位的约束，也不受权威和特权的制约，都可以平等地参与网络表达。阻止强势群体利用各种资源获取网络的支配权和网络霸权，让信息弱势群体充分享有信息共享的权利，提升信息弱势群体的信息能力，逐步消除网络数字鸿沟，实现网络空间的公平正义。

第三，安全责任体现了网络伦理观的基本要求和网络主体的责任担当。网络安全是网络伦理观最基本的诉求，只有安全的网络环境才能使网络主体的权利真正得以实现。网络安全包括很多层面，它包括个体安全、网络秩序安全以及国家安全等。个人安全主要是指个人信息安全、隐私安全等，是最基本的网络安全；秩序安全是指网络主体在交往过程中的网络环境安全，是网络空间良性互动和交往有效进行的重要保障；国家安全是从国家层面来维护网络空间主权，坚决遏制恐怖主义、分裂主义和网络罪犯的行为，实现国际网络空间的良性有序发展。网络安全环境的有效实现离不开网络主体的责任意识和责任伦理，网络的匿名性、流动性造成了网络秩序的失范，只有网络主体将责任意识内化为实际的行动，自发地进行责任担当、自主地承担伦理责任、自觉地践行网络道德，才能真正维护网络空间的安全。

二、新时代网络美好生活的伦理意蕴

新时代人们对美好生活的需求也必然包括"网络美好生活"的层面。随着网络化、信息化和数据化时代的来临，网络生活成为人民日常生活不可或缺的一部分。美好生活是一种境界，是对生活本真的审美追求和价值判断，从伦理学角度看，美好生活应当是人们的生活价值体感和道德审美体验。对网络美好生活的追求体现了网络真、善、美的伦理意蕴，它是网络幸福感、网络表达感和网络美感的有机统一。笔者认为网络美好生活的伦理意蕴主要包括三个维度：美好角色扮演的幸福感、和谐网络交往的表达感和符合应当行为的伦理美感。

（一）美好角色扮演的幸福感

网络社会虽然不同于现实社会，但网络空间是现实空间的具象和延伸，网络社会与现实社会一样也要遵循道德准则和行为规范，否则网络社会将难以有序运行下去。在现实社会里，每个人都有着与社会阶层、社会身份相一致的社会角色。角色是现实的社会人得以存在的基础，而社会关系的网络就是由社会角色编织而成的。① 例如：家庭由夫妻或父母子女组成，学校由老师和学生组成，医院由医生、护士和患者等角色组成。社会角色是人们的社会关系和社会地位的体现，社会地位通过社会角色体现出来，而社会角色是社会地位的外在表现。同样在网络空间里，每个人都有着自己的网络角色，不论是匿名还是实名，由此形成了不同的网络社会关系。在现实社会中，每个社会角色都有角色期待。所谓角色期待，是社会成员对自己和他人应有的行为规范和行为方式的一种伦理共识，也是一个角色的社会公认的扮演方式，由此形成了一整套社会规范的行为模式，比如，父慈子孝、兄弟躬亲、长幼有序等。在网络社会里，角色扮演也同样需要遵循特定的规范和准则，虽然网络角色扮演所需遵循的道德规范不如现实社会那么具体化，但至少要符合诚实、真诚、守信的伦理精神，而不是充斥着欺骗和谎言。由于网络的匿名性、流动性等特质，网络角色扮演常常引发角色失调，具体表现为：角色不清、角色冲突和角色中断。角色不清，是指角色主体不清楚自己所扮演角色的规范标准和行为模式。由于网络空间的虚拟性，网络主体常常不知道该怎样去扮演角色。角色冲突表现为两种情况，一种是现实角色与网络角色差异性太大，造成网络主体在现实与虚拟空间角色转换的障碍，分不清自己是在现实社会还是网络社会，严重时可能会造成人格

---

① 孙立平. 社会学导论 [M]. 北京：首都经济贸易大学出版社，2012：83-85.

分裂；另一种是在网络空间里扮演多重角色，不同角色之间的伦理规范互不相容，造成角色存在的冲突。角色中断是网络角色扮演常有的现象，由于网络退出机制没有约束性，每个角色扮演的时效性很短，很多人厌烦了一种角色便会立刻退出，改换另一种角色。总之，网络角色扮演的失败会给网络空间带来伦理规制的失调，造成网络主体幸福感的下降，不利于良性网络社会关系的塑造。网络美好生活的"伦理效应"应该是每个主体在角色扮演的过程中，人人都有幸福感的获得，人人都能体会真、善、美的真谛。

（二）和谐网络交往的表达感

网络美好生活的伦理意蕴在另一个层面表现为和谐的网络伦理关系。美好网络伦理关系的建立离不开良性的网络交往与网络互动。人类社会离不开人与人之间的相互交往活动，社会交往是人类社会最基本的活动形式，人性、自我、社会关系和社会结构都是在社会交往中逐步形成的。网络交往和互动是网络美好伦理关系形成和维系的基础，没有网民之间的交流和互动，就没有网络生活的存在感、幸福感和表达感。传统社会的人际交往更多的是依赖于熟人社会或者半熟人社会，尤其是在我国，人情仍旧是社会交往的基本纽带。由于熟人社会容易产生相互信任感，所以熟人社会的交往和谐度较高，更有利于社会的稳定。在熟人社会里有几种关系最具信任感，主要包括：血缘关系、地缘关系和业缘关系等。血缘关系是以家庭为纽带的最可靠的社会关系，最具信任感；地域和业缘关系是基于地域和工作环境而产生的交往关系，往往也具有一定的信任度，除此之外其他的社会关系似乎难以形成有机的互动和交往。但随着我国单位制的瓦解和人口流动性的增强，熟人关系的地域界限被打破，尤其是网络的兴起，不同性别、种族、身份和文化背景的人在网络空间里交流和互动，社会交往在陌生人的网络空间里得以重构。网络交往的诉求是表达感，而这种表达在伦理层面的意蕴就是善意表达，是一种对善的追求。网络交往中的社会表达是有限度、有边界、有伦理约束的善意表达，它体现了网络交往主体间诚实守信、互惠友善的伦理精神。

（三）符合应当行为的伦理美感

网络美好生活的伦理意蕴的第三层次就是对美的追求，以此来建构网络美好生活的伦理美感。这种伦理美感的获得来源于两个层面：一个是价值层面即网络主体内在的价值观和伦理观，它是网络主体对美好生活的主观道德认知、内心信念和伦理理想，这种信念既需要网络主体的自律精神，也需要社会主义核心价值观的指引，它是建构网络美好生活的内心信仰和精神动力。另一个层面是伦理实践即网络主体的道德实践，网络主体需要将网络伦理的核心价值观念内化于心，并付诸社会实践活动。这实践活动是符合道德维度的自然的"应当"行为，是一种对美的真谛的追求。这里的实践层面包含了线上和线下的两个维度，在网络空间里，网民们需要遵守道德准则和内心的伦理信念，做到不信谣、不传谣、不欺诈、不违规，自觉地维护网络秩序和网络安全，保障网络社会的良性运作；在线下，网民们也秉持合法合理、有礼有节的道德准则，不受鼓动和煽动，不随波逐流、不盲从跟风、不非法聚集和聚众闹事，保持客观和理性的心态。

三、加强网络空间的伦理规制

网络作为一个特殊的社会空间和场域，必须要遵守特定的道德规范和行为准则。建构晴朗的网络社会、营造良性的网络交往秩序、净化网络空间、营造文明的网络环境，需要加强网络空间的伦理规制。

（一）重塑网络伦理精神

伦理精神是一种智慧、一种理念，更是一种美德。重塑网络伦理精神的前提是网络主体普遍的道德认同感。网络伦理精神是指在网络社会中，网络主体一致认可和共同遵循的价值信念和信仰体系，它对网络社会伦理秩序的良性发展起到很好的整合作用，是对网络美好生活真、善、美的伦理追求。网络社会如果没有信仰、理想和信念，便失去了赖以存在的根基和灵魂；网络空间如果没有主流价值体系和核心价值观念，便失去了强大的精神支柱。新时代的网络精神应当是在社会主义核心价值观的指引下，将社会主义理想、共产主义信念等融入网民的道德实践中，通过网络舆论引导、文化熏陶、教育宣传等方式凝聚网民的精神力量，努力践行社会核心价值观，不断提升网络主体的道德境界。

（二）明确网络伦理责任

建构良性的网络空间，离不开网络主体对伦理责任的遵守和对道德义务的履行。伦理责任不同于法律责任，它是道德主体一种自觉的责任意识和行为准则，网络主体责任意识的强弱直接关乎网络空间能否健康有序地运行。① 要逐步改变网络社会道德失范的现象，充分利用网络社区、论坛、BBS 的功能进行网络空间的整合，加强网民间的亲密沟通和互动交流，构建"道德亲密型"的

---

① 杨怀中. 网络空间治理及其伦理秩序建构 [J]. 自然辩证法研究, 2018, 34 (2): 114-118.

网络邻里社区，发展友好、互助、合作的网络社群关系，增强网络交往的信任感，在网络道德实践中不断提升公众的道德认知和道德情感。要将社会信任融入网络社会结构的功能再塑中去，在网络空间里建立统一规范的道德准则和安全、可靠、信任的制度环境，保持网络信息公开和组织运作的透明度，建构网络信用规则和行业伦理规范体系。

（三）加强网络伦理自律

自律是一种品德，网络空间的有序运作离不开网络主体的自觉和自律。对行为规制和伦理规范的遵守需要上升为内心的道德习惯和道德信念，将道德规范变成主体内心的自发遵从。网络伦理自律的前提是对网络规范的价值认同。网络规范认同是指网络主体对网络伦理规则的自觉接受，它是网络个体在交流、交往和学习的基础上消除认知障碍和伦理分歧，逐渐达到思想上统一和道德境界上趋同的过程。规范认同具有自觉性、主动性和稳定性的特质，它是网络个体的自觉行为，是行为主体自主的发自内心的伦理遵守。当前我们要寻找网络道德认同的共通原则，在此基础上制定各行业的网络行为规范和道德准则，并在网络实践中将这些规范内化为网络主体的内心品质。

（四）建构长效的伦理调控机制

造成网络空间伦理失范和秩序混乱的主要原因就是缺乏有效的伦理调控机制，当前建构长效的伦理调控机制成为当务之急。网络伦理作为网络社会的调控的手段，不像法律那样具有强制性和约束力，更多的是依靠网民的道德习俗、传统习惯和内心信念来自觉地遵守和履行，因此提高网络的伦理素养和自我净化能力显得尤为重要。建构网络伦理调控机制是一项系统工程，首先要提升网络主体的道德素养和责任意识，提高网民的自制力、辨别力和判断力，营造公平公正的网络空间环境。其次要完善网络惩奖制度，弘扬和宣传网络正能量，塑造自由、平等、诚实、守信的网络秩序。对于诚信、守法、有责任担当的网络主体要给予肯定和奖励，对于网络道德失范行为要给予训诫和处罚。① 最后要建立网络道德评价和审判机制，对网络主体的行为进行道德审核、责任约束和伦理评判，取缔道德失范和违规主体的网络准入资格，实现网络空间的长效治理。

---

① 赵丽涛. 网络空间治理的伦理秩序建构［J］. 中国特色社会主义研究，2018（3）：85-89.

社会聚焦：网络公益组织、集体行动与社会稳定①
——基于南京市 X 社区青年志愿者论坛的调查

笔者以南京市 X 社区网络青年志愿者论坛为调查对象，对网络公益性组织的集体行动力与社会影响力进行研究，考察网络志愿组织、集体行动与社会稳定之间的内在关联。研究结果表明：青年志愿者论坛作为网络公益组织的表现形式之一，与其他网络论坛的主要区别在于其浓厚的感情色彩与奉献精神，因此，比其他网络群体更具有凝聚力、号召力和集体行动力，更有利于社会稳定。同时，也正是由于这种深刻的公益情节和共同的价值观念，使得该网络群体一旦缺乏理性约束，更易引发群体极化效应，影响社会稳定。所以，在加强网络志愿组织的自治力、自组织力建设的同时，更要增强其自我约束的能力，保证其集体行动的合理性与合法性，从而有利于推动整体网络公益组织健康有序发展，更好地维护社会稳定。

一、问题的提出——虚拟公益组织②

根据中国互联网络信息中心（CNNIC）统计，截至 2016 年 6 月，中国网民规模达 7.1 亿，其中，互联网普及率达到 51.7%。③ 随着网络的普及，越来越多的网民在网上组织起来、交友结社，形成虚拟的网络社区，被称为网络公益组织或虚拟公益组织。网络 NGO 是互联网时代主要依靠网络建立发展的社会组织。面对遍地开花的网络 NGO，对其如何管理，成为越来越重要的课题。

所谓网络公益组织（虚拟公益组织）是在网络时代背景下兴起的一种新型组织，它凭借快捷的互联网，使公益活动具有了更加广阔的发展空间，是对传统慈善的一种有力补充。④ 目前，网络公益组织主要通过志愿 QQ 群、微信群、博客以及各类网站与网民互动，着力宣传公益精神，推进公益事业。网络公益组织开展的活动主要有：网络义卖、网络募捐以及公益文化传播等，它们越来

---

① 沈一兵. 网络公益组织、集体行动与社会稳定 [J]. 中国青年研究. 2017（49）：49-53.
② 本文中"网络公益组织"与"虚拟公益组织""网络志愿组织"是同义.
③ 中国互联网络信息中心. 中国互联网络信息中心报告 [EB/OL].（2016-07-13）[2022-04-10]. http：//www.cnnic.net.cn.
④ 秦舒莹. 网络草根公益组织面临的困境及出路 [J]. 社团管理研究，2012（6）：31-34.

越成为网络文化不可或缺的一部分。①

蓬勃兴起的网络公益组织，以社会信任为依托，唤起了人们的爱心和奉献精神，使得互联网被认为是"大众慈善"的优良载体。② 从这个角度，网络公益值得鼓励、并理应得到充分发展。但也有不同的看法，国内实体慈善组织的信任危机尚无法消除，加之网络的虚拟性、匿名性、流动性等特质，网络公益组织的信任程度也面临着实践考验。遗憾的是，目前学界很少专门研究网络虚拟公益组织，它的运作效率如何、组织能力怎样、集体行动能力如何，行动的合法性以及对社会稳定的影响等都需要在实际调研中进一步探求。

二、调查对象与个案访谈

调查对象：X 社区网络青年志愿者论坛——南京 X 社区最大最有影响力的网络公益组织。

（一）X 社区青年志愿者论坛的发展现状与组织运作形式

1. 现状

X 社区论坛成立于 2009 年 7 月 1 日，是宣传该区新成就、展示社区新面貌的公益性网站。X 社区青年志愿者论坛是 X 社区论坛的分论坛之一，是社区网民自发形成的，旨在积极投身公益事业、普及慈善意识、倡导慈善行为，关心和救助弱势群体。随着近年来互联网的快速发展，青年志愿者论坛在公众中的影响力也越来越大，与其他网络活动相比，公益活动更能激发大众的参与热情。青年志愿者论坛自从创建以来，得到了众多热心网友的支持与关注，成功开展了公益环保、慈善募捐、扶贫助学、关爱老人、帮扶弱小等一系列公益活动，目前论坛的青年志愿者群共有 401 人（截止日期：2017 年 3 月 5 日）。

2. 青年志愿者论坛的组织运作

据调查，青年志愿者论坛借助 QQ 建立志愿者群，以 QQ 群为核心力量，依靠网络传媒策划与其他地区的网络志愿者组织，通过发帖、跟帖与企事业单位合作等方式组织志愿者参与公益活动，其组织运作过程如图 10-4 所示：

（二）对 X 社区青年志愿者群体的个案访谈

为了探求网络公益组织、集体行动与社会稳定之间的内在关联，笔者通过

---

① 王逸男. 2013 首届南京大型"网络公益沙龙"启动 80 余家民间组织助力网络公益 [EB/OL]. （2013-07-13）［2022-11-18］. http：//news. jschina. com. cn/system/2013/07/13/017937991. shtml.

② 赵方忠. 易宝支付：网络公益的"长尾"应用 [J]. 投资北京，2008（10）：92-93.

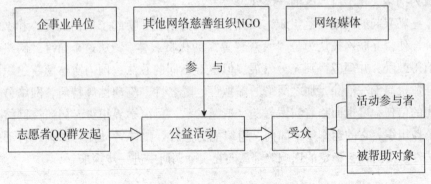

图 10-4　组织运作流程

加入青年志愿者 QQ 群、网络聊天和实地参与活动等方式进行调查，并对青年志愿者论坛 QQ 群的 100 位网友进行了非结构式访谈，从而了解他们参与志愿活动的影响因素与真实的心理动机。

访谈采用的是非结构化问题，访谈内容主要围绕三个维度展开：第一，青年志愿者参与网络公益活动的机动，它与志愿活动执行效果相关；第二，青年志愿者（尤其是策划者——版主）在组织中的感召力、组织力如何，它与网络组织的集体行动力相关；第三，青年志愿者的法律意识、对政府信任度，它与社会稳定相关。此外，实际访谈内容视访谈过程中的具体情况而定。现选取几个具有典型特质的访谈对象，将他们的访谈内容简略摘要如下：

受访者 1：C 先生 ——责任信念型

年龄 28 岁

职业：南京某集团（事业单位）员工

网络身份：X 社区青年志愿者论坛的版主之一，青年志愿者群中各项活动的发起者、组织者、策划者之一。

问：为什么会参与志愿活动，并成为青年志愿者论坛的发起人之一？

答：就我本人而言，目前所在单位的待遇不错，生活比较舒适，作为社区的一分子，我觉得我有责任也有义务帮助更多需要帮助的人，也算是贡献一份自己的力量吧。

问：群里的公益活动都是你发起的吗？

答：我只是发起人之一，我们有很多的版主，我和热心公益的网友一起组织和策划。

问：你们都组织了哪些公益活动？你有什么样的体会？

答：这个群已经存在 8 年了，这 8 年里群里的力量不断壮大，越来越多的人加入献爱心的队伍中来，有着越来越多的责任感和使命感。

问：你们活动的组织力和执行效果如何？大家参与热情高吗？每次活动的参与人数大概有多少？是否有过激行为？

答：自从论坛成立以来，我们组织了一系列的活动，组织活动的经验和执行力有了很大提高，我们的队伍也在不断地壮大。由于网络的匿名性和人员的流动性，有时候需要人手的时候参加的人却不多，有的活动不需要太多人却一下子来了很多，让人措手不及。对个人的规范管理确实是个大问题。

说到过激的行为，我们也有过。记得有一次为了保护南京的环境，我们发起了保护梧桐树的公益活动，结果和城管发生了一些小摩擦。后来由于我们队伍中有人熟识相关单位的领导，事情也就不了了之了。但我们的初衷都是好的，是为了公益和环保。

问：你们参加这些活动都是自发的吗？有没有政府组织或参与？你们和政府合作过吗？希望政府参与你们的活动吗？

答：我们是民间组织，我们的活动都是自发的民间行为。政府偶尔也会关注我们，合作组织策划一些大型活动，但大部分的活动是我们自觉的行为，政府参不参与我们都会做的，而且会坚持做下去。

通过与 C 先生的交谈，发现 C 先生的参与动机属于"责任信念型"，他作为论坛的组织者之一，觉得自己有责任有义务从事公益活动，而不是为了迎合某些政治目的，公益与慈善深深地根植于他们的价值理念当中。他们关心的是志愿行动的实际成效与客观效果，而不是停留在形式主义的、富有志愿服务符号的肤浅层面。在他们心中，志愿服务就是为了承担社会责任，履行一个社区人、社会人的义务。C 先生也承认，在组织活动时存在监督不力的情况，同时他对政府的信任度不高，与政府没有建立起良性的互动，这些都会降低公益活动的执行效果。

受访者 2：D 女士——快乐满足型

年龄 31 岁

职业：X 社区某大学老师

网络身份：青年志愿者群中的活跃分子（D 女士是青年志愿者群中的积极分子，经常参加群里的活动）

问：你经常参加群里的活动吗？

答：一般有空都会参加，我很乐意帮助别人。

问：是什么原因让你加入进来？

答：我是做老师的，我们经常和学生讲，要奉献要有爱心，社会才会和谐，那么我们自己也要以实际行动来证明。

问：参加这些公益活动，你最大的体会什么？

答：觉得我自己还能尽一份力，很开心也值得，还有人需要我。尤其是在献爱心过程中，我感觉很充实、很快乐。同时我也把这种快乐带给我的家人，带入我的工作。

问：你希望政府参与群里的活动吗？

答：有时候有些活动我们还是希望政府能给予我们帮助的，毕竟我们的力量还是有限的，而政府的号召力很强，希望政府能支持我们。

问：你觉得群里参加活动的人的法律意识如何，有没有过激的言论和行为？

答：群里的人整体素质还是不错的，大家多少都是有些法律意识的。不过真遇到一些事情时，每个人是否都能控制好情绪还真不一定。网友们参加过抵制日货的反日游行活动。南京大屠杀曾给南京人民带来沉重的灾难。在当时集体游行的情形下，人的情绪会随着集体的冲动而难以控制，打砸日系的汽车，打日本留学生都可能是情绪使然的非理性结果。当时每个人都很冲动，真的很难控制，爱国行为瞬间便会超过法律的底线。

通过与D女士的交谈，感觉她的参与动机属于"快乐满足型"。"我公益、我快乐"是她内心真实的反映。在她从事奉献活动的过程中，她的内心是快乐的、是真实的，同时也将这份快乐直接传达给别人。志愿活动的经历让D女士了获得了心理的满足。作为一个知识分子，D女生还是有点儿担心集体行动中的情绪化倾向，但她觉得加强和政府的合作也是很有必要的。

受访者3：S先生 —— 外部感染型

年龄30岁

职业：个体经营

网络身份：青年志愿者论坛的成员

问：你是什么时候加入青年志愿者群的？

答：我是刚加入这个群没多久，大概一年不到。我文化不高，以前都不会用电脑，也不知道有这个网络，现在会电脑、会上网了才加入了这个群。

问：为什么会加入志愿者群呢？

答：我小时候家里不富裕，父母都是农民，家里兄弟姐妹很多，困难的时候得到过很多好心人的帮助。现在条件好了，也希望通过自己的一份爱心来帮助更多需要帮助的人。

问：你参加过群里的活动吗？有些什么体会，能说说吗？

答：我加入群的时间不长，也参加过一些活动。其实我一开始也是持观望的态度，不过后来我身边的一些朋友也加入了这个群，于是我才觉得应该去尝试看看。不过说实话，参加活动帮助他人真的很好，我很乐意。

问：你觉得自己在活动会中会受情绪的影响吗？

答：我是个感性的人，爱憎分明。遇到一些弱势群体我会悲伤流泪，有时候很情绪化。

在与S先生的交谈中，我发现他的参与动机是属于"外部感染型"。他参与志愿活动主要是来源于外部的发动，经过亲戚、朋友同事介绍，受外部的感染激起了内部的热情，并参与到活动中。同时他也是一个情绪化的人，情绪会受他人和环境的影响而改变，所以理性的自我约束力会相对弱些。

受访者4：小T；受访者5：小V

小T和小V——好奇、交友的后现代型

(1) 小T，男，19岁，学生。小T不仅加入了青年志愿者论坛，在社区论坛其他分论坛中都有他的影子。当我问他为什么会加入青年志愿者群时，他的回答很特别。

"我加入青年志愿者群的最初目的是为了交朋友，我一般只参加群里的一些游玩活动，这样可以结识到很多人。"

"其实加入这个群，我还有一些自己的秘密，我感觉这个群里的人应该都是很有爱心的、善良的人，说不定我还能找到我想要的女朋友呢"，小T说完有些不好意思。

(2) 小V，女，20岁，具体职业不详，可能也是学生，但她自己说是自由职业。小V持很无所谓的态度，她说她之所以加入这个群，并没有考虑很多，一开始觉得好奇，后来又觉得好玩。她说她姐姐加入了，后来她也就加入了。小V说，群里的活动她都没参加。最后小V直接说，别问我什么了，我只是来"打酱油的"。可见小V的参与动机具有明显的不确定性，呈现出后现代性的倾向。

此外，在问及是否需要政府参与或支持活动，活动过程中的自我约束力如何等问题时，小T和小V都持没有看法或无所谓的态度。

三、网络志愿组织、集体行动力与社会稳定的内在逻辑

(一) 组织现存状态——"自发"向"自为"过渡

根据访谈和相关调查，简单汇总如表10-1：

表 10-1 论坛成员访谈汇总

受访者	年龄	职业	参与动机 （主要动机）	社会影响	是否希望政府参与
C 先生	28	事业单位员工	责任信念型	积极影响 正面	对政府信任度一般 不太希望政府参与
D 女士	31	教师	快乐满足型	积极影响 正面	较信任政府 希望政府参与
S 先生	30	个体经营者	外部感染型	目前积极影响 （正面）	无所谓政府参与 不参与
小 T	19	学生	交友型	正负面影响 不清晰	没有看法
小 V	20	学生	后现代型	正负面影响 不清楚	无所谓

目前 X 社区青年志愿者论坛（QQ 群）有 401 人（截至 2017 年 3 月 5 日），以上受访者只是其中具有代表性的个案。在接受访谈的 100 位网友中，有 35 位受访者是经常参加线下公益活动的主力军；其余 65 位受访者中，有 31 人是不定期参与公益行动，有 19 人偶尔参加网下行动，有 6 人只参加过一次公益活动，另有 9 人一次公益活动都没参加过。可见，关注公益不等于参与公益。通过对 100 位受访者的访谈资料分析，我们得出 X 社区的志愿者论坛尚处于自发阶段向自为阶段的过渡期，仍需要不断完善。

第一，从规模与成员构成上看，加入 X 社区青年志愿者群的人年龄大多在 20—35 岁，以中青年为主。参与人员大多有稳定的工作、一定的文化知识和爱心，生活状况相对较好，可以有闲暇时间参与志愿活动。一些年龄较小的青年志愿者的公益心和奉献精神值得称赞，但其行动的自我约束性还有待提高。

第二，从参与动机来看，加入青年志愿者群的人员机动呈现多元化的趋势。这种多元化揭示了动机的复杂性和价值方面的互惠性。虽然访谈结果显示出四种不同类型的动机，但是就青年志愿者个体而言，并非只是属于其中的一种，参与者可能有两种或者两种以上的动机类型。尽管加入志愿者群是为了他人的需要，但是志愿者本人也希望能从中受益，比如交友、社交、获得更多社会关系等。这种"私心"也是一些人从事社会活动的基本心理驱动力。①

第三，从组织执行方面看，由于网络参与者的匿名性、集群性等特征，参与者进入志愿者群容易，退出也很容易，没有任何约束。加之个体参与公益活动动机的复杂性和多样性，使得每次活动的组织力、执行力和运作效率都有所下降。

第四，从论坛人员对政府的态度来看主要分为两派：一派认为应该与政府多合作、保持良性互动，并虚心接受政府的监管；另一些人则认为，只要在律法允许的范围内行事，不要政府的参与，希望政府不要过多干涉民间行为。因此，如何建构政府与网络组织的良性关系也是急需解决的现实问题。

总之，X社区的网络市民社会②已基本形成，但其发育还不健全。目前，X社区青年志愿者论坛尚处于自发阶段向自为阶段的过渡期，加之与政府长期缺乏有效沟通等造成对青年志愿者论坛建设积极性的非制度性挫伤，这些都降低了网络志愿组织的集体行动力和社会影响力。

（二）网络公益组织集体行动的逻辑

影响公益组织集体行动的要素有很多，从X社区青年志愿者论坛的访谈中发现，志愿者的参与动机与组织的自组织程度是影响其集体行动的主要因素。

1. 参与动机的包容性（encompassing）与共生性（symbiotic）

X社区志愿者参与公益活动的主要动机有四种，这四种动机又是相互重叠和交叉的。就青年志愿者个体而言，并非完全只是属于其中的一种，可能有两种或者两种以上的复合型动机，参与动机之间具有包容性和共生性。蔡小莉（Tsai）在阐述"团结群体"的方式中，认为包容性（encompassing）和嵌入性（embedded）是群体团结的两个标准。③ "公益爱心"这一"善"的价值遵从，满足了更多人的利他情节，为参与者提供了更大的道德认同，从而能从大范围上包容更多群体的加入，成为慈善奉献的"推进器"。④ 塞奇（Saich, 2000）认

---

① 吴鲁平. 志愿者的参与动机：类型、结构：对24名青年志愿者的访谈分析 [J]. 青年研究, 2007 (5)：31-40.

② YANG G B. The Internet and Civil Society in China: a preliminary assessment [J]. Journal of Contemporary China, 2003, 12 (36)：453-475.

③ TSAI, LILY L. Solidary Groups, Informal Accountability and Local Public Goods Provision in Rural China [J]. American Political Science Review, 2007, 101 (2)：355-372.

④ TSAI, LILY L. Accountability without Democracy [M]. Cambridge: Cambridge University Press, 2007.

为，不同利益观的群体是可以在组织中共生的。① 共生性有利于不同价值诉求的群体相互共存、相互影响，并向一定的目标前行。迪克森（Dickson）（2000—2010）提出共生性可以将新的要素"容纳"到现有的组织体制中，以增强组织对外部环境的适应能力。包容性和共生性在组织建立初期易争取更多的人参与到组织活动中去，成为组织壮大的推动力。②

当然，如果多元的参与者动机不能随之有效整合，也会影响公益行动的效果。四种参与动机越分散，则公益组织的集体行动力也会有所分散，执行效果便会下降。本文所调研的四种动机中，"责任信念型""快乐满足型"两种动机是主导型，参与者拥有这两种动机的成分越多，则参与公益活动的动力越强，行动力也就越强，从而更利于公益目的的达成。反之，参与者这两种动机成分越少，行动力也越弱，越不利于公益行动的效果达成。

2. 网络团体自组织过程中的"连带性吸收"

所谓自组织，是指网络公益组织作为行为主体自发地按照自己意愿行事的能力或特性。"组织过程"包括：自由表达意志、独立做出决定、自行推进行动的进程等。③ 米格达尔（Migdal，2003）提出了"连带性吸收"概念，他认为社会与国家并不是简单的中心与边缘的关系，而是一种混合形态。④ 据调查，X 社区青年志愿组织属于民间草根组织，由网络自发结社而成，并没有嵌入政府来获得更多的发展机会。⑤ 但在信息快速传播的今天，熟人式的人际关系网络也在一定程度上连带性地将亲朋好友吸收到志愿者队伍中来。志愿组织通过举办各种活动将每个成员的亲朋好友连带性吸收到组织中来，形成一个半熟人式的"市民社团"。⑥

同时自组织过程的效果还取决于组织力的大小。网络志愿组织的自组织力

① SAICH，TONY. Negotiating the State：The Development of Social Organizations in China ［J］. The China Quarterly，2000（161）：124-141.

② YONG Li. The development of social organizations in China ［J］. China Journal of Social Work，2012，5（2）：1-5.

③ KEVIN J. O'BRIEN. Chinese People's Congresses and Legislative Embeddedness：Understanding Early Organizational Development ［J］. ComparativePolitical Studies. 1994，27（1）. 80-107.

④ MIGDAL，JOEL S. State in Society ［M］. Cambridge：Cambridge University Press，2003.

⑤ PELED Y. Through the Lens of Israel：Explorations in State and Society by Joel S. Migdal ［J］. Shofar，2003，18（2）：411-413.

⑥ ELINOR OSTROM. Understanding institutional diversity ［J］ Comparative Economic Studies，2005，49（3）：493-494.

包含了自主力①、自治力、执行力、领导力等诸多要素。所谓自治力，指一定范围内的自治体全体成员在自由、平等的基础上依法对组织活动实行自我管理的不具有强制性的组织能力，也就是自我治理的能力。一般而言，网络志愿团体的自组织能力越强，则集体行动力的能力就越强，反之则越弱。此外，网络志愿团体中的策划者、组织者的执行力、领导力，以及成员的参与力也是影响集体行动的要素。在网络公益团体中，组织者的领导力越强、执行力越强，成员的参与力越强，则整个组织的集体行动能力也随之增强；反之，其行动能力就会越弱。

3. 行动的"同构化""广场效应"与社会稳定

周雪光（1993）提出大数现象"large numbers phenomenon"，即大量具有相同利益诉求、行为模式的个体（甚至有共同的怨恨对象），他们的利益虽然分散，但在特定机会下，如国家新的政策颁发、非组织化利益（unorganized interests），可以在多数原则作用下汇聚成集体行动。② 一般对网络公益组织来说"同构化"的结果可以提升大众的自豪感与奉献精神，形成积极的行动力，有利于社会稳定。然而，由于互联网本身所具有的隐匿性、风险性，加之强烈的情感色彩，不可避免地会带来消极影响。

第一，感性色彩浓厚，易滋生"民粹主义"情绪。网络志愿组织的特点在于其浓厚的感情色彩与奉献精神，也正是由于这种深刻的公益情节和共同的价值观念，使得该网络群体一旦缺乏理性的约束，易引起群体极化效应，影响社会的稳定。一旦网络青年志愿者群体坚信自身的行为是积极的且是社会正能量的代表，那么他们便会在内心形成一种"同构化"的固有偏见。这种偏见一旦受到不良信息的影响，并且他们坚信这些信息是真实的，那么他们对政府的信任度便会急剧下降，从而更易产生和滋生激进的民粹主义心理③，甚至可能干扰政府依法行政，侵蚀党和政府的公信力与合法性。

第二，组织发展迅猛，可能导致群体性事件发生率增多。如果这种浓厚冲动的利他情绪没有理性约束，会导致无政府主义倾向。虽然目前 X 社区青年志愿者群的人数只有 401 人，但其影响力不可小视。同时，不同地区的青年志愿

① FUCHS C. The Antagonistic Self-Organization of Modern Society ［J］. Journal of the Japanese Society of Applied Science，2016（14）：183-209.

② ZHOU X G. Unorganized Interests and Collective Action in Communist China ［J］. American Sociological Review，1993，58（1）：54-73.

③ MIZUNO K，PHONGPAICHIT P. Populism in Asia ［M］. Singapore：NUS Press and Kyoto University Press，2009：228.

者群之间的互动十分密切，在短时间内可聚集成千上万人，形成广场效应。一旦被不法分子煽动，其破坏力是惊人的。近年来由公益组织而引发的集体行动，有很多初衷本都是公益诉求，但最后却形成了群体性事件，公益诉求被政治诉求所取代。

（三）网络公益组织集体行动与社会稳定的五种互动模式

网络志愿组织的集体行动力与社会稳定之间的内在关联，可以通过下面的曲线图来呈现。

1. 第一种：表面社会稳定型

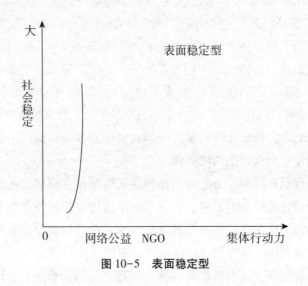

图 10-5　表面稳定型

图 10-5 所示，在网络公益组织发展初期，组织的主体性能力较弱，自组织能力也较弱，因此集体行动的能力发展缓慢。尤其是在高度集权的政府管理体制下，由于政府的高压政策，许多非政府团体很难得到发展，集体行动的能力无法被有效激活。这是表面的高压下的社会稳定，很多社会风险在社会领域内部慢慢滋生，当社会组织又不具备解决这些问题的能力时，危机总有一天会爆发出来。

2. 第二种：失控型

图 10-6 所示，随着网络公益组织的自主性和集体力的增加，组织的社会稳定性较弱，其集体行动的公益性目的和结果没有达成，行动可能偏离合理性与合法性的轨道。一旦集体行动酿成了群体事件，随着群体事件的蔓延，事态越发难以控制，行动力变成了集体破坏力。此时，如果诸多客观因素和人为因素

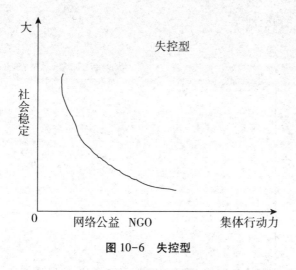

图 10-6 失控型

耦合在一起，人们情绪便一发不可收拾，极易引发公共危机，使社会稳定性受到极大的破坏。

3. 第三种：理想型

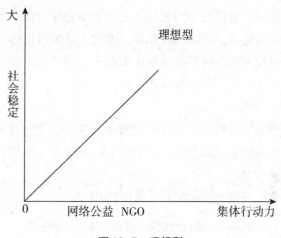

图 10-7 理想型

如图 10-7 所示，这种理想型表现为网络公益组织的集体行动力与社会稳定性成正相关，随着网络公益组织的集体行动能力的增强，社会秩序也越来越稳定，但集体行动力必须在理性化和合法化途径下进行。

4. 第四种：现实型

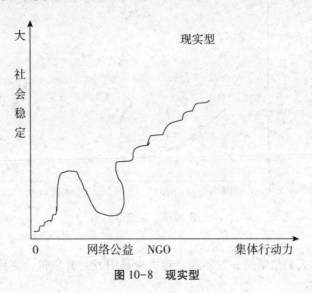

图 10-8　现实型

图 10-8 表现为网络公益组织的集体行动与社会稳定存在不完全的正相关。在网络公益组织初期，集体行动力较弱，社会表面稳定。随着网络志愿成员的增多，其社会行动力增强，社会风险并存，因此，组织的行动力与社会稳定处于波动状态。造成这种状况的原因还取决于政府（国家）与社会的博弈和互动状态。现实型介于表面社会稳定型与理性型之间。

5. 第五种：失败型

这种类型的网络公益组织的集体行动很弱，社会稳定性也很弱，组织的行动力与社会稳定性都处于低落状态，社会矛盾一触即发，网络公益没法生存下去，属于脆弱的失败型。

社会稳定与集体行动的互动模式归纳如表 10-2：

表 10-2　"社会稳定—集体行动"互动模式

集体行动 社会稳定	集体行动力强	集体行动力弱
社会稳定性强	理想型	表面稳定性 ← 现实型
社会稳定性弱	失控型	失败型

四、加强网络志愿组织自主性、约束其非理性行动、实现社会稳定的路径选择

（一）道路选择

网络公益组织要发展，必须要增强其自主性，同时要约束其非理性的集群化行为，只有这样才能推动公益事业，从而更好地维护社会的稳定。网络公益组织作为一种新型的社会团体，应该获得怎样的发展路径，是当前面临的主要问题。国内研究社团组织的学者大体可分两派，市民社会派与法团主义派。市民社会派认为社会团体组织要想获得发展必须维护自主性、展开"位置之争"，然后谋求能力提升而发展起来市民组织（如下图10-9"道路Ⅰ"）。法团主义派则认为，在中国社会，团体组织要想获得发展，其组织自主性的获得必须是国家有意赋予的，而不是组织斗争的结果，组织的自主性随着组织行动能力的增长而增强，但其发展始终落在国家能够容忍的范围内（如下图10-9"道路Ⅱ"）。①

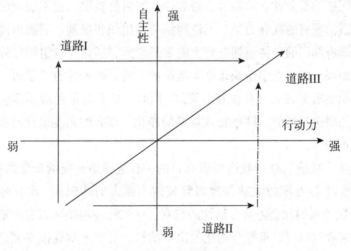

图10-9 发展道路选择

本文的调查对象——X社区志愿者论坛是青年自发形成的，是在没有政府扶持和关注下自发产生的，因此，属于民间的网络草根公益组织。对于这样的

---

① 邓燕华，阮横俯. 农村银色力量何以可能：以浙江老年协会为例［J］. 社会学研究，2008（6）：131-154.

一些草根组织，其发展路径的选择往往是道路 I，首先通过发展自主性，活动集体行动力，进而引发政府的关注，产生社会影响。此外，还有一些网络公益组织本身就依靠于大的慈善总会和基金会组织。它们不是自发形成的，而是一些大型慈善机构在网上成立的分支机构。这样一些组织，大多与政府保持良好的关系，甚至是在政府扶持下逐步壮大的，比如，中华慈善总会与民政部，青少年基金会与团中央等。对于这样的一些网络公益组织，他们更多的是选择了发展道路 II。

在现实的社会境况下，网络社团组织选择第一条道路（I），往往不能建立与政府良性的互动关系，长期发展受阻。如果选择第二道路（II）则有可能因与政府关系过于密切而丧失独立性。因此，第三条道路（III）是可行的，也是可取的，但前提条件是它需要政府、网络组织和网民之间的相互协作和良性互动。①

（二）发展路径

1. 嵌入性"激活"与选择性"吸纳"

由于网络的复杂性、风险性、匿名性，网络公益组织也不能独善其身，必须充分地激活现有的社会力量。不论网络公益组织积极地、明确地嵌入政府机构以获得政府部门的支持而拥有更大的发展空间；还是公益组织以外的社会团体有目的地嵌入网络志愿组织来壮大组织的力量，嵌入性的"激活"策略已成为社会组织谋求发展的一种权宜之策。② 同时，社会力量的激活还包括对网络志愿群体的筛选与过滤，网络行业规则的净化，现有的制度设计的激活，法律保障体系重构等。

选择性"吸纳"是指政府应当有目的、有选择地来吸纳新生的社会力量。国家对新生社会力量的吸纳是政府管理能力强大的体现。③ 政府通过选择性"吸纳"，赋予新的社会力量合法性的权利，一来社会组织可以有序地参与社会管理，二来政府也可以重塑合法化的决策结构。对于一些规模宏大且行动力高效的网络公益组织，政府可以通过咨询、座谈等方式与之建立稳定的联系。如环保部门可以加强与网络环境志愿组织的合作；民政部门也要充分重视网络公

---

① 王绍光，何建宇. 中国的社团革命：中国人的结社版图 [J]. 浙江学刊，2004（6）：71-77.

② 姚远，任羽中."激活"与"吸纳"的互动：走向协商民主的中国社会治理模式 [J]. 北京大学学报（哲学社会科学版），2013，50（2）：141-146.

③ 俞可平. 治理和善治：一种新的政治分析框架 [J]. 南京社会科学，2001（9）：40-44.

益组织，给它们提供帮助和支持。政府选择性地将网络公益组织吸纳为公共管理与公共决策的一部分，既体现了民意又建立了公开透明的沟通路径，更有利于社会的稳定。

2. 适度控制与间接规制

在网络社会的大背景下，越来越多的虚拟组织的出现给政府管理带来极大的挑战。网络空间的流动性、网络社会组织进化的复杂性、线上线下集体行动的风险性等这些虚拟组织普遍存在的问题，同样适用于网络公益组织。现阶段大多数网络公益组织并没有处于"自为"的阶段，政府既不能听之任之、也不能完全控制束缚活力，需要进行适度的控制与间接规制。

一方面，要意识到网络公益组织不同于其他网络社会团体，它具有奉献精神与利他性，是社会正能量的代表，应当鼓励其发展。政府应当改变过去的单一的行政命令控制的管理模式，采用多方式的间接规制。X社区青年志愿者论坛组织在发展初期，由于政府的"忽略"性管理①，反而获得了自由发展的空间，壮大了组织规模。

另一方面，要意识到网络组织的风险性和复杂性，进行适度的控制与监管。比如政府要时刻做好网络舆情的把控、线下活动执行情况的把控。网络公益组织的感情色彩较其他组织更为直接，因此公众的情绪更易被激发，在特定时空和耦合要素下，其集体行动力更难以控制。② 加之网络信息传递的连锁式效应，不同的网络组织在瞬间可以组成聚集合力，引发叠加风险。比如，网络动物保护组织为了保护流浪猫，通过网络聚集，围堵高速公路，影响了正常的社会秩序。公益的目的是好的，但行动的结果却丧失了合法性。再如，近年来我国发生的多起环境群体性事件，表面是保护环境的公益目的，但实际诉求却受控于不同的利益群体，公益诉求有的成了行动的幌子。所以，政府需要将舆论疏导、风险把控与间接管制相结合，保护、保障青年志愿者权益，完善网络志愿立法。

3. 多中心自组织协同共治

网络社会是一个复杂的系统，对网络社会组织的治理也是一项复杂的系统工程。人类社会被公认为是一个开放的、自组织式耗散系统，而由人类所创造

---

① 黄建军，梁宇，余晓芳. 改革开放以来我国政府与社会组织关系建构的历程与思考[J]. 中国行政管理，2016（7）：35-39.

② 朱力，曹振飞. 结构箱中的情绪共振：治安型群体性事件的发生机制[J]. 社会科学研究，2011（4）：83-89.

的网络世界也同样具有非线性、自组织性和复杂性等特征。① 虚拟社会是一个复杂的自组织网络，各要素共生于一个"去中心化"生态系统中，各社团组织互惠互利又相互博弈，形成一个自组织式的利益均衡状态。由于网络组织集体行动的关联性、复杂性和不确定性，政府和其他公共组织都无法完全具备所有的知识、技术和能力来管理好网络组织。单一的公共部门的治理模式效率低、成本高，易形成"政府失灵"，需要多元化主体形成协同机制，打造组织秩序的共治模式。所以，多中心协同治理与合作共治是虚拟社会治理的必要路径。所谓协同，是指系统中具有异质性的各要素之间相互补充、相互协调、自组织地产生出新的结构和功能或者从各自的自组织走向更高的有序状态。

　　总之，要建构网络公益组织和公共部门（政府）之间的良性互动，必须多方行动主体协同合作，分享公共权利，共同参与公共决策，进行政策博弈，这样才能防止一方独断，保持协同均衡，维护社会稳定。政府、网络公益组织、媒体、网络企业、网民必须相互协调、合作共治；要健全网络利益诉求机制，优化网络社会治理结构；要建构多元化的网络社会治理模式，提升政府公信力；要加强网络公益组织的自身建设，规范网络青年志愿者管理，提高青年志愿者质量②；要完善法律，保障志愿者权利，培养网民的理性参与能力，确保网络公益走上一条规范化、法制化的道路。

---

① NEWMAN M E J. The Structure and Function of Complex Networks [J]. Siam Review, 2006, 45 (2): 167-256.

② 仇力平. 上海社区的志愿者活动 [J]. 社会, 1998 (2): 16-19.

世界风险与中国治理

中国的社会风险也是世界风险，世界风险也必然包含中国风险。在风险全球化的今天，中国的风险治理必然是世界风险治理的重要组成部分。全球化的进程是人类现代化历程中的必经阶段，建构人类命运共同体，实现世界融合发展是全人类的共同心愿。

第十一章　风险全球化与人类命运共同体

全球化在加速各国经济发展的同时，也让全球成了一个"世界风险社会"。在人类享受经济全球化和现代科技带来的红利的同时，风险已经悄然渗透到世界的每一个角落。在世界风险席卷全球的 21 世纪，任何国家和地区都将面临众多不确定的风险与危机。同时全球风险与国内传统风险、现代性风险交互反应且相互共振，风险不断"嵌入"全球化的进程，形成世界性的公共危机。随着我国成为世界第二大经济体系，全球国际关系的格局也在发生着改变。新时代的中国有着新的国际地位、国际形象，有着新的责任担当和时代使命，中国的社会风险也是世界的风险，中国的风险治理更是世界风险治理的一部分。当今的中国有责任、有义务，也有能力为世界风险治理献计献策、为世界和平贡献自己的一份力量。目前传统的风险治理方式已经不能有效应对世界风险和全球化的社会危机，它不是一个国家、一个地区、一个组织的单一力量就能化解的，它需要各国通过相互协作来共同治理，只有构建人类命运共同体，才能有效地防范全球化的风险与危机。本章与第二章"国内风险社会"形成首尾呼应，在风险全球化的背景下，以"一带一路"倡议为主线，剖析了我国面临的五种国际风险（政治、经济、文化、军事、网络），并在此基础上提出了化解全球风险的治理路径——构建全人类的命运共同体。

第一节　风险全球化与"一带一路"倡议

当今的世界是一个"地球村",任何地区和国家都将是全球风险的承受者。在这样一个风险密集、危机四伏的时代,风险渗透世界每个角落,任何国家都不可能幸免。"一带一路"倡议为我国走向全球化开辟了新的道路,也为世界各国走向新型全球化合作提供了新的实现路径。然而"一带一路"的推进恰逢风险全球化的世界大背景,全球风险的滋生、蔓延与扩散给"一带一路"建设提出了巨大挑战。"一带一路"在将中国发展与世界发展相融合的同时,也将中国风险与世界风险紧密交织在一起,中国风险与世界风险"你中有我、我中有你",中国风险治理将对全球风险治理产生越来越大的影响。

一、风险全球化背景下的"一带一路"倡议

2013 年 9 月 10 日,习近平总书记提出共建"丝绸之路经济带"① 与 "21 世纪上海丝绸之路"②,简称"一带一路"。这是中国共产党在国家建设的关键时期做出的重大的发展战略,是我国走向世界,构建新型全球化的共享共赢之路的必经过程。经过 6 年多的全球实践,我国吸引了沿线许多国家的参与,获得了很多共识,也取得了一定成绩。但在"一带一路"的实际推进中也并非一路坦途,风险与机遇并存,挑战与发展同在。

当今的世界早已不再"太平",被各种"潜在"与"显在"的风险缠绕,风险无处不在,无时不有。从自然界的海啸、地震、土地荒漠化、全球变暖、厄尔尼诺到工业领域的食品安全、核泄漏;从政治领域的核战争与核安全到社会领域的暴力冲突与恐怖主义;从经济领域的金融风暴到文化领域的种族冲突;从现实中的禽流感到虚拟社会中的网络暴力,风险充斥着世界的每个角落,而当前的风险比以往任何时候都更复杂和多变。

法国著名的社会学家乌尔里希·贝克早就预见了世界风险社会的来临。1986 年贝克(U. Beck)出版《风险社会:走向新的现代性》一书,从生态科技的视角阐述了世界风险社会的"地球政治"③,之后风险社会理论引发世界关

---

① 习近平. 弘扬人民友谊共创美好未来 [N]. 人民日报, 2013-09-08.

② 习近平. 携手建设中国—东盟命运共同体 [J]. 传承, 2013 (12):4.

③ Ulrich Beck. World Risk Society [M]. Cambridge:Polity Press, 1999:16-19.

注。吉登斯（A. Giddens）和拉什（S. Lash）分别从制度、文化角度对世界风险进行现代性反思。进入 21 世纪以来，当人类在享受经济全球化和现代科技带来的红利的同时，社会风险已经悄然渗透到世界的每一个角落。我国的传统风险、现代风险与世界风险交互反应，形成全球化的风险带，而我国的"一带一路"倡议就是在全球化风险的背景下逐步推进的。在党的十九大上，习近平总书记首先提出了人类命运共同体的概念，指明了全球化新的发展方向。因此，在风险全球化的今天，我们要未雨绸缪、树立全球风险意识，要理清"一带一路"建设过程中蕴含的各种风险形态与风险诉求，将"构建人类命运共同体"作为规避全球风险、化解国际争端、遏制世界危机的根本治理路径。

二、世界风险与全球治理的内在逻辑

（一）世界风险与全球治理的关系

不同国家不同地区的经济发展水平不同、政治环境不同、文化背景差异，其风险的表现形态也不同。随着全球化的迅速推进，国内风险与国际风险、全球风险与区域风险相互影响、碰撞，更易形成叠加效应。从世界风险与治理的内在联系看，世界风险是源头，全球治理是手段。世界风险是抽象的，全球治理是具体的，论风险是为了反思问题，谈治理更侧重于正视和解决问题。全球治理是为了规避和化解国际争端与冲突，而这些冲突与矛盾又来源于世界风险。

```
              源头                    手段
（一般）风险 ——————————————— 治理
（特殊）世界风险 ——————————————— 全球治理
```

随着全球化风险的蔓延，我国转型期的国内风险也呈现出多元化、复杂性和放大性。对外开放在加速国际交流和合作的同时，也将众多国际风险与国内风险、社会矛盾相互关联在一起，形成系统性的风险，需要予以综合的治理。因此，源头治理很重要。世界风险是全球治理的源头，全球治理是防范世界风险的重要手段。我们要有风险意识和全局观念，用全球治理观准确把握其战略定位，实现源头治理。

（二）世界风险的特质决定了风险治理的方式

1. 全球风险的突发性与普遍性需要常态的治理体制

在世界风险席卷全球的 21 世纪，任何国家和地区都将面临众多不确定的风险。"一带一路"沿线的许多国家大多处于社会转型期和体制改革的重要时期，很多国家进入了贝克所描述的风险社会：社会风险与矛盾凸显、突发公共事件频繁爆发。甚至一些国家地缘政治复杂、宗教矛盾尖锐、武装冲突不断，成为恐怖组织的据点。近年来，巴基斯坦、肯尼亚、阿富汗等国地区冲突频发、暴力事件时有发生，严重影响了我国"一带一路"的顺利推进。还有一些国家经济发展落后、国内政局混乱，既不适应全盘西化的政体又不能建立本土完善的民主体制，最后沦为西方发达国家颜色革命的牺牲品。①

全球风险常常具有高发性和突发性的特质，高发性表现为世界风险大量存在，渗透于全球每个角落，并时常集中爆发。突发性表现为风险转化为危机事件的速度很快，给人的感觉是猝不及防的。其实，很多国际恐怖事件看似突然，实则必然，是长期世界风险得不到有效化解而造成的必然结果。因此，高风险已经成为全球一体化的常态，风险的高发性与突发性要建立长效治理机制，实行常态治理。目前我们在推进"一带一路"的进程中，已经遇到了来自各方面的风险与危机，可能会干扰"一带一路"的有效推进，因此，当务之急需要建立常设的"一带一路"风险治理委员会，建构相关的专业风险防控职能部门，对"一带一路"的中风险进行常态的预警和长效的掌控。

2. 全球风险的聚集性与扩散性需要动态的治理机制

全球风险的重要特性表现为集聚性和扩散性。集聚性是指风险从无到有、由小及大逐渐积聚的特质。全球风险不是天生的，它由众多要素引发，一旦聚集到一定程度，便会在某一阶段某一地区以公共危机的形式爆发（如武装冲突、暴力、政变等）。风险扩散性表现为不同类型的风险（政治、制度、文化、心理）会在不同的社会结构层扩散蔓延，从而形成"叠加效应"②，从一个地区到另一个区域，从一国扩散至多国，严重时影响全球的稳定（如金融风险）。

"一带一路"沿线的很多国家社会矛盾突出、社会群体事件频发，很多社会问题是地区经济发展缓慢所造成的。因此，要对风险进行动态实时监控，打破风险在社会结构断层的凝聚和世界范围的扩散；要建立一整套切实可行的风险治理机制，在"一带一路"倡议推进的过程中，实行"边推进边治理，边发展边治理"的策略，在推进中防范风险，在治理中共同发展。

---

① 唐彦林，贡杨，韩佶．实施"一带一路"倡议面临的风险挑战及其治理研究综述［J］．当代世界与社会主义，2015（6）：139-145.

② 沈一兵．系统论视野下城市突发公共事件生成、演化与控制［M］．北京：科学出版社，2011：66-76.

3. 世界风险的复杂性呼唤多元主体的全球共治

全球风险是复杂的也是多变的。当前风险既有传统的也有现代的，甚至还有后现代的，呈现出复杂性与多样性。传统的社会风险没有消除、现代性的社会风险有增无减、后现代的社会风险也在释放。① 每个国家的不同国情、文化差异、不同的发展道路造就了不同的政治制度与社会文化，同时引发全球风险的因素也是复杂的。经济的、文化的、制度的、心理的、社会结构的、国内的、国际的等众多复杂因素耦合在一起，加剧了地区冲突与矛盾。正是由于风险的这种复杂性，才使得人类在面对世界风险时常常无从选择和无法应对。

我国"一带一路"倡议是一条绿色、健康、持续、共赢的和平发展之路。我国不搞霸权主义，也绝不会称霸。一个国家的力量是有限的，依靠我国政府单方的力量很难系统、高效地治理风险，因此，我们需要同"一带一路"沿线国家一起相互配合、共同参与、合作共治。

第二节　新时代面临的国际风险
——以"一带一路"为主线②

如果世界是一个地球村，那么全球也是一个大的社会生态系统，新时代我们所面临的国际风险是全球化的系统风险、是一个连续体，需要系统的战略规划和宏观的"顶层防范"。随着"一带一路"的深入推进，我国面临的世界风险也更加多样，并呈放大效应。"一带一路"是一个宏大的发展倡议，也是现实中国梦与世界梦的融合。"一带一路"横贯欧亚大陆，涉及60多个国家（亚欧非），40多亿人口，连接亚太和欧洲金融圈，其涵盖范围之大之广必然会引发全球风险的连锁反应。③因此，在"一带一路"倡议下，我国所面临的风险也不再局限于一个国家或地区，而将是一种放大的"世界风险"，其可能造成的灾害后果也不容小觑。

对于我国所面临的国际风险问题，国内一些学者大都从国际关系的视角对国际风险类型、特征以及内容等方面进行阐述，有的从地缘政治、国土安全的视角，有的从文化冲突和伦理危机的视角，还有的从经济运营和法律建设的视

---

① 夏玉珍，吴娅丹．中国正进入风险社会时代［J］．甘肃社会科学，2007（1）：20-24.

② 沈一兵．"一带一路"的风险诉求与命运共同体的构建［J］．宁夏社会科学，2018（2）：143-149.

③ 王卫星．全球视野下的"一带一路"：风险与挑战［J］．人民论坛·学术前沿，2015（9）：6-18.

角。风险治理不光要清楚有哪些风险以及风险的特质，更要深入分析不同的风险治理诉求，有效的治理方式需要满足不同的风险诉求，只有满足了诉求，才能更好地防范全球风险。本章以"一带一路"为主线，从社会学的视角来系统剖析我国面临的国际风险体系，并以全球范围内的社会制度层、社会博弈层、社会文化层、社会心理层、社会交往层为边界，聚焦五种系统的风险诉求——社会公平、社会表达、社会安全、社会认同与社会融合。

笔者借鉴了战略管理中的 PEST 分析和"波特五力"模型等理论，从 EPMCN（economy 经济、politics 政治、military 军事、culture 文化、network 网络）五个维度来系统剖析"一带一路"进程中的综合国际风险（如图 11-1），不断提高"一带一路"沿线各国乃至世界范围的"公平感""表达感""安全感""认同感"和"融入感"，现实区域乃至世界的和平稳定。

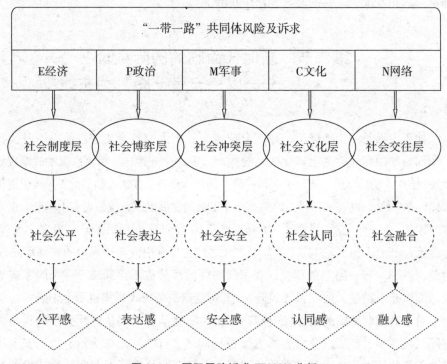

图 11-1　国际风险诉求 EPMCN 分析

一、经济风险与公平诉求

（一）经济风险

"一带一路"初期的目标就是以经济为主导带动丝绸之路经济带的共建，经济发展与互惠互利是根本诉求。我国愿意将自身经济的发展成果惠及"一带一路"沿线的各个国家，让周边地区也能搭乘中国经济发展的"快车"，实实在在地享受中国普惠的经济红利。随着"一带一路"的逐步推进，复杂的国际经济环境、多变的国际货币政策以及不断上升的国际金融风险指数，都对我国"一带一路"的经济战略带来了巨大挑战。

第一，西方主导的全球经济化给"一带一路"经济宏观战略的制定带来了风险。随着美国经济衰退，西方主导的经济全球化出现了很多问题。贸易壁垒、经济管控、排他性的经济体制，使众多发展中国家被拒之门外。我国实行"一带一路"的目的就是让广大贫困国家共同参与进来，开辟经济全球化的新阶段，这势必会引来美国等西方发达国家的阻碍，他们必会加大对亚太金融的控制，影响"一带一路"倡议的制定和深度推进。

第二，复杂的国际经济环境给"一带一路"的投资运营带来了风险。由于我国参与国际投资起步较晚，投资经验缺乏，不了解国际投资环境的复杂与多变。加之涉外法律的中介组织发展滞后以及自身风险评估体系的薄弱，造成很多盲目投资、重复投资、失败投资甚至国有资产的流失。

第三，日益上升的全球国家经济风险指数，给我国企业参与"一带一路"建设形成了巨大挑战。国家经济风险，是指由于国家行为导致经济活动偏离预期收益而造成经济损害的可能性。据相关调查，受国际大环境影响，近年来全球各国风险指数呈上升趋势。① 我国"一带一路"沿线的各国地缘政治复杂、投资环境不足、负债率高、偿还资金能力薄弱，很多贫困国家整体经济信用体系不完备，这些都无疑增加了企业参与"一带一路"经济建设的风险。

（二）经济风险诉求——公平（感）

全球经济一体化带来的风险与矛盾加剧了经济制度层的断裂。美国想极力修复费尽心思建立起来的庞大的金融体系，但日益衰退的经济让其力不从心。美国主导的西方经济全球化暴露出很多社会问题，不当竞争、经济强权、技术壁垒不但使本国经济陷入困境，还引发许多发展中国家的不满，而引发这些问题的根源就是不公平的经济制度。现有的国际经济体系已经越来越不适应世界经济发展的总体要求，制度层呼唤一种更为公平和互利的制度体系。一方面，"一带一路"沿线的很多发展中国家长期以来受西方经济体系的排斥，不能公平地参与国际经济竞争；另一方面，它们又担心我国在推进"一带一路"的过程

---

① 马昀．"一带一路"：挑战、风险与应对［J］．经济研究参考，2015（37）：45-52.

中不能公平地考虑它们本国的切身利益，对制度公平的极力渴望成为"一带一路"经济风险中的最大诉求。

国际经济制度的首要治理诉求就是社会公平。社会公平是正当合理的诉求状态，它意味着利益分配合理、机会均等、权利平等和司法公正等。如果说社会公平是一种价值诉求，公平感则是一种心理诉求。公平感包含了"一带一路"沿线各国对自身所处制度环境的心理感知和判断，是对现有经济状态进行判断时产生的心理感受。随着"一带一路"的深入推进，各国对公平感的经济诉求将会越来越高，经济制度层的重构势在必行。

二、政治风险与表达诉求

（一）政治风险

"一带一路"所面临的复杂的地缘政治风险严重考验着我国处理国际政治危机的能力。政治风险主要表现为两个方面：一是处理大国关系的风险，二是"一带一路"沿线国家政局不稳的风险。

第一，处理大国关系的风险表现为美日、印度、俄罗斯与欧洲各国对"一带一路"的态度。美国一开始就极力抵制"一带一路"，认为中国妄图取代美国的世界霸主地位，批判"一带一路"具有很强的扩张性，而且战线太长，难以实现。日本开始就非常警觉，用中国崛起论、威胁论曲解"一带一路"的意图，对"亚投行"保持高度防范。在2017"一带一路"的高峰会议上，我国约投资9000亿美元的基础设施建设，这超过了"二战"后美国重建欧洲的马歇尔计划，让美国脸面无光，更让世界震惊。虽然近期美日有向"一带一路"频频示好的倾向，但动机并不单纯，一来想阻止中国在"一带一路"中"一家独大"，二来想在经济利益上分一杯羹。印度由于领土争端和历史问题在短时间内很难在"一带一路"上与我国达成共识。俄罗斯总体配合，实质戒备，担心其大国地位受到挑战以及影响欧亚经济的一体化推进。虽然我国与欧洲的国际合作不断，但欧盟一些国家仍旧对我国"一带一路"存在顾虑，一方面希望通过经济合作提高国际竞争力，另一方面又担心中国规则违背欧盟标准。美日的抵制、印度的阻挠、俄罗斯的"不盟之盟"以及欧洲的观望，都给"一带一路"营造了更多的政治风险。

第二，"一带一路"沿线国家的政局稳定性影响"一带一路"进程的顺利进行。近年来，中亚、南亚、中东的一些国家政权更替频繁、政局动荡不安、政党纷争不断，阿富汗、缅甸、巴基斯坦地区冲突和武装暴力不断，"一带一路"面临陷入当地政治纠纷和政权危机的风险,"一带一路"的投资项目有随时停产的可能。

（二）政治风险诉求——表达（感）

"一带一路"沿线错综复杂的地缘政治关系成为各国博弈层的政治敏感地带。所谓博弈层,是指各种社会力量、国家党派、相互博弈制衡的系统分层,博弈的最终结果会达到一种相对稳定和谐的均衡状态。① 大国之间的政治博弈一直是世界社会系统中的重头戏。回顾 20 世纪的大国博弈历程,美苏争霸和主导的世界秩序,随着苏联的解体而不复存在。之后的美国成为超级大国,美国一直妄图独霸世界,但没能维持太久。如今美国的经济大不如前,社会问题也日益突出,想要号令天下或以武力恫吓世界已不太可能。当今的世界不再是大国一定要控制小国,没有一个国家能代表世界发声。实践证明,世界博弈层的稳定和谐需要互惠共赢的理念,需要"非零和博弈"② （博弈双方合作取得双赢）,这一点与我国"一带一路"的宗旨不谋而合。

要想减少博弈的成本、降低政治风险,就必须倡导公正的政治博弈场域,建立开放平等的表达通道,让世界每个国家、每个民族,无论大国或小国、发达国家或发展中国家、经济发达国家或落后国家,都能在全球的政治舞台上充分行使自我表达的权利。

社会博弈层是否和谐取决于各国的政治表达是否通畅,社会表达是降低博弈层政治风险的主要诉求。布迪厄认为,社会博弈有目的性也有规范性,和谐的博弈必然是理性选择的结果③,充分的"表达感"体现了各国人民共同的风险诉求和价值追求,既不损害自身利益又能达到合作共赢的目的。

三、军事风险与安全诉求

（一）军事安全风险

"一带一路"以经济发展为导引,但又不局限于经济,它还延伸到很多领域,其中包括军事安全领域。虽然我国的"一带一路"政策没有军事和地缘战略意图,但随着"一带一路"深入推进,其可能引发的军事风险仍然不容忽视。

---

① 张维迎. 博弈论与信息经济学［M］. 上海：上海人民出版社, 2004：25-33.

② ［美］齐格弗里德. 纳什均衡与博弈论［M］. 洪雷, 等译. 北京：化学工业出版社, 2011.

③ ［法］布迪厄. 实践与反思：反思社会学导引［M］. 李猛, 等译. 北京：中央编译出版社, 2004.

第一，"一带一路"引发领土争端升级，历史问题会被重新提起。我国一直强调不谋求国际地区的主导、不干涉他国内政，却常常被西方媒体曲解为以"一带一路"为借口妄图用武力称霸世界。比如，中印问题、南海问题、钓鱼岛问题都在"一带一路"被提及后有所升温。近年来，日本军国主义蠢蠢欲动，积极部署陆基宙斯盾系统，其武力远超自卫需要；2016年7月美国宣布在韩国的实施萨德计划；2017年6月到8月，中印两军在"洞朗"对峙两个多月。一些媒体极力渲染我国"一带一路"的大国主义倾向，煽动"一带一路"沿线国家军事抵制"一带一路"的进程，这些都造成了极大的军事安全风险。

第二，"一带一路"沿线国家的武装暴力、恐怖袭击以及跨国犯罪等事件频发，给我国"一带一路"建设者的生命财产安全带来了严重威胁。由于国情、宗教、文化背景的差异，加之我方军队与沿线各国缺乏双边互信，可能会激化矛盾。我国军队如何有效为"一带一路"提供安全战略支撑，同时又能够扮演好地区"和平保卫者"的角色，将极大考验我国的军事战略。

（二）军事风险诉求——安全（感）

全球有很多地区冲突的敏感地带，这些都是社会冲突层集中爆发冲突的地区。我国"一带一路"途经的很多国家存在爆发地区冲突的风险。大多发展中国家正面临着社会转轨、体制转型，更容易成为社会冲突层的风险集聚带。

社会冲突理论认为，社会冲突是不同社会力量之间紧张、竞争和对抗的状态。由于社会矛盾的长期积累，多方力量的行动目标、行动方向不一致形成了相互对抗的状态。社会冲突也有很多种类型，有群体间的也有个体间的，有的以手段为目的，有的以目标为目的，军事战争就是世界冲突层发生强烈对抗的结果。冲突是社会冲突层的基本表现形态，也是全球风险社会的常态，绝对没有冲突的现实社会是不存在的。由于社会子系统的异质性和差异化，社会冲突层或多或少表现出不协调、紧张、失调的现象，但只要不影响正常的组织运行，都是可以化解和疏导的。

冲突风险的诉求是安全，不同的利益群体在冲突爆发前都会感到压力和焦虑，这是缺乏安全感的表现。在军事抗争爆发前，人们首先是对战争风险的心理体感，表现为焦虑、恐惧等不良情绪，这一阶段最大的风险诉求就是安全感。在缺乏安全感的社会里，会形成"社会紧张"，继而引发全体成员的恐慌与暴力事件。此外，不安全感产生的一个重要原因就是缺乏社会信任，如何建立我国军队与"一带一路"参与国之间的双边信任显得尤为重要。

四、文化风险与认同诉求

(一) 文化风险

随着"一带一路"的推进，各国的文化交流也越来越频繁，要加强与各国的互信与互助，就必然要尊重每个民族的风俗人文与宗教文化。对"一带一路"而言，不仅要看到文化的正功能，也要意识到文化风险的存在。文化风险主要表现为三个方面：一是文化差异带来的社会排斥，二是文化认同的障碍，三是宗教文化的冲突。

首先，每个地区的文化、宗教、信仰、语言、风俗、习惯等方面的差异是引发文化风险的首要原因。"一带一路"的众多国家都有着本民族自身的文化背景与民俗习惯，由于对外来文化不了解，它们往往对异族文化存在强烈的抵触意识，因此，文化排斥现象时有发生，这既是文化自我保护的功能，也是"一带一路"文化风险的来源之一。最后，文化认同的障碍引发文化风险。一种文化的产生源于一个民族自身的血液，是一个民族价值观念长期积淀的结果。同样的风俗习惯在不同的民族之间可能是截然相反的表达，如果不了解当地风俗，可能会闹出笑话。因此，文化认同障碍时有发生，从而加剧了文化风险。最后，宗教风险是文化风险中的一种特殊形态，是最为敏感、最易引起敌意的一种风险。①"一带一路"沿线各国有着悠久的宗教传统与浓厚的宗教信仰。以巴基斯坦为例，其信仰的伊斯兰教有着严格教义和伦理规则，一旦亵渎了宗教，在伊斯兰教国家会受到严重的惩罚。因此，如果宗教风险处理不好，将会恶化政治环境、加重经济损失，甚至引发社会危机和武装冲突。

(二) 文化风险诉求——社会认同 (感)

世界是多元的，也是多文化与民族的世界，没有一种文化或宗教能够长盛不衰或者称霸全球。福尔泰利曾说过，在世界范围内一种宗教意味着"独裁"，两种宗教意味着"对立和冲突"，多种宗教意味着"自由与和平"②。文化风险之所以存在，源于社会文化层中各种文化、观念、习俗相互排斥、相互对立。各种文化宗教形成冲突和对立的原因主要在于缺乏社会认同。社会认同是社会

---

① 黄平."一带一路"建设中的宗教风险：以巴基斯坦为例 [J].上海交通大学学报（哲学社会科学版），2017，25（3）：14-22.

② 孙立平.中国社会结构的变迁及其分析模式的转换 [J].南京社会科学，2009（5）：93-97.

成员共同拥有的价值观念、信仰和行动取向的集中体现。① 由于全球风险的集聚性与扩散性加速了各种文化之间的社会排斥和疏离，各种文化之间认同感很低。认同感是文化风险的主要诉求，文化认同是一个求同存异的过程，它能消除排斥、化解风险。

五、网络风险与融合诉求

（一）网络风险

全球风险侵入虚拟空间是网络科技发展的必然结果，同时也使网络风险被赋予了新的特质。在 2017 年 5 月 "一带一路" 国际高峰论坛上，我国加强 "一带一路" 的驱动创新发展，加强各国之间的数字经济、人工智能的发展合作，打造大数据、云计算、智慧城市。"一带一路" 沿线很多国家人口多、发展不平衡、产业结构升级缓慢，我国用 "互联网+" 的数字经济带动各国的经济转型、产能转变，用网络创新带动产业升级，让各国共享网络时代的红利。

在网络世界里，社会是虚拟的，同时也是真实的系统。网络空间的 "无边界" 和 "脱域化" 打破了时间和空间的局限，让人们自由地穿梭于自然、现实与虚拟之间。各国之间依靠数字、网络，被紧密地联系在一起，人们在享受网络带来的便利、高效、快捷的同时，也时刻体验着网络带来的系统性风险。一场突发其来的黑客入侵，就可能给 "一带一路" 沿线各国经济系统造成严重的损失；网络暴力、网络群体事件在网上聚集进而发展成危害社会的公共危机，都将影响 "一带一路" 的推进。风险侵入网络场域，并在虚拟世界里蔓延扩散，其速度比现实社会快很多，加之信息的碎片化、不对称性，以及网络传播机制的失衡等因素，瞬间就能演变成集体破坏的力量。

（二）网络风险诉求——融合（感）

网络社会中的运作逻辑是社会交往。人们在网络上进行经济贸易、文化交流、政治评论、情感抒发等都是社会交往的体现。在网络里，交往的空间更大，交往的欲望得到空前高涨，越来越多的跨国家、跨地区的国际组织如雨后春笋般纷纷出现。同时，国际网络犯罪、网络暴力、网络恐怖主义也在网络交往中滋生和蔓延。网络社会的开放性、互动性、流动性等特征，使网络表达成为国家治理的重要领域，也加速了社会风险在网络空间的传递和侵入。

---

① 李友梅.重塑转型期的社会认同 [J]. 社会学研究，2007（2）：183-186.

国际网络交往的风险诉求是融合，虚拟空间交往的多样性给各国提供了一个互联互通互融的网络平台，社会融合是全球网络联通的主要诉求。网络交往打破了原有的模式，主要表现为从传统的"中心（大国、强国）—边缘（小国、弱国）"方式转变为"多元化—去中心—共享共融"模式，虚拟空间成了网络主体的多元化参与和非中心化的互动。社会融合不再是大国对小国的强权、精英对大众的控制，每个国家每个地区都有网络上自由交往和充分表达的权利。当然，这种融合需要规则的约束和制度的监管，在规范中清理交往的边界，才能有效降低风险。

第三节 建构"人类命运共同体"
——全球风险治理的路径选择

上述提到的政治、经济、军事、文化、网络五个维度的风险及诉求都不是独立存在的，它们是相互作用、相互影响、相互共振的。不同地区、不同国度，其主要风险的呈现也存在差异性，有的以政治风险（政治大国）为主，有的以文化宗教风险（中东一些国家）为主，还有的以经济风险为主（贫困地区）。不同的风险形态会相互转化、叠加，易形成蝴蝶效应，我们只有系统地进行全球治理才能有效地遏制风险、防范危机。在党的十九大报告中，我国首次提出了人类命运共同体的概念，这在某种程度上引领了全球化的一个新的方向，它超越了西方社区"共同体"的范畴，融合我国"天下大同"的古代哲学思想，指引着"一带一路"向着公平公正、互利互惠、开放包容、互信融合的方向发展。"一带一路"中的风险治理是一种全球化的治理，必须放在世界全球化的大背景下探讨，构建人类的命运共同体成为全球风险治理的必然路径选择。笔者所论述的人类命运共同体是指与"一带一路"各国在"共商、共建、共享、互联、互通"的基础上所建立的风险共担的责任共同体，使各国人们普遍获得"公平感""表达感""安全感""认同感""融合感"。具体表现为：经济制度层的"公平互利的经济共同体"、政治博弈层的"公正互惠的政治共同体"、冲突层的"安全互信的军事共同体"、文化价值层的"包容认同的文化共同体"和网络交往层的"开放融合的网络共同体"，如图11-2：

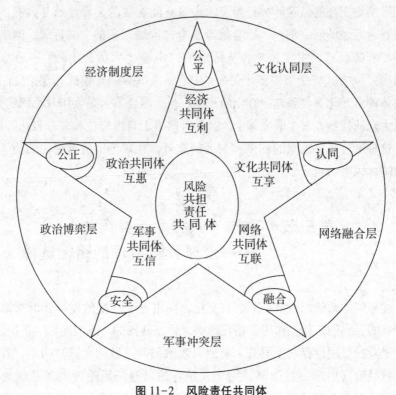

图 11-2　风险责任共同体

"命运共同体"体现了我国国家利益与国际利益的高度一致，它是世界各国人民共同合作的成果，不是中国一家独唱，而是世界各国人民的大合唱。当今世界格局已经发生了重大变化，我们有信心也有理由相信，人类命运共同体也将在"一带一路"沿线率先形成。

一、构建公平的"经济互利共同体"

公平互利是经济共同体的首要诉求。垄断、经济制裁、不公平的货币金融体系已经不再适应新时代风险和全球化的需要，建构互动、互补、互利、公平的国际经济共同体势在必行。

第一，要创建新的国际经济机制和改革现行的国际规则。我们要遵循国际社会经济规律，用合作包容的精神建立公平有序的国际经济体系，提高贫困国家、发展中国家以及新兴市场国家在国际经济领域的发言权，在经济合作中努力实现规则公平、权利公平和机会公平。同时要切实加快国际货币基金组织改革，建构开放、透明金融支持体系，防范全球的金融风险。

第二，建立包容性的经济风险规避体系与保险机制。要构建沿线各国的投资风险评估、风险识别、国家风险评级以及预警机制，同时建立互惠的国际保险机制，降低各国之间经济合作的风险。

第三，建立多元的国际经济争端解决机制，加强国际经济法、国际司法的交流与合作，建立"一带一路"沿线各国共享的"公平、公正、高效"的国际法律保障机制。

二、构建公正的"政治互惠共同体"

公正互惠是政治共同体的主要诉求。第一，要处理好大国关系，积极推进各国之间的协商与合作，促成和构建"公正的政治场域"。公正政治场域的建立离不开国际性的双边或多边的合作机制。我们要以"一带一路"为契机，积极参与构建国际性、地区性组织间的合作机制，提高在国际组织的发言权，利用各种国际组织论坛、首脑峰会（"一带一路"、APEC、上海合作组织、东盟10+1）的机会，参与国际规则的制定。同时要完善顶层设置与国际重大战略合作规划，在提升我国国际影响力的同时，为"一带一路"沿线各国创造公平、公正的国际政治环境。

第二，要进一步明确大国博弈规则，创建互惠共赢的新模式。世界各国之间的博弈要遵循"共商、共享、共建"的治理理念，在"互不侵犯国家主权和领土完整、互不干涉内政、和平共处"的原则基础上展开合作。以建立新型的"互惠共赢"的政治共同体为目标，打造世界区域安全的新框架和地缘政治的新格局。

第三，设立通畅的国际政治表达渠道，让更多的国家在国际舞台上有政治表达的权利。我们要深化与"一带一路"各国之间的战略合作伙伴关系，展开多领域战略合作，一方面要避免沿线国家的误解或猜疑；另一方面要保障各国的利益不受侵害，满足各国平等的表达诉求，与沿线各国共进退。

三、构建安全的"军事互信共同体"

"一带一路"的军事共同体以本土安全和保卫世界和平为主要职能，是相互信任、相互守望、睦邻友好的"共同体"。安全与互信是军事共同体的基本诉求。

第一，构建地区和平的防卫共同体，营造安全的周边环境。要以全球安全需求为牵引，重塑地区间的和平力量，以和平姿态做"一带一路"沿线地区"和平的保卫者"。同时加强与周边各国，如蒙古、朝鲜、缅甸、巴基斯坦等国的战略协作，坚守中国永不称霸的外交政策，塑造睦邻友好、稳定和平的周边环境。

第二，构建多边合作的海外援助机制。以军事力量为依托，制定国家安全战略，为"一带一路"顺利推进提供安全保障。在"一带一路"的进程中，难免会遭遇突发事件与公共危机，因此，要建立多边的海外援助机制，与各国军事保卫力量展开多领域的支援与互助，提高我军和平处理国际危机与突发事件的应急处置能力，为维护地区和平贡献一份力量。

第三，加强区域性的反恐合作，将反恐纳入"一带一路"的合作议程。着手多边安全机制的建立，与沿线各国开展多边军事演练，严厉打击国际犯罪和国际恐怖主义。在"反恐"过程中，积极参与联合国主导的国际救援和联合执法行动，使我军成为维护世界和平的重要力量。

四、构建包容的"文化认同共同体"

文化共同体需要在相互学习和借鉴的过程中逐步建立，包容与认同是文化共同体的根本诉求。

第一，加强与沿线各国人文、社会、文化的交流与合作。坚持"走出去"和"引进来"的方针，一方面，把中国的文化、习俗与核心价值观念传播给世界，让世界了解中国；另一方面，将世界各国优秀的文化引入中国，在学习与交流中寻求文化的对接。要充分了解"一带一路"沿线各国的风俗人情，加强相关人员的语言、文化知识培训，与国际媒体、传媒建立长效机制，为"一带一路"倡议夯实民意基础。

第二，寻找各国的文化认同点，减少文化冲突。文化之间是需要包容和认同的，文化之间之所以会冲突，是因为缺乏包容与认同。亨廷顿认为，"文化认同对大多数人来说是最有意义的东西"。他在《文明的冲突与世界秩序的重建》中也承认："维护世界安全需要接受全球的多元性文化。"① 世界是多极的，也是多文化的，文化是人类的存在方式，不同文明对世界的诠释是不一样的。不同文化在本质上不是对立的而是互补的，只有相互认同才能维护世界和平。

第三，要充分尊重各国的宗教信仰。要避免因信仰不同、文化差异而带来的误解甚至歧视，以及由此而引发的宗教风险。"一带一路"工作人员要融入当地的社会文化生活，认真学习、了解和尊重宗教习俗，避免宗教矛盾与宗教冲

---

① 塞缪尔·亨廷顿. 文明冲突论与世界秩序的重建 [M]. 周琪，译. 北京：新华出版，2002.

突的发生。

五、构建开放的"网络融合共同体"

第一，中国的互联网是向世界开放的，开放与融合是网络交往共同体的诉求。21世纪以来，科技迅猛发展，网络普遍融入中国的经济发展与人们的日常生活。中国推行"互联网+""数字中国"建设所取得的成就将惠及"一带一路"沿线各国，让更多人民享受信息时代网络发展的成果。中国将与沿线各国一道，加快建设全球网络基础设施，创建网络文化交流共享平台，推动网络经济创新，实现促进互联、互通、互鉴、互融。

第二，尊重沿线各国的网络主权，不搞网络霸权。不侵犯主权是国与国之间交往的政治原则，同样也是网络空间交往的准则。网络交往不应成为大国欺负小国、强国欺负弱国的角力场，中国将尊重各国的自主网络发展模式和发展道路，允许各国有平等的权利参与网络空间的政策评价与价值评判，绝不通过互联网来干涉他国内政、实施危害他国网络安全的行为。

第三，与沿线各国联合开展网络治理，维护网络安全。社会风险侵入虚拟空间是时代发展的必然结果，同时也使风险被赋予了新的特质。网络黑客入侵、个人隐私侵犯、知识产权侵害、网络暴力、网络恐怖主义等使网络成了犯罪的温床。网络安全也是全球安全，维护网络安全是国际社会的共同责任，没有哪个国家能够置身事外。我们将与各国共同努力建立多边、开放、融合、透明的全球网络治理体系，健全网络利益诉求机制、优化网络空间治理结构、建构网络伦理文化、制定网络空间国际规则、严厉打击网络犯罪活动，共同维护全球网络的安全。

参考文献

一、中文译著、著作及论文

［1］［德］乌尔里希·贝克. 风险社会［M］. 何博闻，译. 南京：译林出版社，2004.

［2］［英］安东尼·吉登斯. 现代性的后果［M］. 田禾，译. 南京：译林出版社，2011.

［3］［美］塞缪尔·亨廷顿. 变化社会中的政治秩序［M］. 王冠华，等译. 北京：三联书店，1989.

［4］［美］奥斯本，盖布勒. 企业家精神如何改革着公共部门：改革政府［M］. 周敦仁，等译. 上海：上海译文出版社，2006.

［5］［英］尼克·皮金，［美］罗杰·E·卡斯帕森，［美］保罗·斯洛维奇. 风险的社会放大［M］. 谭宏凯，译. 北京：中国劳动社会保障出版社，2010.

［6］［美］约翰·罗尔斯. 正义论［M］. 何怀宏，等译. 北京：中国社会科学出版社，1998.

［7］卢佩. 混沌学传奇［M］. 孙建华，译. 上海：上海翻译出版公司，1991.

［8］T. 帕森斯. 社会行动的结构［M］. 张明德，等译. 南京：译林出版社，2003.

［9］［英］拉尔夫·达伦多夫. 现代社会冲突［M］. 林荣远，译. 北京：中国人民大学出版社，2016.

［10］［美］罗伯特·希斯. 危机管理［M］. 王成，宋炳辉，译. 北京：中信出版社，2000.

［11］罗彼得. 聚焦第四差别中欧数字鸿沟比较研究［M］. 张新红，编. 北

京：商务印书馆，2003.

[12] [美] 哈贝马斯. 交往行动理论 [M]. 洪佩郁，等译. 重庆：重庆出版社，1994.

[13] 中共中央马克思恩格斯列宁斯大林著作编译局. 马克思恩格斯文集：第9卷 [M]. 北京：人民出版社，2009.

[14] 奥尔特温·雷恩，伯纳德·罗尔曼. 跨文化的风险感知 [M]. 赵延东，等译. 北京：北京出版社，2007.

[15] 鲍宗豪，李振. 社会预警与社会稳定关系的深化：对国内外社会预警理论的讨论 [J]. 浙江社会科学，2001（4）.

[16] 郑杭生，李强. 当代中国社会结构和社会关系研究 [M]. 北京：首都师范大学出版社，1997.

[17] 陆学艺. 当代中国社会阶层研究报告 [M]. 北京：社会科学文献出版社，2001.

[18] 孙立平. 转型与断裂：改革以来中国社会结构的变迁 [M]. 北京：清华大学出版社，2004.

[19] 李强. "丁字型"社会结构与"结构紧张" [J]. 社会学研究，2005（2）.

[20] 宋林飞. 中国社会风险预警系统的设计与运行 [J]. 东南大学学报（社会科学版），1999（1）.

[21] 张春曙. 大城市社会发展预警研究及应用初探 [J]. 预测，1995（1）.

[22] 牛文元. 社会物理学与中国社会稳定预警系统 [J]. 中国科学院院刊，2001（1）.

[23] 阎耀军. 社会稳定的计量及预警预控管理系统的构建 [J]. 社会学研究，2004（3）.

[24] 高小平，刘一弘. 我国应急管理研究述评（上）[J]. 中国行政管理，2009（8）.

[25] 莫纪宏. 中国紧急状态法的立法状况及特征 [J]. 法学论坛，2003（4）.

[26] 张成福. 公共危机管理：全面整合的模式与中国的战略选择 [J]. 中国行政管理，2003（7）.

[27] 洪大用，刘树成. 经济周期与预警系统 [M]. 北京：科学出版社，

1990.

[28] 朱庆芳, 吴寒光. 社会指标体系 [M]. 北京: 中国社会科学出版社, 2001.

[29] 童星. 社会改革控制论 [M]. 南京: 南京大学出版社, 1990.

[30] 童星. 中国应急管理: 理论、实践、政策 [M]. 北京: 社会科学文献出版社, 2012.

[31] 童星. 中国社会治理 [M]. 北京: 中国人民大学出版社, 2018.

[32] 童星. 发展社会学与中国现代化 [M]. 北京: 社会科学文献出版社, 2005.

[33] 张海波. 风险社会与公共危机 [J]. 江海学刊, 2006 (2).

[34] 祝江斌, 王超, 冯斌. 城市重大突发事件的扩散机理刍议 [J]. 华中农业大学学报 (社会科学版), 2006 (5).

[35] 黄杰, 朱正威, 赵巍. 风险感知、应对策略与冲突升级: 一个群体性事件发生机理的解释框架及运用 [J]. 复旦学报 (社会科学版), 2015, 57 (1).

[36] 冯仕政. 国家政权建设与新中国信访制度的形成及演变 [J]. 社会学研究, 2012, 27 (4).

[37] 于建嵘. 机会治理: 信访制度运行的困境及其根源 [J]. 学术交流, 2015 (10).

[38] 周雪光. 基层政府间的 "共谋现象": 一个政府行为的制度逻辑 [J]. 社会学研究, 2008 (6).

[39] 折晓叶. 合作与非对抗性抵制: 弱者的 "韧武器" [J]. 社会学研究, 2008 (3).

[40] 何文炯. 社会保障与风险管理 [J]. 中国社会保障, 2017 (10).

[41] 郑功成. 从国家—单位保障制走向国家—社会保障制: 30 年来中国社会保障改革与制度变迁 [J]. 社会保障研究, 2008 (2).

[42] 习近平. 决胜全面建成小康社会 夺取新时代中国特色社会主义伟大胜利: 在中国共产党第十九次全国代表大会上的报告 [M]. 北京: 人民出版社, 2017.

[43] 林闽钢. 以 "美好生活" 为核心的新时代社会保障论纲 [J]. 内蒙古社会科学 (汉文版), 2019, 40 (3).

[44] 颜泽贤，范冬萍，张华夏. 系统科学导论：复杂性探索 [M]. 北京：人民出版社，2006.

[45] 张成福. 公共危机管理：全面整合的模式与中国的战略选择 [J]. 中国行政管理，2003 (7).

[46] 薛澜，张强，钟开斌. 危机管理：转型期中国面临的挑战 [J]. 中国软科学，2003 (4).

[47] 吴锋，赵利屏. 信任的危机与重建 [J]. 湖北大学学报（哲学社会科学版），2002 (4).

[48] 陈福锋. 透视危机事件传播链的断裂 [J]. 传媒观察，2003 (4).

[49] 张康之. 论社会治理中的协作与合作 [J]. 社会科学研究，2008 (1).

[50] 章友德. 城市灾害学：一种社会学的视角 [M]. 上海：上海大学出版社，2004.

[51] 赵成根. 国外大城市危机管理模式研究 [M]. 北京：北京大学出版社，2006.

[52] 涂序彦. 大系统控制论 [M]. 北京：国防工业出版社，1994.

[53] 郑旭涛. 预防式环境群体性事件的成因分析：以什邡、启东、宁波事件为例 [J]. 东南学术，2013 (3).

[54] 陈钢. 引污中的"血酬定律"：环境矛盾凸显期寻求发展的绿色灯塔 [N]. 半月谈，2009 (10).

[55] 于建嵘. 集体行动的原动力机制研究：基于H县农民维权抗争的考察 [J]. 学海，2006 (2).

[56] 刘少杰. 从城市时空论到网络时空论：当代西方社会学时空理论的演进与扩展 [J]. 南国学术，2017 (4).

[57] 范冠峰. 我国网络信息安全法治的困境与对策 [J]. 山东社会科学，2019 (5).

[58] 王朝霞，姜军，高红梅，陈德利，罗龙兵. 网络舆情"蝴蝶效应"的预警机制研究：以群体性突发事件为例 [J]. 新闻界，2015 (16).

[59] 吴鲁平. 志愿者的参与动机：类型、结构：对24名青年志愿者的访谈分析 [J]. 青年研究，2007 (5).

[60] 王绍光，何建宇. 中国的社团革命：中国人的结社版图 [J]. 浙江学刊，2004 (6).

[61] 俞可平. 治理和善治: 一种新的政治分析框架 [J]. 南京社会科学, 2001 (9).

[62] 黄建军, 梁宇, 余晓芳. 改革开放以来我国政府与社会组织关系建构的历程与思考 [J]. 中国行政管理, 2016 (7).

[63] 朱力, 曹振飞. 结构箱中的情绪共振: 治安型群体性事件的发生机制 [J]. 社会科学研究, 2011 (4).

[64] 仇立平. 上海社区的志愿者活动 [J]. 社会, 1998 (2).

[65] 沈一兵. 系统论视野下城市突发公共事件生成、演化与控制 [M]. 北京: 科学出版社, 2011.

[66] 夏玉珍, 吴娅丹. 中国正进入风险社会时代 [J]. 甘肃社会科学, 2007 (1).

[67] 王卫星. 全球视野下的 "一带一路": 风险与挑战 [J]. 人民论坛·学术前沿, 2015 (9).

[68] 张金荣, 刘岩, 张文霞. 公众对食品安全风险的感知与建构: 基于三城市公众食品安全风险感知状况调查的分析 [J]. 吉林大学社会科学学报, 2013, 53 (2).

二、英文著作和论文

[1] LUHMANN N. Risk: A sociological theory [M]. Berlin: de Gruyter, 1993.

[2] BECK U. Risk Society: Towards a new modernity [M]. London: Sage Publications, 1992.

[3] BECK U. World Risk Society [M]. London: Polity Press, 1999.

[4] DOUGLAS M, WILDAVSKY A. Risk and Culture: An Essay in the Selection and Interpretation of Technological and Environmental Dangers [M]. Berkeley: University of California Press, 1982.

[5] PYE L. Aspects of Political Development: An Analytic Study [M]. Boston: Little Brown, 1966.

[6] NIKLES L. Soziologische Aufklaerung BD. 2 [M]. Opladen: Westdeutscher Verlag, 1975.

[7] SLOVIC P, S. Lichtenstein, B. Fischhoff. Modeling the Societal Impact of

Fatal Accidents [J]. Management Science, 1984 (30).

[8] DOUGLAS M. Risk acceptability according to the social sciences [M]. New York: Russell Sage Foundation, 1986.

[9] DOUGLAS M, WILDAVSKY A. Risk and Culture: An Essay in the Selection and Interpretation of Technological and Environmental Dangers [M]. Berkeley: University of California Press, 1982.

[10] FREUD S. Introductory lectures on psychoanalysis [M]. London: George Allen and Unwin Ltd, 1941.

[11] MASLOW A H, HIRSH E, STEIN M. A clinically derived test for measuring psychological security – insecurity [J]. Journal of General Psychology, 1945 (33).

[12] THOMPSON M, ELLIS R, WILDAVSKY A. Cultural Theory: Boulder [M]. Colorado: Westview Press, 1990.

[13] HART J. Toward an Integrative Theory of Psychological Defense [J]. Perspectives on Psychological Science, 2004, 9 (1).

[14] BRODSKY S L, Thibaut J, Walker L. Procedural Justice: A Psychological Analysis [J]. The Journal of Criminal Law and Criminology, 1973, 69 (1).

[15] DEUTSCH M. Equity, Equality, and Need: What Determines Which Value Will Be Used as the Basis of Distributive Justice? [J]. Journal of Social Issues, 1975, 31 (3).

[16] FINK S. Crisis Management: Planning for the inevitable [M]. New York: American Management Association, 1986.

[17] TAJFEL H. Social Psychology of Intergroup Relations [J]. Annual Review of Psychology, 1982, 33 (1).

[18] ROSENTHAL U. Managing crises: Threat, Dilemma, Opportunities [M]. Springfield, Illinois: Charles L. Thomas Publisher ltd, 2001.

[19] WALKER C J, Beckerle C A. The effect of anxiety onrumor transmission [J]. Journal of Social Behavior and Personality, 1987, 2 (3).

[20] JAEGER M E, ANTHONY S M, ROSNOW R L. Who hears what from whom and with what effect: a study of rumor [J]. Personality and Social Psychology

Bulletin, 1980, 6 (3).

[21] SORNETTE, Zhou W X. Importance of Positive Feedbacks and Over-confidence in a Self - Fulfilling Ising Model of Financial Markets [J]. Physica A, 2006: 370.

[22] DEFFUANT G, NEAU D, AMBLARD F, et al. Mixing beliefs among interacting agents [J]. Advances in Complex Systems, 2000 (3).

[23] YANG G B. The Internet and Civil Society in China: a preliminary assessment [J]. Journal of Contemporary China, 2003, 12 (36).

[24] TSAI, LILY L. Solidary Groups, Informal Accountability, and Local Public Goods Provision in Rural China [J]. American Political Science Review, 2007, 101 (2).

[25] TSAI, LILY L. Accountability without Democracy [M]. Cambridge: Cambridge University Press, 2007.

[26] SAICH, TONY. Negotiating the State: The Development of Social Organizations in China [J]. The China Quarterly, 2000, 161 (1).

[27] YONG L. The development of social organizations in China [J]. China Journal of Social Work, 2012, 5 (2).

[28] O' BRIEN KEVIN J. Chinese People's Congresses and Legislative Embeddedness: Understanding Early Organizational Development [J]. Comparative Political Studies, 1994, 27 (1).

[29] MIGDAL, JOEL S. State in Society [M]. Cambridge: Cambridge University Press, 2003.

[30] PELED Y. Through the Lens of Israel: Explorations in State and Society by Joel S. Migdal [J]. Shofar, 2003, 18 (2).

[31] OSTROM E. Understanding institutional diversity [J] Comparative Economic Studies, 2005, 49 (3).

[32] FUCHS C. The Antagonistic Self - Organization of Modern Society [J]. Journal of the Japanese Society of Applied Science, 2016, 14 (1).

[33] XUEGUANG ZHOU. Unorganized Interests and Collective Action in Communist China [J]. American Sociological Review, 1993, 58 (1).

[34] MIZUNO K, PHONGPAICHIT P. Populism in Asia [M]. Singapore:

NUS Press and Kyoto University Press, 2009.

[35] GUSTAVE LE BON. The Crowd A Study of the Popular Mind [M]. Kessinger Publishing Co, 2007.

[36] M. E. J. NEWMAN. The Structure and Function of Complex Networks [J]. Siam Review, 2006, 45 (2).

[37] MARANTO R, SCHULTZ D A. Short History of the United States Civil Service [M]. New York: Lanham, 1991.